JN117251

ITと現代ビジネス
実践から学ぶ経営・実務・技術

淵崎正弘・若林靖永 監修
Masahiro Fuchizaki　Yasunaga Wakabayashi
藤田哲雄 著
Tetsuo Fujita

京都大学
学術出版会

まえがき

IT（情報技術）は社会の隅々まで浸透してきており、人々が快適に暮らすためにはITが不可欠であると共に、企業にとってはITが競争の鍵を握る。

ではITをどう学ぶべきか。まず次のような問い掛けをしてみたい。

「ITは理系の一部学生が学べばよいと思い込んでないか」

「ITを学ぶというのはプログラミングを勉強することだと思ってないか」

「ITは最先端を学ぶことだけが大切なのか」

報道では日本のITは世界的にみて遅れており、その原因はITの先端的な専門人材の不足だと捉えられることが多い。でも本当にそうだろうか。ITは目には見えないが、現代社会のあらゆる領域で使われており、ビジネスや社会におけるITの実際については、社会で活躍する全員が基本的リテラシーとして持っておくべきものではないだろうか。本書は、このような問題認識のもとで、大学において文系理系といった壁を取り払ってITの学びを提供するのが目的である。

ITの学びには、様々な実務における活用事例を教材にして社会・ビジネスにおいて求められるITリテラシーの全体像を理解することが肝要であり、そのための仕掛けが必要となる。そこで、京都大学と協力企業6社（ANA・ANAシステムズ、NTTデータ、DMG森精機、東京海上日動火災保険・東京海上日動システムズ、日本電気、三井住友フィナンシャルグループ・日本総合研究所）が連携し、産学共同講座「情報学ビジネス実践講座」を2018年に設立した。本書の編著者はこの講座の京都大学ならびに協力企業の中心メンバーであり、本書は講座設立以降、4年以上に亘る京都大学での講義実績に基づき執筆されている。

従って、本書の特徴は、①大学と産業界の連携によりITカリキュラムが設計されている、②産業界からは幅広い業種の協力企業6社が参画して豊富な実践事例が教材として提供されている、③文理融合で全学共通科目として IT リテラシー教育が実現されている、の 3 点があげられる。

さて、私は、金融機関において長年にわたり IT 関連の仕事に携わってきた。そこで大切だと感じたのは、IT は業務と一体となってはじめて企業の中で生きるものであり、そのためには経営者の IT への理解が不可欠だということだ。CIO として IT の責任者の立場で経営の一端に触れた際には、IT・業務・経営の 3 つの間の関係構築に最も心血を注いだ。

ただ残念ながら IT はどうしても専門家任せになりがちだ。IT、業務、そして経営の関係を体系的に理解しこれを企業活動の中に根付かせるには、より早い段階である学生の間に IT を学ぶことが求められるのではないかとの思いを強くするようになった。こうした背景のもとで、京都大学で教育プログラムを提供する仕掛けを産学連携により創り、本書のような教科書出版を進めてきた。

IT に関しては報道等で話題になることが多いにも拘らず、大学生のみならず一般の社会人向けにも全体像を概観する適当な書籍がなかなか見当たらないのではないか。本書は社会・ビジネスにおける IT という観点で執筆されていることから、大学における教科書となることを基本としながらも、一般の社会人にとっての IT に関する定番の書籍にもなり得ると思う。

本書が、大学そして社会における IT 教育の一助となれば幸いである。

株式会社　日本総合研究所
特別顧問　渕崎　正弘

「実践情報学」を学ぶ意義

日常の中では、いまの毎日がこれからもずっと続いていくように思い込みがちではあるが、いま私たちが当たり前になくては困るものと思って利用しているスマートフォンにしても、コンビニエンスストアにしても、少し前まではまったく存在していないものであった。18歳で選挙権が与えられるようになったことも2016年のことであり、いまの社会制度も歴史的に変わってきたものである。変化の中に生きるということを私たちは忘れがちであり、ここは意識的に目を向ける必要がある。

社会を大きな変化の枠組みでとらえることで、いまを生きる私たちに求められることは何かということが見えてくる。第5期科学技術基本計画（2016～2020年）では「我が国が目指すべき未来社会の姿」として「Society5.0」が提唱された。狩猟社会（Society1.0)、農耕社会（Society2.0)、工業社会（Society3.0)、情報社会（Society4.0）に続く、新たな社会を指す。とはいっても、工業社会においても農耕や狩猟があり、情報社会も工業社会とともにあるので、単純に排他的な社会段階としてみるべきではなく、重層的で連関的なものとしてとらえるべきであろうが、AI、ビッグデータ、ロボットなどにより新しい未来社会を展望すべきということもまた、私たちのいまである。その「Society5.0」は「ICT（情報通信技術）を最大限活用し、サイバー空間（仮想空間）とフィジカル空間（現実空間）とを融合させた取組により、人々に豊かさをもたらす『超スマート社会』を未来社会の姿として共有し」たものである。

これを受けて教育分野でも、小学・中学・高校での情報教育の見直し、プログラミング教育の展開、大学での「数理・データサイエンス・AI教育プログラム認定制度」などがすすめられている。

まさに未来を生きるみなさんには、このような未来社会を担う、創ることが求められている。

そのためには未来社会に向けて大きな構想を描くこと、直面する社会的課題を深く理解しその抜本的解決をめざすこと、関係者とのコミュニケーションを通じて理解と共感を広げていくこと、そのような社会変革の障害となることを取り除いていくことなど、テクノロジーの問題ではなく人間・社会の問題に取り組まなくてはならない。

同時に、実際のビジネス、企業や組織等で実施していくためには、ITの基礎知識を持つだけでは不十分である。ITの知識やプログラミング技術を習得すれば、それだけで実際のビジネスでITの開発・利活用が実行できるわけではない。そのためには「実践情報学」とでも言うべき、ITを企業や組織等でどのように活用するか、ITシステムの開発等についての戦略やプロジェクトマネジメント、そしてガバナンスはどのようにすすめられるか、などについての理解と実践的な課題解決力を習得することが求められる。

本書は、民間企業6社との共同による京都大学情報学ビジネス実践講座が開発提供してきた教育プログラムの成果をふまえて、まさにそこを学ぶことを目的としたものであり、ユニークな位置づけを持つ。

今日、いかなる業種、職種であろうとITは無関係ではありえないと言っても過言ではない状況のもとで、本書はどのような分野でどのような仕事で活躍しようという人にとっても有効かつ有用な学びとなるだろう。

佛教大学社会学部公共政策学科教授
京都大学名誉教授
京都大学客員教授（情報学ビジネス実践講座運営委員会委員長）
若林　靖永

本書の位置付け

ITやデジタルについては話題になることが多いにも関わらず、大学生のみならず一般の社会人向けにも全体像を概観する適当な書籍がなかなか見当たらないとの認識のもとで、本書は「ビジネスにおけるITの活用」という観点から情報を整理し、学生の教科書としてのみならず、社会人にも有用な参考書として利用されることを想定している。

京都大学では多くの情報科目が開講されているが、縦軸に「理論」と「実践」、横軸に「技術」と「ビジネス」という2軸のマトリクスで整理してみると、かつては「ビジネスにおけるITの実践」の部分を論じる科目が存在しなかった。2018年に協力企業6社と京都大学によって産学共同講座「情報学ビジネス実践講座」が開設され、ビジネスにおけるITの実践の学部生向け俯瞰的科目として「情報と社会」が提供されている。この意味で、本書は大学教育において画期的な内容を含むものである。

本書は大きく4部から構成される。第I部「ITはビジネスをどう支えているのか」では、今日の社会・産業におけるITの重要性を理解することが狙いである。具体的には、現代社会・企業におけるITの重要性（第1章）や、デジタルトランスフォーメーションの世界的な潮流（第2章）、企業経営とITの関係（第3章）について学ぶ。実践的なITについてあまり知見がない人は、まずはこの3章だけでも読むことを勧める。今後、どのような分野に進もうとも、ITの知識が読み・書き・算盤のように必須のリテラシーとなると理解できるだろう。第3章は企業経営者の視点から、経営とITについて網羅的に考察したもので、わが国の企業経営者への示唆に富む内容にもなっている。

第II部「企業におけるITの実践を学ぶ」では、企業がITを戦略的に活用する一連の流れを概観・理解することが狙いである。企業におけるITの実践的な学びを詳説したもので、本書の中心的な内容である。この概観を得ることで、企業や組織における IT が関係するさまざまな企画を一歩踏み込んで、より実践的に考えることが可能になるだろう。第 4 章「企業経営における IT 戦略」では、経営戦略と IT 戦略の関係について論じている。なぜ IT に戦略レベルの議論が必要なのかを理解してもらいたい。第 5 章「業務と IT 企画」では、IT 戦略から切り出された具体的な IT 施策（戦術）をどのように実践していくのか、その計画段階について解説している。IT 施策を企画する際にはさまざまな考慮が必要であり簡単ではないことが理解できるだろう。第 6 章「企業におけるシステム開発」は、計画されたシステムを実際にどのように開発していくのかを概観する。システム開発のイメージを捉えにくいのは、作っているものが目に見えないものだからである。第 7 章「プロジェクトマネジメント」では、大規模なシステム開発を行う際の人の動かし方が重要であることを学ぶ。ここで学ぶプロジェクトマネジメントの技法は、情報システム開発以外にも応用可能なものが多いので、将来どこかで実際に役に立つはずである。第 8 章「IT ガバナンス」では、策定した IT 戦略（第 4 章）が実際に目標にたどり着けるように、さまざまな舵取りを行う必要があることを学ぶ。ガバナンスの基本的な考え方は IT 分野に限ったことではなく、組織を適切に運営する上で必須といえる。しっかりと学んでもらいたい。第 4 章から第 8 章までは、順番に読み進めることを推奨する。

第Ⅲ部「IT を取り巻く環境を学ぶ」では、IT を実践的に活用する上で必須の知識であるセキュリティと法的問題について概観する。第 9 章「情報セキュリティ」では、セキュリティリスクとそのマネジメントについて解説している。脅威、脆弱性にどのようなものがあり、どのように対策を講ずべきなのか、基本的な考え方を理解するとともに、最近のサイバー攻撃についても学び、セキュリティの重要性を認識してもらいたい。第 10 章「IT に関わる法的な問題」では、システム開発紛争の要因、データ保護法制のトレンド、違法有害情報への対処、AI 倫理などについてその動向を解説している。IT という技術の進歩に法制度という社会システムがいかにキャッチアップしているのか、そのギャップが有るときはどうすべきなのかについて理解してもらいたい。

第Ⅳ部「IT システムの構成要素を学ぶ」は、IT システムの構成要素であるハードウェア（第 11 章）とソフトウェア（第 12 章）について概説している。従来の情報学の教科書であれば、この第Ⅳ部の内容から説き起こすことが通常想定されるが、本書では「IT の実践的な活用」を理解する、という意図からその内容は必ずしも網羅的ではなく、敢えて最後尾に配置している。ハードウェア、ソフトウェアについてそれぞれしっかりと勉強したい場合は他の書籍で学ぶことを勧める。もちろん、第Ⅱ部の理解を深める上で有用な内容であるので、通読して理解を深めてもらいたい。

全体の構成と各部の関係を図示すれば下図の通りである。

本書は京都大学・情報学ビジネス実践講座が全学部生向けに提供する科目「情報と社会」で用いたさまざまな教材をもとに著者が文章化したものであ

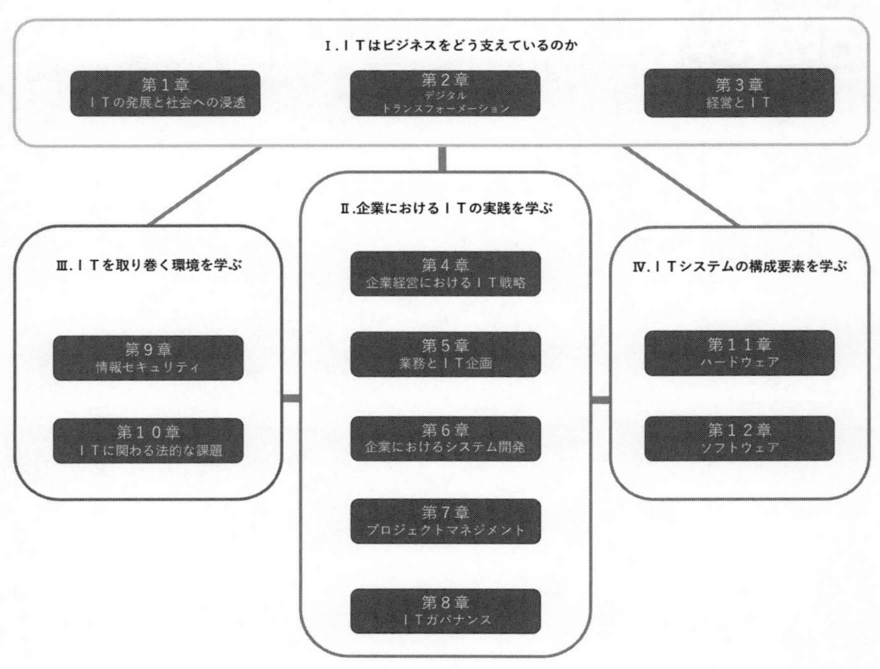

る。記述が重複する部分もあるが、章の流れを勘案して敢えて残してあるのでご理解いただきたい。執筆協力を頂いた方々（本書末尾に掲載）にはこの場を借りて厚くお礼申し上げる。本文の文責は著者にある。

藤田　哲雄

情報通信技術の発展のスピードはめざましく、本書の記述内容についても状況が大きく変化することが予想されます。そこで、本書では専用のホームページを設けて、アップデートした内容を読者に提供します。
左の QR コードからアクセスして、適宜最新情報を確認してください。

目　次

凡　例

本書各章は以下のように構成されています。

①学習POINT

- 各章における問いを提示します。

②基礎知識

③Story

- なぜそれを学ぶのか、その重要性や歴史的背景をまとめています。

④Case Study

- テーマに関連する事例を取り上げます。

⑤Process

- 開発の過程、実践的知識についてまとめています。

⑥Further Learning

- 未来像、この先のビジョンについてまとめています。

⑦まとめPOINT

- 本章で得た知識を掲示します。

⑧参考文献

＊関連知識については適宜、コラムにまとめています。

＊本書第 3 章は講演録となっています。本書全体に通じる話題を提供していますので、ぜひ通読いただければと思います。

I

IT はビジネスをどう支えているのか

第1章 ITの発展と社会への浸透

- ► 情報システムとはどのようなものか
- ► コンピュータはどのように発展・普及してきたのだろうか
- ► わが国の未来社会ビジョン Society5.0 はどのようなものか
- ► データが新たな価値を生み出す社会とはどのようなものか

基礎知識　ITの発展と情報学

IT と情報システム

IT とは Information Technology（情報技術）を略した言葉で、コンピュータやデータ通信に関する技術の総称である。その言葉の意味は広く、情報通信分野の基礎技術から応用技術の範囲にまで及ぶ。具体的には、コンピュータやインターネットを中心とする、ネットワークを活用し、業務や生活に役立てるための技術を指すことが多い。現在は、通信を含めた ICT（Information Communication Technology）という用語が使われることも多い[1]。

---

1 「ASCII.jp デジタル用語辞典」による。

では、ITといえば何を思い浮かべるだろうか。少し考えてみよう。身近なもので最初に思いつくのは、スマートフォンではないだろうか。スマートフォンを使えば、電子メールやソーシャルネットワークサービス（SNS）の利用ができるほか、YouTubeのような動画配信サービスや、定額制のサービスを利用して音楽や動画を視聴することも可能である。

次に交通手段についてみると、例えば、電車やバスに乗降する際にはICカードの利用が広がっている。飛行機をみても、その操縦は自動制御されているし、空港での離着陸時間はITで管理されている。また、自動運転技術を活用したモビリティサービス（MaaS：Mobility as a Service）の開発も進んでいる。

さらに、日々の買い物では、インターネットショッピングの利用も広がってきているが、その仕組みはもちろん、クレジットカードもITによって実現されている。一方、リアルな買い物の支払いについても、電子マネーやQRコード決済はITにより実現されているし、現金の引き出しについてもATMにはITが使われている。

このように個人の日常生活を見渡してみると、さまざまなサービスがITによって支えられていることがわかる。

ITに類似した概念に情報システムがある。そもそも、**システム**とは個々の要素が有機的に組み合わされた、まとまりをもつ全体、体系を指す[2]。したがって、政治システム、社会保障システムなどITとは関係ない文脈でも使われる広い意味の概念である。これが**情報システム**となると、情報を記録、処理、伝達するための仕組みという意味になるが、現代では利用者の目的にそった**ハードウェア**（コンピュータ・周辺機器）、情報**ネットワーク**およびそれを運用するための**ソフトウェア**の体系を指す。「**コンピュータシステム**」あるいは「**ITシステム**」とほぼ同義として用いられる。IT関連の文脈であることが明らかな場合は「システム」と略されることが多い[3]。

2　三省堂「大辞林第二版」による。

3　IT用語辞典　e-Wordsによる。

Story　情報システムの重要性

現代社会において、多くのサービスを実現する情報システムは、コンピュータとそれを動かすプログラムによって構成される。このプログラムが全部でどれくらいの行数で記述されるかは、システムの大きさを表す一つの指標となる。

プログラムの行数で比較してみると、スペースシャトルのプログラムは 0.5 億行なのに対して、大手都市銀行のシステムは、国内向け業務のものに絞っても 3 億行にも達し、スペースシャトルのプログラムの約 6 倍の長さである。3 億行のプログラムが間違うことなく動き続けるためには、どれだけ緻密に作られているかが想像できるであろう。

このような膨大なプログラムが動く背景には、コンピュータの処理能力が飛躍的に進歩したことがある。たとえば、円周率の例で説明しよう。過去を振り返ると、1400 年代で 10 桁、1870 年代には約 500 桁まで手動で計算された。ところが、1940 年代にコンピュータが発明されると、爆発的に計算力が高まった。1960 年には約 10 万桁、2002 年には約 1 兆桁となり、2022 年には 100 兆桁にまで達した。このほかにも、センサーや半導体の小型化により、10 年前であれば携帯電話、カメラ、録音機、地図帳といった個別の道具を利用して行っていたことが、現在ではスマートフォン一つで何でもできるようになっている。

このように、われわれの身近なサービスの多くが情報システムによって支えられるようになっており、現在も次々と新たな便利なサービスが登場している。それらのサービスの利用が普及し、日々の生活に浸透すると、そのサービスがなければ不便だと感じられるようになる。すなわち、現代の生活に情報システムが不可欠であるという状況になっている。

Process　コンピュータ誕生までの技術的変遷

現代においてコンピュータがさまざまな場面で利用され、中核的な役割を果たしていることは言うまでもない。コンピュータ（computer）の compute が

「計算する」という意味であることから想像できるように、本来は計算機という意味である。では、計算機が現代の IT にどのように発展してきたのか、技術的変遷とそれを理論化する情報学について歴史を振り返ってみよう。

機械式計算機

現在その形がわかる最古の機械式計算機は 17 世紀に作られたシッカートの計算機やパスカルの計算機などで、人間の計算手法を真似たものであり、歯車を利用して 10 進数で表現していた。歯車を手動もしくは蒸気動力で回して計算するものであったので、いくら速く回しても動力に限界があり、10 進数を採用したため、仕組みが複雑であった。

しかし、機械式計算機は電子式計算機が普及するまでは、さまざまな場面で利用され、わが国でも 1970 年代まで機械式計算機であるタイガー計算機が販売されていた。

電子計算機の登場

1936 年にイギリスの数学者アラン・チューリングが書いた論文[4]で、仮想的な機械である「チューリングマシン」が発表された。その論文で提示された概念のいくつかは、その後の電子計算機発展の礎になった。第一に、計算は記号（文字）を用いて行うこと。第二に、計算手順は記号（文字）によって表現されること、第三に、計算機（Computer）とは、記号で書かれた計算方法を読みながら記号を読み書きする機械であること。

米国では第二次世界大戦中に弾道の数値計算を目的として電子計算機の研究開発が積極的に進められ、1946 年に真空管式の **ENIAC** が完成した。しかし、このコンピュータは十進数が使われていた。1944 年から 1952 年にかけて開発された **EDVAC** では、ノイマンが提唱したプログラム内蔵方式と二進数を採用した。EDVAC では、計算手順や入力値をハードウェアから独立させてデータとして外部から与え、汎用の回路群でこれを処理する方式が構想された。ノイマンが提唱したこのようなコンピュータのアーキテクチャ（基本構成）は、

4　A. M. Turing, “On Computable Numbers with an Application to the Entschidungsproblem” (1936)

・電気回路

AND、OR、NOT回路が
コンピューターの基本

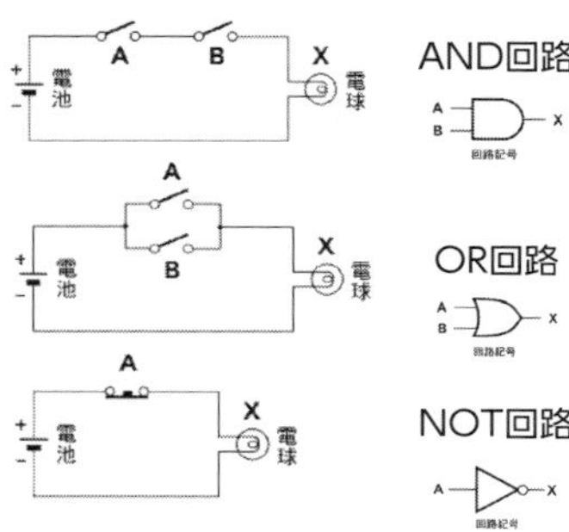

・2進数（17世紀ライプニッツが、1と0を使い表記）

電気回路により実装容易

【参考】二進数の足し算の回路図

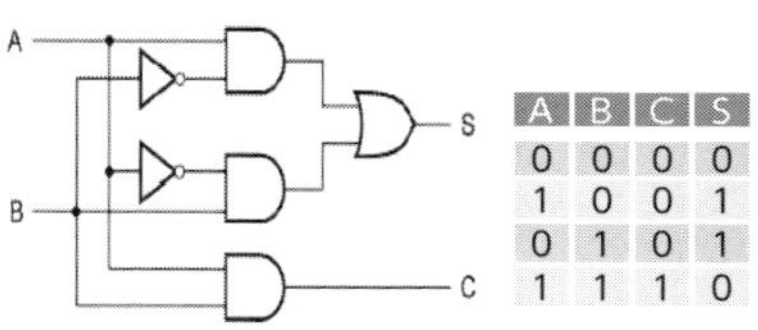

図 1.1　電気回路を使った二進数による計算の仕組み

ノイマン型コンピュータと呼ばれ、今日の一般的なコンピュータシステムの基本構成がこの時に確立された。

EDVAC コンピュータは、電気の流れを用いて、17 世紀に発明されていた**二進数**で計算を表現するものであった。電気回路と相性がよい二進数を使って、計算をする仕組みを考えた。電気回路の AND，OR，NOT の回路を組み合わせれば、1 と 0 の状態を表すことが容易である。人間には扱いにくいものの、電気回路と相性がよい二進数を使って計算をする仕組みを考えたことが、その後のコンピュータの発展につながった。

ITの発展と社会への浸透　①1960〜1970年代

1950 年代に商用コンピュータが発明され、60 年代には大型コンピュータが登場し、ビジネスで使われるようになった。すなわち、**「基幹システム」**と呼ばれる企業の中核を担うシステムである。流通業であれば配送管理システム、鉄道ならば運行管理システム、銀行ならば勘定系システムと呼ばれる。各基幹システムの導入により、これまで手作業で行われていたことが機械で行われるようになったので、事務効率化が急速に進んだ。

このように1960年代に技術革新が進展した背景には、大きく二つの要因を指摘することが可能である。

第一に、国外では東西の冷戦が存在していたことである。当時、世界はソビエト連邦（現ロシアなど）や東ヨーロッパ諸国を中心とした東側諸国と、アメリカやイギリス、日本のほか西ヨーロッパ諸国を中心とした西側諸国に二分されていた。宇宙開発やミサイル防衛の分野において、ソビエト連邦に対して優位に立つことを示したいアメリカは、宇宙開発を国家の威信の象徴と考えていた。そのため、技術開発競争が加速したのである。

第二に、国内では、東京オリンピックが1964（昭和39）年に開催されたことである。オリンピックは世界に対して日本の技術力を示す機会と考えられ、競技結果の記録など、オリンピック運営に関わる技術革新だけでなく、東海道新幹線や名神高速道路など鉄道・道路をはじめとするインフラ整備が進んだのである。

具体的な事例として、内外の事例を3つ示しておきたい。

1つ目は、アポロ11号の月面着陸プロジェクトである。先述したように、このプロジェクトは、東西冷戦中にアメリカが技術で、ソビエト連邦に優位であることを示すことが一つの狙いであった。同プロジェクトでは、IBMの社員4,000人が、アポロ11号を地球まで安全に誘導するコンピュータを開発し、巨大なサターン・ロケットに組み込まれる誘導用の飛行制御装置を製作した。この飛行制御装置は、アポロ11号が安全に月へ向かうまでサターン・ロケットを制御するものであった。すなわち、3つのロケットの発射・放出のタイミング、飛行する方向を決定し、高度、加速度、速度、位置を感知するデバイスと、望ましいコースを提示し、エンジンに制御信号を送ってサターンをコースから外れないようにするコンピュータが備えられていた。

2つ目は、JR（旧日本国有鉄道）の「みどりの窓口」である。1960年代までは東海道新幹線や特急列車など優等列車の指定券や寝台券は列車ごとの台帳で管理されていた。指定券を購入するには、駅の「指定券販売所」に朝から並び、「申込書」を書いて渡すと、駅員は、台帳の保有駅や統括する乗車券センターに電話して、その列車が予約された。予約後に渡されるのは切符ではなく、手書きで「乗車日、列車名、座席番号」を記載した紙が渡されていた。この方式では指定券の発行に 1 〜 2 時間を要する、誤って同一座席を重複販売してしまうという問題があった。この問題を解決するとともに、指定券の手配をオンライン方式に切り替えることを目的として、わが国初の本格的なオンラインリアルタイム情報システムが開発されることになった。全国の列車を対象とし、座席指定など予約業務全般をコンピュータ化しようとするものであった。

まず、座席指定専用システム（MARS-1）が設計され、1960 年から運用が開始された。中央装置は東京駅に置かれ、端末は東京都内に 10 台、名古屋、大阪に各 1 台の計 12 台が設置された。次に、全座席予約、全国展開、乗車券印刷の機能を盛り込んだ MARS-101 が開発された。東京の秋葉原駅に中央装置が設置され 1964 年から稼働した。当初は 4 列車分の 2,400 座席からスタートし、翌年 3 月には 72 列車 32,000 座席を扱うようになった[5]。1965 年 9 月には MARS-102 が追加され、全国主要 152 駅に「みどりの窓口」が開設された。同年末には 238 列車 127,000 座席の 8 日分が自動化の対象となった。当初は、予約できる列車も限られていたが、そこからシステムも発展し、今ではみどりの窓口では、すべての列車の予約ができるようになっている。もっとも、最近は WEB で指定席を予約できるようになっており、高機能の自動券売機も登場しているため、みどりの窓口自体は減少している。

3 つ目は銀行の勘定システムである。わが国では 1965（昭和 40）年に三井銀行（現・三井住友銀行）が初めて支店と本店を接続し、日本初のオンラインシステムが稼働した（第 1 次オンライン）。全国の支店と本店を接続するため、支店業務が標準化され、導入後に混乱がないように工夫がなされた。この結果、それまで各支店に保管されていた元帳が電子化され、システム内で全国の支店からの参照と更新が可能となった。それまでは、顧客は口座を開設した支店以外からは入出金できなかったが、オンラインシステムの稼働により全国どこの支店からでも入出金が可能となった。これにより、サービスが大幅に向上した。

1960 年代終盤には他の都市銀行がこれに追随し、地方銀行や信用金庫なども 1970 年代に入ってオンラインシステムの導入を本格化させた。

5　当時、米国の航空会社で離着陸区間ごとの人数をオンラインで予約管理している例はあったが、航空機に比べて乗降車駅の多い列車で、座席位置まで含めた予約管理を実現したのは世界初であった。

このように、わが国では1960年代から大型コンピュータが導入され、高度な計算や大規模な計算が可能となった。**基幹システム**と呼ばれる集中管理によって、ルーティンワークなど繰り返し処理の事務作業の効率化と省力化が図られた。コンピュータ同士を専用回線のネットワークでつなぎ、本社と支社など拠点間で瞬時に情報共有することが可能となった。これにより、情報を活用とした経営戦略の立案が可能となった。当時は、企業内でコンピュータを操作するのは一部の専門家に限られていた。コンピュータのインターフェイス（操作画面）は文字による**CUI**（Character User Interface）（図1.2）であり、現在普及しているようなグラフィカルな画面である**GUI**（Graphical User Interface）はまだ登場していなかった。

一方、個人についてみると、コンピュータはまだ非常に高価であり、所有して使用する人は極めて少数に限られていた。

以上述べたような、1960年代から70年代のコンピュータは、横軸に「ビジネス利用か、個人利用か」、縦軸に「持ち運びができるか、据え置き型か」でマッピングすると、1970年代までは、左側のビジネス利用が多く、右側の個人利用は少なかった。また、持ち運びができないものがほとんどで、左下の象

COLUMN　CUIとGUI

CUIとは、コンピュータやソフトウェアが利用者に情報を提示したり操作を受け付けたりする方法（UI: ユーザーインターフェース）の類型の一つで、すべてのやり取りをキーボードで文字に打って行う方式である。単純作業には多少面倒ではあり、最初覚えるのに時間がかかるものの、処理負荷が小さく、過去の操作記録を簡単に取り出せるといったメリットもある。

一方、GUIとは、情報の提示に画像や図形を多用し、基礎的な操作の大半をマウスやタッチスクリーンなどによる画面上の位置の指示により行うことができるものを指す。操作が簡単ではあるものの、処理負荷が

大きく、過去の操作記録を取り出すのが面倒であるといったデメリットもある。

コンピュータが一部の専門家だけに使われていた時代は CUI で間に合っていたが、誰もが使うようになると、操作が簡単な GUI が広く採用されるようになった。しかし、CUI にも優れた点もあるため、今でも専門家の中では CUI が使われる場面も少なくない。

図 1.2　CUI

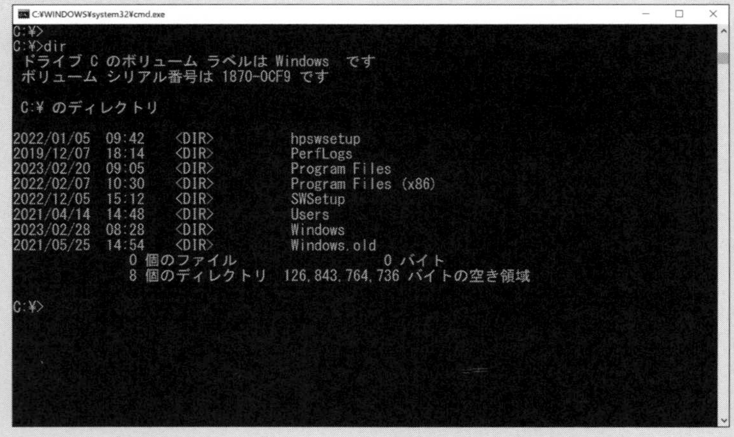

```
C:¥WINDOWS¥system32¥cmd.exe
C:¥>
C:¥>dir
 ドライブ C のボリューム ラベルは Windows  です
 ボリューム シリアル番号は 1870-0CF9 です

 C:¥ のディレクトリ

2022/01/05  09:42    <DIR>          hpswsetup
2019/12/07  18:14    <DIR>          PerfLogs
2023/02/20  09:05    <DIR>          Program Files
2022/02/07  10:30    <DIR>          Program Files (x86)
2022/12/05  15:12    <DIR>          SWSetup
2021/04/14  14:48    <DIR>          Users
2023/02/28  08:28    <DIR>          Windows
2021/05/25  14:54    <DIR>          Windows.old
               0 個のファイル                   0 バイト
               8 個のディレクトリ  126,843,764,736 バイトの空き領域

C:¥>
```

限に限られていた（図 1.3）。

ITの発展と社会への浸透　②1980年代

1970 年代後半になると PC（パーソナルコンピュータ）が登場し、急速に普及が始まった。米国で 1977 年にアップル社がパソコンの初期モデル（Apple II）を発売しベストセラーとなった頃、日本では 1978 年に東芝が初めての日本語ワープロ（専用機、JW-10）を発売した。1980 年代に入ると、米国では当時は

ベンチャー企業だったマイクロソフト社が MS-DOS という PC 用基本ソフト（OS）を IBM 社に提供し、その PC は個人のみならず企業にも広く普及していった。同じ頃、日本では 1982 年に日本電気（NEC）が PC9801 を発売し人気を博した。1984 年にはアップル社がマウスやグラフィックなアイコンが特徴的なパソコン「マッキントッシュ」を発売した。

PC の登場と普及は、企業のホワイトカラーの仕事に大きな変革をもたらした。文書作成ソフト、表計算ソフト、電子メールなどのパッケージソフトが導入され、予算策定業務、企画立案業務、決算処理、社内情報共有等の、企業のホワイトカラーの仕事の大幅な効率化と生産性の向上をもたらした。

ITの発展と社会への浸透　③1990年代

次に 1990 年代、平成が始まるころになると、大きく 2 点の変化が生じた。1 つ目は、コンピュータの操作画面が CUI に代わって GUI が主流となり、操作方法もコマンドを打ち込む形式から、アイコンをクリックする今の形に変化した。

2 つ目は、インターネットの普及である。インターネットを利用すれば、ネットワーク構築が容易となるため、地理的な距離によるさまざまな制約を克服することが可能となる。そこで、日本政府は政府主導で光ファイバーを敷設し、IT インフラを整備することで情報通信を活性化する構想を描いた。産業界ではインターネットサービスプロバイダがサービス提供を開始し、マイクロソフト社のオペレーティングシステム「Windows95[6]」の発売もあり、個人利用が爆発的に増加した。このような環境変化を背景に、電子商取引など、インターネットを活用した様々なビジネスが登場した。米国ではアマゾンが、わが国でもヤフージャパンや楽天がこの時期にサービス提供を開始している。

先に述べた、ビジネスか個人か、固定型か携帯型かというマトリクスでこの時代のコンピュータの発展を示すと、確かに横軸のビジネス・個人の観点からは個人側に急激に拡大したものの、コンピュータはまだまだ据え置き型が多く、持ち運ぶことができない時代であった（図 1.3）。

6　その前のバージョンである Windows3.1 の初期画面は確かに GUI らしい外観を備えていたが、さまざまな場面で CUI が現れ、GUI としての完成度は高くなかった。

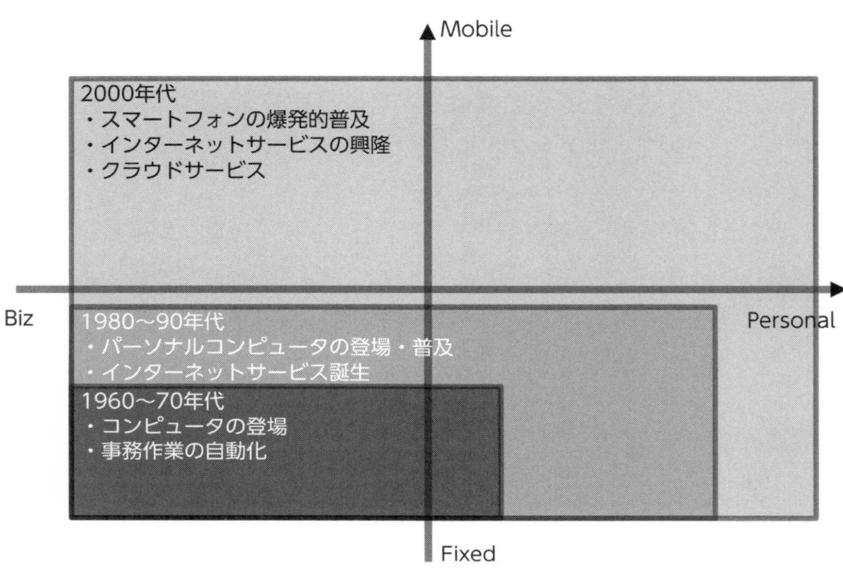

図 1.3　IT の浸透

ITの発展と社会への浸透　④2000年代

2000 年代に入るとインターネット環境がさらに整備され、一人一人が自由に情報を発信できるようになった。この時期、半導体やバッテリーの薄型化・小型化、センシング技術の発達を背景としてモバイル端末が登場した。

まず、インターネット環境では定額制の高速接続サービスが普及したことで、インターネットを前提としたさまざまな WEB サービスが登場した。Google、Facebook、YouTube、Twitter、LINE など、今日では広く生活に浸透しているこれらのサービスは 2000 年代に提供が開始されている。加えて、1990 年代後半から普及が加速していた携帯電話市場において、当初は各キャリアが設定するプラットフォームでコンテンツビジネスなどが展開され、一時期はわが国の携帯電話は世界最先端であるとも言われたが、2007 年にスマートフォンが登場すると、モバイルとインターネットの世界が融合し、スマートフォンを持っていればインターネットにいつでもアクセスできる環境が整った。スマートフォンは片手で持てるほどの大きさではあるが、その性能は20年前のスーパーコンピュータを超えるともいわれる。こうした背景から、インターネット人口普及率は上昇し、インターネットビジネスも盛んになった。

このように、2000年代は、コンピュータの個人利用が広がるとともに、持ち運びもできるようになり、「誰でも」「いつでも」「どこでも」ITを使える時代が到来した（図1.2）。

ところで、皆さんは「GAFA（ガーファ）」という言葉を聞いたことがあるだろうか。**GAFA**とは、主要IT企業であるGoogle、Amazon、Facebook、Appleの頭文字をとった総称である。これらの企業は、「人が集まる場を提供し、そこで集まる情報を活用するビジネス」を展開している。このようなビジネスモデルは**「プラットフォームビジネス」**と呼ばれる。

プラットフォームとは、「土台」や「基盤」「場」を意味し、ビジネスシーンで使われる際は「不特定多数の」顧客向けに、複数の製品やサービスを展開しており、かつ更新可能な環境」といった意味で使われることが多い。成熟化した社会では、顧客との関係性強化が非常に重要になるが、プラットフォーム戦略はその最適な解決策になり得る。様々なニーズに対応するために製品・サービスのラインナップを充実していく必要があるが、複数のパートナー企業とアライアンスを組むことによって、顧客ニーズへの対応力を何倍にも強化できる。

現在のITトレンド

近年は**「人工知能（AI：Artificial Intelligence）」**技術の活用が盛んになっており、さまざまな製品・サービスが登場している。言語の理解や推論、問題解決などの知的行動を人間に代わってコンピュータに行わせる人工知能の概念は実は1950年代から存在した。これまで2回の人工知能ブームがあったが、2006年の**ディープラーニング**（深層学習）と2010年代以降のビッグデータの登場により、社会への応用・浸透が急速に進んでいる。

もっとも、今日の人工知能は人間が行う知的活動を完全に模倣できるわけではない。人工知能は、人間が行う知的活動を完全に模倣できる**「強いAI**（汎用AI、Strong AI）」と、特定の処理のみを実現する**「弱いAI**（特化AI、Weak AI,

表 1.1　コンピュータの発展と IT 活用の歴史

時代	1960 年代	1980 年代	1990 年代	2000 年代	今後
技術の進化	大型コンピュータの登場	PC の普及	インターネットの普及	モバイルの普及	IoT・AI の深化
IT の浸透	基幹システムとして各業界へ浸透	企業のホワイトカラーの仕事へ浸透	インフラとして広く社会へ浸透	個人へ浸透	あらゆるモノへ浸透
IT の活用目的	・業務システム最適化 ・インフラのネットワーク化	・事務作業の効率化	・電子商取引の拡大 ・データを活用した業務改善	・個の情報発信力強化 ・データを活用した価値創出	・データが付加価値創出の中核に ・実世界とサイバー空間の融合

（資料）経済産業省資料[1]をもとに筆者作成

1　経済産業省「情報経済小委員会　中間とりまとめ報告書」2015 年 5 月 21 日

Narrow AI)」に分類され、現在実用化されているものは、弱い AI でしかない。すなわち、大量のデータのなかから一定の法則性を抽出する**帰納**（induction）では、特定の競争環境を設定した場合に人間を遥かに上回る能力を示すものの、前提から論理の規則にしたがって必然的に結論を導き出す**演繹**（deduction）や**仮説形成**（abduction）は出来ないといわれている。人工知能を利用した事例としては、音声認識による速記システムがある。話者が発声した音声を計測し、話者が意図している文を単語の列として生成するものである。

以上で述べたコンピュータの発展と IT 活用の歴史をまとめると表 1.1 の通りである。

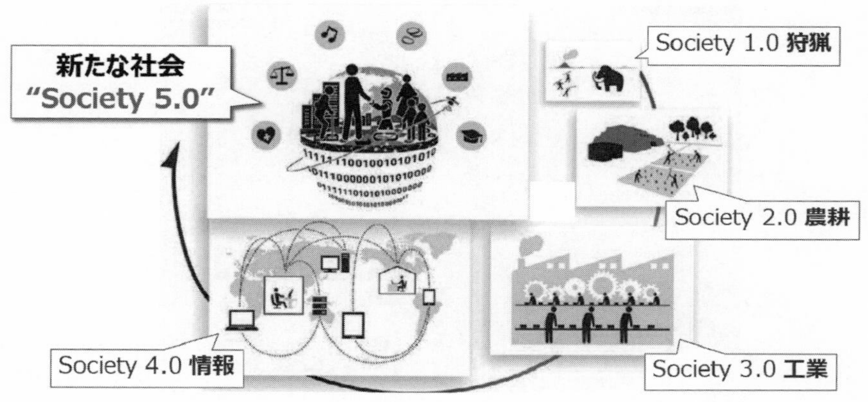

図 1.4　Society 5.0 への発展段階
（資料）内閣府ホームページ

Further Learning　ITを活用したこれからの社会

IT社会の今後

ITの進化により社会や経済が大きな変化を遂げてきたことは前節でみた通りであるが、今後どのように発展していくのであろうか。わが国政府は **Society 5.0** という新しい社会のビジョンを打ち出しており、このビジョンに整合的なさまざまな政策が打ち出されている。

Society 5.0とは、狩猟社会（Society 1.0）、農耕社会（Society 2.0）、工業社会（Society 3.0）、情報社会（Society 4.0）に続く、新たな社会を指すもので、2016（平成28）年１月に閣議決定された第５期科学技術基本計画において我が国が**目指すべき未来社会の姿**として初めて提唱された（図1.4）。

これまでの情報社会（Society 4.0）では、知識や情報が共有されず、分野横断的な連携が不十分であった。人が行う能力には限界があるため、膨大な情報から必要な情報を見つけて分析する作業が負担であったり、年齢や障害などによる労働や行動範囲に制約があったりした。また、少子高齢化や地方の過疎化

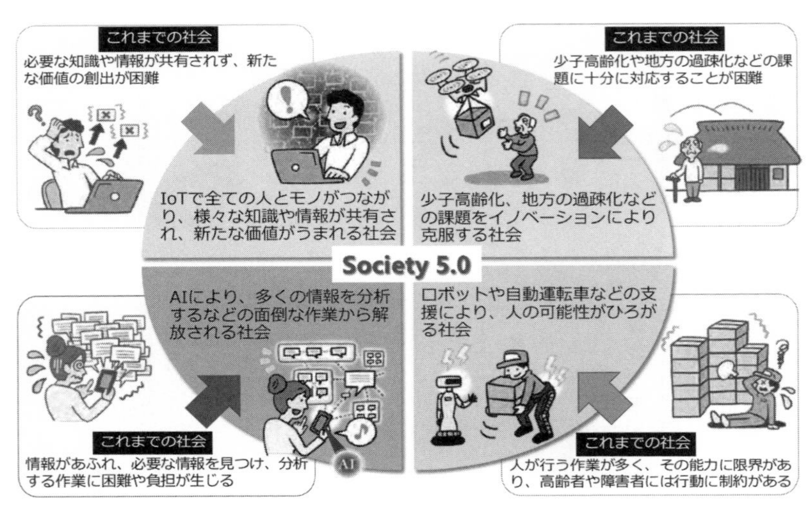

図 1.5　Society 5.0 のコンセプト
（資料）内閣府ホームページ

などの課題に対して様々な制約があり、十分に対応することが困難であった。

Society 5.0 で実現する社会では、**IoT**（Internet of Things）で全ての人とモノがつながり、様々な知識や情報が共有され、今までにない新たな価値を生み出すことで、これらの課題や困難を克服することが可能であるとされる。また、人工知能（AI）により、必要な情報が必要な時に提供されるようになり、ロボットや自動走行車などの技術で、少子高齢化、地方の過疎化、貧富の格差などの課題を解決できるとされている（図 1.5）。

Society5.0 は、Cyber 空間（仮想空間）と Physical 空間（現実空間）を高度に融合させた **CPS システム**（Cyber Physical System）により経済発展と社会的課題の解決を両立する、人間中心の社会（Society）である。すなわち、現実空間のセンサーから膨大な情報が仮想空間に集積され、それを人工知能（AI）が解析し、その解析結果が現実空間の人間に様々なかたちでフィードバックされる。情報社会（Society4.0）との大きな差異は、自動でデータが収集され、分析され、その結果が人間にフィードバックされることにより、これまでには出

図 1.6　Society 5.0 とこれまでの情報化社会の違い
（資料）内閣府ホームページ

来なかった新たな価値が提供される（図 1.6）。

経済の発展とグローバル化が進むなか、国際的な競争も激化し、富の集中や地域間の不平等が強まっている。また、地球温暖化問題、食糧問題、少子高齢化の進展など経済発展と相反する社会的課題が複雑化しており、その解決が求められている。わが国は、課題先進国として、先端技術をあらゆる産業や社会生活に取り入れ、**経済発展と社会的課題の解決を両立**していく新たな社会である Society 5.0 の実現を目指している。

データ駆動社会の到来

近年の IT 技術の発展はめざましく、デバイスについては、センサーの小型化・省電力化・低廉化、モバイル機器の高性能化等が達成され、情報処理については、クラウド[7]の大規模化・低廉化、分散処理技術の高度化等が進展した。

7　クラウドコンピューティングとはインターネットなどのネットワーク経由でユーザーにサービス

また、これに加えて、ネットワークについても、通信速度の高速化や通信費用の低廉化が進行した。このような急速な技術革新等によって、様々なデータのデジタル化に伴うコストが低下した。これにより、実世界のあらゆるモノがネットワークでつながるIoTが進展し、従来デジタル化されることがなく散在していたデータが大量にインターネットに流通するようになった。社会全体に流通するデータの量が加速的に増加し、様々な分野において、量・発生頻度・多様性を有するビッグデータの利活用が可能となった。この結果、これまでは実現できなかったデジタルデータの収集、蓄積、解析、解析結果の実世界へのフィードバックが社会規模で可能となり、Cyber空間（仮想空間）とPhysical空間（現実空間）を高度に融合させたCPSシステム（Cyber Physical System）が生まれ、新たな情報革命とも言うべき社会変革が本格化している。

Society5.0が想定するのは、インターネットやIoT等から収集される多様で膨大なデータを背景に、社会経済活動の全般においてサイバー空間と実世界とが密に連合しながら、課題の解決と新たな価値の創造が進められる社会である。このような社会はデータを元に次のアクションを決めたり、意思決定を行ったりすることから、**データ駆動型社会（Data Driven Society）**と呼ばれる。たとえば、企業経営においては、勘と経験に頼った経営判断を行うのではなく、さまざまなデータを正しく参照・分析することで経営状況を正確に捉え、正しい判断が可能になる。

近年、社会のデジタル化が急速に加速し、夥しいデータが収集・蓄積され、それらのデータが社会活動に活用される中で、次々と新たなイノベーションが創出されている。20世紀の世界においては、燃料や原料としての石油がその動力となっていたのが、21世紀の世界では、データが社会を動かす動力になるといわれている。すなわち、**データを適切に収集・分析し、新たな価値を生み出す**ことが、これからの価値創造において重要になると考えられている。

よくある誤解は、人工知能が従来の人間の仕事をすることにより、人間と対立する関係になると考えることである。人工知能の普及後に本当に考えなければならないことは、データやITから目を背け、自分の頭だけで解を考えよう

を提供する形態。

とするのではなく、人工知能などシステムを使いこなし、有益な情報をいかに獲得・活用できるかということである。すなわち、データ科学・AI の素養とその活用力を持った人材が広い範囲で求められている。

まとめ POINT

- 情報システムはハードウェア（コンピュータ・周辺機器）、ネットワークおよびソフトウェアから構成される情報を記録、処理、伝達するための仕組みである。
- コンピュータは 1960 年代より産業界に浸透し、その後インターネットやモバイル端末の登場により家庭・個人へ普及した。現代の生活に情報システムは不可欠になっている。
- わが国が目指す新しい社会ビジョン「Society5.0」は、Cyber 空間（仮想空間）と Physical 空間（現実空間）を高度に融合させた CPS システム（Cyber Physical System）により経済発展と社会的課題の解決を両立する人間中心の社会（Society）である。
- 社会のデジタル化が加速し、夥しいデータが収集・蓄積され、活用される中で、次々と新たなイノベーションが創出されている。21 世紀の世界では、データを適切に収集・分析し、新たな価値を生み出すことが重要になる。

◉参考文献

◎ 経済産業省「産業構造審議会 商務流通情報分科会 情報経済小委員会 中間取りまとめ——CPS によるデータ駆動型社会の到来を見据えた変革」2015 年 5 月

第2章 デジタルトランスフォーメーション

学習POINT

- デジタルトランスフォーメーション（以下DX）とは何か。これまでのIT化と何が異なるのだろうか
- DXの目的は何だろうか。具体的には何をすることなのだろうか
- 政府の政策の中でDXはどのように位置づけられているだろうか
- 企業でDXを推進する上で何が重要だろうか
- DXで必要とされるのはどのような人材だろうか

基礎知識　デジタルトランスフォーメーションとは何か

デジタルトランスフォーメーションの意義

近年、デジタルトランスフォーメーション（Digital Transformation：DX）に関する記事が毎日のように報道されている。このDXとはどのようなものだろうか。デジタルトランスフォーメーションという概念は、2004年にスウェーデン・ウメオ大学のエリック・ストルターマン教授が「ITの浸透が、人々の生活をあらゆる面でより良い方向に変化させること」として提唱した[1]。この定義

1　Stolterman, Erik & Fors, Anna.［2004］Information Technology and the Good Life.

では抽象的過ぎて、具体的なイメージをつかむことが難しいかもしれない。従来の効率化・自動化を目的とした IT 化も、この定義に当てはまるように見える。

しかし、近年注目されるようになったデジタルトランスフォーメーションは、従来の IT 化とは異なる意味で使われる場合が多い。わが国の経済産業省はデジタルトランスフォーメーションを「企業がビジネス環境の激しい変化に対応し、**データとデジタル技術を活用**して、**顧客や社会のニーズを基に**、**製品やサービス、ビジネスモデルを変革**するとともに、**業務そのものや、組織、プロセス、企業文化・風土を変革**し、**競争上の優位性を確立**すること」と定義している[2]。経済産業省の定義は企業向けのガイダンスのなかで書かれたものなので、「企業がビジネス環境の激しい変化に対応し」と企業を主語として書かれているが、デジタルトランスフォーメーションが、ストルターマン教授の定義に言う「人々の生活をあらゆる面でより良い方向に変化させること」であるとすれば、この主体は企業に限定されるものではなく、個人や政府・地方自治体も含まれると考えてよい。

そうすると、デジタルトランスフォーメーションの定義にはいくつかの要素があることがわかる。まず、その目的は「一般的には、「より大きな価値を実現すること」」であり、「データとデジタル技術を活用」することは手段である。その手段を用いて行うことは二つある。一つは、「顧客や社会のニーズを基に、**製品やサービス、ビジネスモデルを変革**する」ことである。ここで注意してほしいのは、**「顧客や社会のニーズを基に」**という部分である。提供者の考えを起点として製品やサービスを作り出すのではなく、顧客や社会のニーズを起点としている。もう一つは、**「業務そのものや、組織、プロセス、企業文化・風土を変革**する」ことであり、企業や組織の内部について、業務のみならず、組織や文化までも変革する点に注意が必要である。

このように、デジタルトランスフォーメーションは、デジタルを活用して、①商品・サービス、ビジネスモデルなどに加えて、②業務そのものや、組織、プロセス、企業文化・風土などを、「変革する」ことに焦点があてられた概念

International Federation for Information Processing Digital Library; Information Systems Research;. 143. 10.1007/1-4020-8095-6_45.

2　経済産業省「DX 推進指標とそのガイダンス」2019 年 7 月

COLUMN　なぜ DX と書くのか

デジタルトランスフォーメーション（Digital Transformation）はなぜ DT ではなく DX と書くのだろうか。

英語圏では接頭辞「Trans」を X と省略表記することが多い。従って、「Transformation」が「X」に代わり「Digital Transformation」は「DX」と表記される。

である。トランスフォーメーションとは変身、変態の意味であり、姿かたちを変えるほどに大きく変貌する意味が込められている。

従来の IT 化と区別して、「デジタル化」とか「デジタルトランスフォーメーション」と呼ぶようになったのは、デジタル化された領域が大きく広がり、その効用が飛躍的に増大していることが背景にあると考えられる。

デジタル化の効用で主なものを 3 つ考えてみよう（図 2.1）。第 1 は、あらゆる**データが捕捉可能**となることである。さまざまなデータをデジタル化することにより、分析・予測が可能となり、新たなビジネスやサービスを生み出す可能性が高まる。第 2 は、**ネットワークでつながる**ことである。遠隔管理・操作が可能となるほか、取引コストが減少する。さらに、さまざまな有形資産・無形資産がつながることにより、ネットワーク効果が生じて価値が高まる。第 3 に、バーチャルな空間や体験が生まれることで**商機が拡大**する。すなわち、仮想世界での社会生活・体験が広がり、そこでの経済活動も拡大する。

デジタルの世界がほんのわずかな部分である段階であれば、その効用を実感することは難しいが、あらゆることがデジタル化されてくると、それまで業種、業態やカテゴリーとして別物として扱われていたあらゆるモノやコトが結びつき、利用者を中心に再構成される。たとえば、スマートフォンはアプリをインストールすることでさまざまな機能を追加することが可能である。電話、時計、カメラ、録音機、辞書、書籍、音楽、映画など、かつてはそれぞれ全く別のも

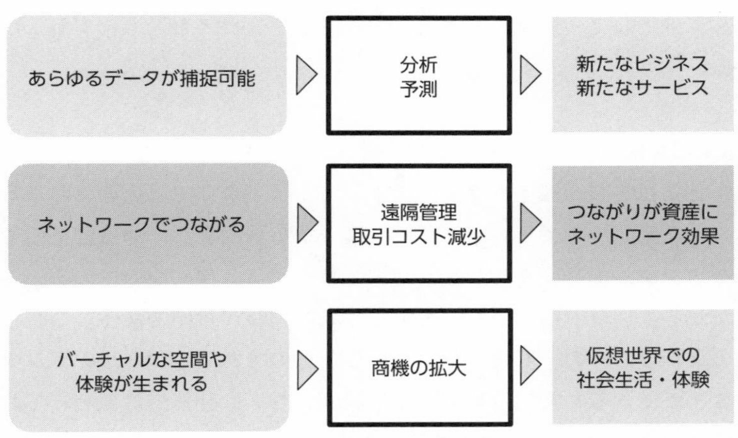

図 2.1　デジタル化の効用

COLUMN　成長が期待されるメタバース

バーチャル空間として最近注目を集めているのがメタバースである。メタバースとは、インターネット上に展開される没入感の高いユーザー参加型仮想空間である。メタバースは、これまではゲームプラットフォームとして認識されることが多かったが、Facebook やマイクロソフトといった大手 IT 企業が参入を表明してからは、次世代のデジタルコミュニケーションの形として認識されるようになった。世界のメタバース市場規模は、2030 年に 1 兆 6,073 億ドルに達するという予測もある[3]。

のとして存在していた様々なモノやサービスがすべてデジタル化され、一つのスマートフォンというプラットフォームに統合されている。このように、デジタル化が進展してくると、その利用履歴データを含めてあらゆるデータを捕

3　Emergen Research, “Metaverse Market Size Worth USD 1607.28 Billion in 2030,” December 14, 2022

捉・蓄積し、分析して、個々の利用者に提供するサービスを最適化することが可能となる。

デジタル化の3段階

デジタル化には 3 つの段階があると言われている（表 2.1）。企業におけるデジタル化の例を考えてみよう。たとえば、第 5 章で説明する、ある営業所で紙の提案書をデジタル化し、タブレット端末で表示する案件についてみると、紙の印刷にかかる人件費や物件費など大幅なコスト削減が可能である。これは、営業活動の業務フローの一部をデジタル化したものであり、**ツールのデジタル化**ということができる。営業活動全体の業務プロセスは基本的に変わっておらず、部分的に IT を導入して効率化を図ったものといえる。従来の IT 化案件はこのような業務フローの部分的・局所的なデジタル化を図るものが多かった。このようなデジタル化は Digitaization（デジタイゼーション）と呼ばれる。

次に、第 4 章で説明するユニクロの SPA 戦略の案件についてみると、業務プロセス全体を整理してまるごとデジタル化し、生産・デリバリーの最適化が図られている。このように業務プロセス全体をデジタル化して新たな価値やビジネスモデルを生み出すことを、**プロセスのデジタル化**、Digitalization（デジタライゼーション）と呼ぶ。たとえば、DVD でレンタルビデオ業を営んでいた会社が、貸出コンテンツをすべてデジタル化し、店舗を廃止してネット配信に転換することなどがこれに該当する。

しかし、これらはいずれも、DX の前段階のデジタル化として位置づけられている。デジタルトランスフォーメーションとは、デジタルでトランスフォームすること、すなわち形態を変えて競争力を獲得・維持することにその意義がある。DX は、**ビジネスのデジタル化**であり、ビジネスモデルや組織まで変革し、**顧客起点の価値創造**を行うことを指す。もちろん、企業組織全体を対象としたデジタル変革には長い年月が必要であり、その一つのステップとして、ツールのデジタル化やプロセスのデジタル化は必要である。ただし、企業におけるデジタルトランスフォーメーションの最終目的は、データとデジタル技術を活用し、顧客起点の価値創造を行い、競争上の優位を確保することに主眼がある。

表 2.1　デジタル化の 3 段階

概念	意味	例
デジタイゼーション Digitization	**ツールのデジタル化** 業務フローを部分的・局所的にデジタル化する 業務効率化の実現が主な目的	ペーパレス化 テレワーク
デジタライゼーション Digitalization	**プロセスのデジタル化** 特定の業務プロセスを整理してまるごとデジタル化し、デジタル技術で新たな価値やビジネスモデルを生み出す	SPA 戦略
デジタルトランスフォーメーション Digital Transformation (DX)	**ビジネスのデジタル化** 企業の組織全体をデジタル化することで、ビジネスモデルや組織そのものも変革。顧客起点の価値創造を行う	GAFA スマートコンストラクション

（資料）筆者作成

従来のIT投資との相違

従来の IT 投資は、既存の価値創出の仕組みを維持したまま、もしくは改善・拡張して IT を導入することにより、**業務の効率化**や**ビジネスの対応力を向上**させることが主な目的であった。つまり、基本的なビジネスモデルや仕事のやり方は変えずに、IT を部分的に導入することと言い換えてもよい。たとえば、顧客向けのビジネス対応力を向上させるために、IT を導入して顧客関係を強化する、販売チャネンルを拡張する、品質や納期を改善する、などである。また、社内の業務効率化を図る場合には、IT を活用して、作業の自動化・省力化、管理の係数化・可視化、情報の伝達・共有・再利用などを図る、などである。

一方、DX では、価値提供の既存の仕組みを破壊・変革・創造する。たとえば、外部に対しては、新規の顧客価値の創造や、ビジネスモデルの転換、新規事業分野への進出など、ビジネス自体を変革することが含まれる。また、社内の業務については、業務そのものの自動化・不要化や、意思決定方法の変革、指揮命令・組織運営の改革など、業務そのものが形を変える「変革」が想定されている。

このように、従来の IT 化では、提供価値を維持・改善・拡張することにとどまるのに対し、DX では、提供価値を**破壊・変革し、新たに創造する**ことが目指される。すなわち、DX は新たな価値を提供することを目指すため、イノベーションの手段にもなる。イノベーションは日本では「技術革新」と言い換えられることが多いが、本来は「何か新しいものを取り入れる、既存のやり方を変える」ことである。従って、イノベーションは分野融合による既存技術の組合せや経営の革新等からも生まれるのである。シュンペーターは「新規の、もしくは、既存の知識、資源、設備などの**新しい結合**」と定義している。企業においてイノベーションがないままでは、商品・サービスはいずれ陳腐化し、競争上の優位を失う。

かつては、イノベーションが「技術革新」と言い換えられていたこともあり、日本企業におけるイノベーションの創出とは、社内で技術力を高め、それを製品化することと捉える向きが多かった。このような自社内で完結する**クローズドイノベーション（自前主義）**は、IT の急速な発展やグローバル競争の激化で、十分に対応できないなどの限界も見えてきており、昨今は、組織外の知識や技術を積極的に取り込む**オープンイノベーション**が加速している。デジタル化の利点の一つに「ネットワークでつながること」があるが、これまで分立していたさまざまな業種・業態の企業・サービスにおいて、近年のデジタル化の進展によりプラットフォームやデータ連携を通じたデジタルでの協業の可能性が高まっている。

デジタルトランスフォーメーションの例

DX の具体的なイメージをつかみやすいように、ブルドーザーやパワーショベルなどの建設機械で近年展開されている DX について紹介しておこう。建設機械は高価であるが、夜間も工事現場に置いたままにされるので、しばしば盗難に合うことがあった。そこで、建設機械メーカー K 社は建設機械に GPS やセンサーを取り付け、各機械のリモート監視できるようにした。すなわち、機械というモノにデジタルを活用して新たな機能を加えた（第 1 段階）。

COLUMN　DX にみられる誤解

わが国の企業でも DX への取り組みが始まっているが、DX を正しく捉えていないために、十分な効果が現れない例も多い。

(1) AI（人工知能）などの新しい技術を活用して、当社でも何かできないかと、多くの PoC（Proof of Concept: 概念実証）に取り組む企業が少なくない。しかし、ここでは本来は手段である「技術の活用」が目的化しており、何のために DX に取り組むのかという目的が見失われている。

(2) 経済産業省の「DX レポート」で指摘されていた、自社の古いシステムをクラウドに移行したことで、DX に着手していると考える企業が少なくない。しかし、そこでは新たな価値創造は考慮されておらず DX への道筋が見えていない。レガシーシステムのクラウド移行は DX を本格化するための条件に過ぎない。

(3) データ活用が DX の鍵だと聞いたので、IoT を導入し、現場でデータ収集に取り組んでいる、という企業は、収集したデータでどのような価値創造を行うのか不明なことが多い。ここでは「収集したデータ」でどのような価値を創造するかの道筋が見えていない。

機械にセンサーが標準装備されるようになると、建設機械の使われ方に関するデータが蓄積されるようになり、工事の施行におけるボトルネックがどこにあるかを分析・把握できるようになった。さらに、ドローンを活用して工事現場の測量もできるようになると、工事の対象となる現場（土地の形状など）の詳細なデータを容易に入手することが可能になった。工事の対象となる現場のデータと建設機械のデータを合わせることで、最も効率的な工事の計画を簡単に作成することが可能になるとともに、工事の進捗状況をリアルタイムで現場から離れた建設会社の本社で把握することが可能になった。さらに、熟練を必要とする建設機械の操作にも AI 技術を活用してその動きを誰でも再現できるようになった（第 2 段階）。

さらに、最近では、現場情報をリアルタイムで 3D データ化し、さまざまな顧客ニーズに対応するアプリケーションを開発し、さまざまな業種を巻き込んでオープンなデジタル・プラットフォームで提供している。このようなエコシステムを形成することにより、建機メーカー K 社は、建設業のコアな管理プロセスを取り巻く周辺業務の生産プロセス全体に変革をもたらしている。このように、K 社は、建設機械の製造・販売という従来の競争軸に加えて、土木建設工事全体の安全性と生産性の向上のためのソリューションを提供する、という新たな競争軸を DX を通じて作ることにより、独自の競争優位性を構築している（第 3 段階）。

Story　デジタルトランスフォーメーションはなぜ必要なのか

DXが求められる背景

デジタルトランスフォーメーションが近年注目されるようになったのは、後述するようなデジタル技術の発達や普及があることは間違いないが、それ以外の要因も理解しておく必要がある。

第一は、モノからサービスへのシフトである。20 世紀において、先進工業国ではモノの製造・販売が経済活動の中心であると考えられていた。販売時に製造者は製品（モノ）を売り切り、その時点で**交換価値**が売上となって回収される。購入者は購入後に製品（モノ）を消費するだけで価値創造には関与しない。一部の製品にはアフターサービスも存在するが、あくまで製品（モノ）に従属した位置づけであった。一方、サービスについてマーケティングを考える場合には、生産と消費の同時性や非在庫性などといったモノの場合と対比した特徴に焦点が当てられるものの、基本的には製品（モノ）の販売モデルに準じて考えることが一般的であった。

しかし、パソコンやインターネットの一般家庭への普及によって、消費者は

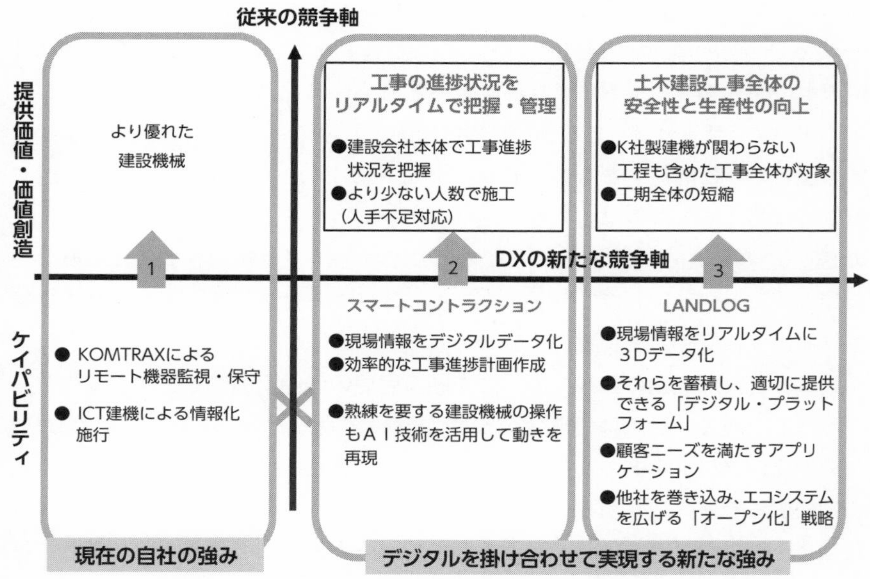

図 2.2　建設機械における DX

（資料）村田聡一郎・SAP ジャパン『Why Digital Matters? “なぜ” デジタルなのか』（2018 年）に筆者加筆

情報の入手が容易になり、さまざまな技術の標準化と商品のコモディティ化が進んだことで、モノと情報が溢れる時代となった。さらにスマートフォンの普及により、今では、インターネットを活用してあらゆる情報を検索し、口コミを確認しながら商品を選択して、自分・自社にマッチした商品・サービスを選択することが可能になっている。

このような中、近年はモノではなくサービスとして提供価値を再構成する動きが広がった。具体的には、商品を購入するのではなく、定額料金を支払い利用する**サブスクリプション**といったビジネスモデルである。コンピュータのソフトウェアや電子書籍の読み放題サービスなどのほか、タイヤ、エアコン、家具、自動車などにもその活用が広がっている。

このような、モノ自体の交換価値ではなく、その利用価値に着目する考え方は、マーケティング研究の世界では、**サービス・ドミナント・ロジック**（SDL：Service Dominant Logic）として 2004 年に提唱されたものである[4]。SDL では、無形財である事業（コト）や有形財である商品・製品（モノ）を区別することなくすべて「サービス」であるとして包括的にとらえる[5]。サービスの価値は企業と顧客が共に創造するものであり（「**価値共創**」）、企業だけでは価値を創造することはできず、顧客は企業と一緒に価値を創造する主体であるとされる。この SDL の考え方が、近年のサービス化の流れと結びつき、さまざまなモノがデジタル技術を活用して、サービス化もしくはサービスと組み合わされて提供されるように変化している。

第二は、付加価値の源泉の考え方が**顧客起点の価値創造**へと大きく変化していることである。従来は何をつくるか（提供するか）ということが自明であり、企業はそのプロダクトのニーズを前提として、価格、販売チャネル、販促方法を工夫するなどの取り組みを行ってきた。最初にプロダクトありきで発想するため、そのプロダクトの枠を超えた価値提供を考えることは難しい。そして提供する価値は、製品の販売時の交換価値であると考えられていたため、それを最大にすること、すなわち品質や機能を高めることが価値創造に重要であった。

ところが、近年では、自社の顧客は誰か、「顧客の成功」は何か、といった顧客起点に価値創造を考える思考方法が広がっている。**顧客の成功（カスタマーサクセス）**とは、顧客が本当に成し遂げたいことである。たとえば、ある人が自動車を購入するのは、自動車を所有したいからではなく、好きな時に自由に移動したいからである。顧客の本当に成し遂げたいことを探索する手法に「**デザイン思考**」があるが、これは顧客の視点から付加価値を見直す取り組みにほかならない。顧客の本当に成し遂げたいこと、顧客の課題にどのようなソリューション（解決方法）を提供すればよいのか、製品や会社の枠を超えて発想する思考法が広がっている。そこでは、デジタル技術を活用して、プロダクトとサービスを組み合わせ、他社とも連携するデジタル・ソリューションが提

4　Stephen L. Vargo & Robert Lusch, "Evolving to a New Dominant Logic," January 2004, Journal of Marketing 68(1): 1-17

5　これに対して、従来のモノを中心とした見方をグッズ・ドミナント・ロジック（GDL: Goods Dominant Logic）と呼ぶ。

COLUMN　オンラインでのソフト提供

パソコンにインストールしてさまざまな機能を実現するアプリケーションソフトは、以前は利用者がCD-ROMやDVDが入った高価なパッケージを購入して、各自でインストールすることが一般的であった。それらのパッケージは2～3年おきくらいに新たなバージョンがリリースされていた。ところが、近年はオンラインでこれらのアプリの機能をサブスクリプション・サービスとして提供する例が増えている。サブスクリプション化するメリットとして以下の点が指摘されている。1つ目は、初期費用を抑えることで、利用者層の裾野が拡大する。2つ目は、利用者がどのような機能を利用しているかをリアルタイムで全て把握することが可能になり、顧客のニーズを明らかにしやすくなる。3つ目は、オンラインの提供であるため、バージョンアップを頻繁に行うことが可能となる。

供されることが多い。

このように、SDLにもとづいて、顧客起点の価値創造を追求すると、デジタルで新たな価値提供の仕組みを設計することが必要になる。さらに、デジタルで顧客とつながることで、顧客の状況をデータで個別に把握・分析し、提供するサービスを最適化することも可能になっている。

DXを実現する技術環境の変化

近年のインターネットとスマートフォンの普及により、世界のデータ総量が爆発的に増大している。2018年には33ZB（ゼッタバイト）であったのが、2025年には175ZBにまで増大し、その総量の49％はクラウド環境に存在するという[6]。ZBのzettaとは10の21乗を表す接頭辞であり、TB（テラバイト）のteraが10の12乗であるから、1ZBは10億TBである。そして、エッジコンピューティングの発達により、2025年には世界のデータの30％はリアルタイムで処理されるようになるという。

このようなデータの爆発的な増大を可能にしている技術としては、コンピュータ資源をネットワーク経由で利用できる**クラウドコンピューティング**（以下クラウド）、家電機器などあらゆるものが情報を受発信し所有者の快適な生活を実現する**IoT**（Internet of Things、モノのインターネット）、人が行う判断や推測の一部をコンピュータで再現する**AI**（Artificial Intelligence、人工知能）、大容量の高速通信を可能にし、次世代の通信インフラとして注目されている**5G**、分散型台帳で管理し、低コストで参加者間でのデータ連携を容易にする**ブロックチェーン**などが挙げられる。

AI技術が実用化・普及することで、爆発的に増大したデータ（ビッグデータ）を効率良く整理し分析することが可能となった。ビッグデータを学習することでAIはより精度の高い判断を行うことができるようになり、進化していく。このような中、ビジネスにおける正確な状況把握や有効な意思決定に、データは非常に重要なものになっている。

DXで付加価値をどのように生み出すのか

では、デジタルトランスフォーメーションでどのように付加価値を生み出すのだろうか。デジタルでもたらされるバリューの変化は3つあると言われている。1つ目は、無料にしたり大幅に価格を下げたりすること経済的利益の破壊的イノベーションをもたらす、**コストバリュー**である。2つ目は、顧客に新しい購買体験や消費体験を提供する破壊的イノベーションをもたらす**エクスペリエンスバリュー**である。エクスペリエンスバリューは、カスタマーの利便性向上や、コンテクストに応じたサービスやコントロール能力を提供する。3つ目は、従来にないネットワーク効果を提供する破壊的イノベーションをもたらす**ネットワークバリュー（プラットフォームバリュー）**である。ネットワーク効果

6　IDC, “Data Age 2025-The Digitization of the World From Edge to Core,” November 2018

COLUMN　テクノロジーのハイプ・サイクル

新たな ICT 技術が登場すると、先行して期待が高まり、話題に取り上げられやすくなるものの、実際にはまだ技術が成熟しておらず、しばらくして期待していたことがまだ実現できないことが判明し、過度な期待が幻滅によって萎む局面を迎える。しかし、その後は現実的な利用方法が模索され、さまざまな活用方法が発見されることで、徐々に再びその期待が高まる、というハイプ・サイクルを辿るといわれている（図 2.3）。

したがって、新しい技術を扱う際には、このようなハイプ・サイクルでどの段階に位置づけられるのかを見極めることが重要である。

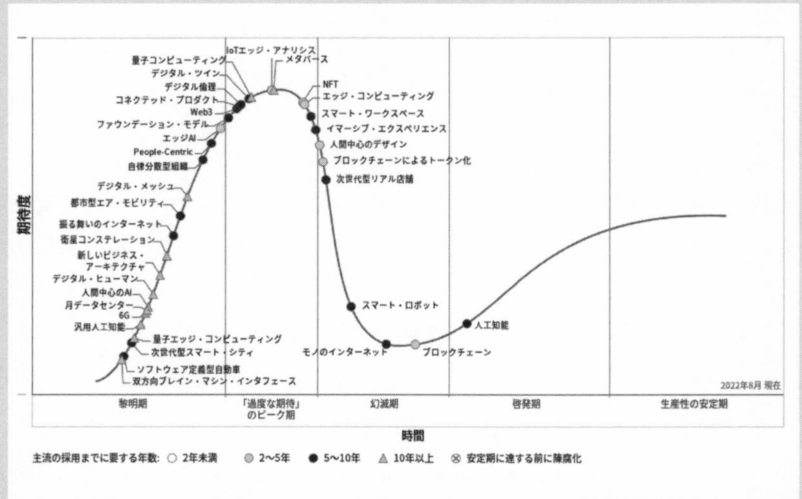

図 2.3　未来志向型インフラ・テクノロジのハイプ・サイクル

（資料）Gartner「日本における未来志向型インフラ・テクノロジのハイプ・サイクル」（2022 年 8 月）

が一度確立されると、勝者総取り（Winner takes all）効果が生み出され、プラットフォーム所有者に利益が集中する。

もっとも、コストバリューだけを提供した場合、取引数量は増加しても、価値の増加分の大半が消費者余剰となるため、GDP が計測する生産者余剰の増加につながりにくい。したがって、DX で成長を実現するには、コストバリューに加えて新たな付加価値を提供する必要がある。

デジタルで付加価値を創造する際にはデジタルの特性を活かすことが重要である。DX を考える文脈において、デジタルとは、電子的データで構成・管理されるものであり、対比される概念はアナログではなくて**フィジカル**（物理的な存在）である。デジタルには、データの**高速移動が容易**であり、データは**劣化しない**、という特性がある。したがって、初期費用はかかるものの、ランニングコストを非常に低く抑えることが可能であり、**収穫逓増**を実現しやすい。

COLUMN　収穫逓減と収穫逓増

収穫逓減の法則とは、もともとは農業生産に関する命題であったが、近代経済学では生産部門のあらゆる生産要素（資本、土地、労働）に適用されると考える。すなわち、所与の技術水準の下で、特定の生産要素のみを増加させ、他の生産要素の投入量を一定にしておくならば、生産要素の追加１単位当りの生産量の増加分（限界生産物）は一般にだんだんと減少していく。

ところが、ネットビジネスなどでは収穫逓減ではなく、収穫逓増となることが知られている。収穫逓増の法則とは、生産要素を追加的に投入する時に、効率が良くなり、追加１単位当たりの収穫がだんだん増えていくことをいう。規模を大きくすれば大きくするほど効率が良くなるため、一番大きな市場シェアを握った企業が非常に有利になる。

表 2.2　世界主要国の DX への取り組み

政策	内容
Industry 4.0 ドイツ、2011 年	機械と作業工程をスマートネットワーク化し、製造業を高度化することにより、フレキシブルな生産、生産ラインのモジュール化、マスカスタマイゼーション、ロジスティックス最適化、データ分析による製造方法の改良、製品ライフサイクルに対応した材料のリサイクル、等を実現
Industrial Internet Consortium（IIC） アメリカ、2014 年	IoT 技術、とくにインダストリアルインターネットの産業実装と、デファクトスタンダードの推進を目的とした国際規模の団体（IIC）を設立
Alliance Industrie du Futur（AIF） フランス、2016 年	2020 年に向けた新しい国家戦略「Industry of the Future」を推進
インターネットプラス（互聯網＋） 中国、2015 年	製造業のみならずあらゆる産業にデジタル技術を融合させて、産業の高度化を図る

また、時差ゼロのリアルタイムの対応も可能になるほか、顧客を一人ひとり識別した上で、詳細な記録を生成し、個別に分析・予測が可能となる。

世界的に広がるDX推進政策

デジタルトランスフォーメーションは先述したように、2004 年に提唱された概念だが、これを国の政策としての取り組みを始めたのは 2011 年から始まったドイツの **Industry 4.0** が最初である。その後、アメリカ、中国、フランスでも DX を加速する政策がみられた（表 2.2）。

日本では 2015 年に **Society 5.0** というビジョンが示された。狩猟社会（Society 1.0）、農耕社会（Society 2.0）、工業社会（Society 3.0）、情報社会（Society 4.0）に続く、新たな社会を指すもので、第 5 期科学技術基本計画（2016 年度― 2020 年度）において我が国が目指すべき未来社会の姿として初めて提唱された。

日本のDXが目指すべきもの

経済発展が進むなか、人々の生活は便利で豊かになり、エネルギーや食料の需要が増加し、寿命の延伸が達成され、高齢化が進んでいる。一方で、社会的課題は複雑化してきており、温室効果ガス（GHG）排出の削減、食料の増産やロスの削減、高齢化などに伴う社会コストの抑制、持続可能な産業化の推進、富の再配分や地域間の格差是正といった対策が必要になっている。

日本の Society 5.0 では、課題先進国として、IoT、ロボット、人工知能（AI）、ビッグデータといった社会の在り方に影響を及ぼす先端技術をあらゆる産業や社会生活に取り入れ、経済発展と社会的課題の解決を両立していくことが目指されている（図 2.4）。

わが国は、人口減少や高齢化など社会課題の先進国であると言われる。これらの課題を DX によって解決することによって課題解決の先進国となり、その成功プラットフォームを世界に展開していくことにより、日本から新たな価値を創造していくことが期待されている。

日本のDX推進戦略

日本の Society 5.0 は新たなデジタル技術を活用して経済発展と社会的課題の解決の両立を目指すビジョン（未来図）であるが、DX 推進の具体的な政策への取り組みは、2017 年から始まっている。「未来投資戦略 2017」（2017 年 6 月）のなかでは、日本国内で業種・業界を超えてデータ流通・活用を促すために、①産業データの連携・活用、②パーソナルデータの利活用、③民間企業分野のデジタルトランスフォーメーションの促進、の 3 つの具体的施策が示された。また、「Connected Industries 東京イニシャティブ」（2017 年 10 月）では企業間のデータ連携を促進する政策が打ち出された。

また、「DX レポート」（2018 年 9 月）では、国内企業の DX 化の遅れを指摘し、古い既存のシステム（レガシーシステム）が技術的負債化し、2025 年以降に予想される経済損失が毎年最大 12 兆円にのぼる（「**2025 年の崖**」）と警告が出された。さらに、「DX レポート 2」（2020 年 12 月）では、我が国企業の DX を加速していくための課題、及び対策のあり方についての報告書が公表された。また、「DX レポート 2.2（概要）」（2022 年 7 月）では、デジタル産業への変革に

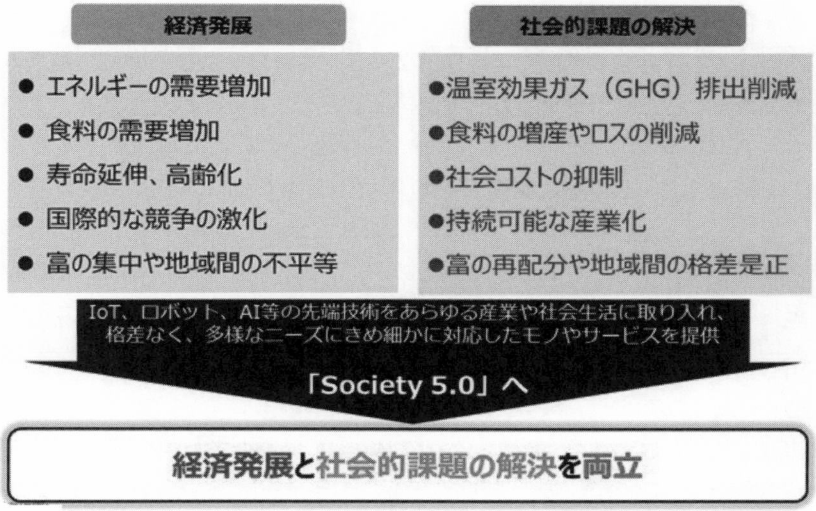

経済発展

● エネルギーの需要増加
● 食料の需要増加
● 寿命延伸、高齢化
● 国際的な競争の激化
● 富の集中や地域間の不平等

社会的課題の解決

●温室効果ガス（GHG）排出削減
●食料の増産やロスの削減
●社会コストの抑制
●持続可能な産業化
●富の再配分や地域間の格差是正

IoT、ロボット、AI等の先端技術をあらゆる産業や社会生活に取り入れ、格差なく、多様なニーズにきめ細かに対応したモノやサービスを提供

「Society 5.0」へ

経済発展と社会的課題の解決を両立

図 2.4　経済発展と社会的課題の解決を両立する Society 5.0
（資料）内閣府ホームページ

向けた具体的な方向性やアクションが提示された。

一方で、個別の企業の DX 推進を奨励する施策としては、2015 年より経済産業省が東京証券取引所と共同で、経営革新、収益水準・生産性の向上をもたらす積極的な IT 利活用に取り組んでいる企業を、「攻めの IT 経営銘柄」として選定していた。2020 年からは、デジタル技術を前提として、ビジネスモデル等を抜本的に変革し、新たな成長・競争力強化取り組む企業を、**「DX 銘柄」**と衣替えして選定している[7]。

また、企業の DX に関する自主的な取り組みを促すため、経済産業省は

7　例えば、「DX 銘柄 2022」では対象となる上場企業約 3800 社から 401 社の応募があり、33 社の DX 銘柄が選定された。

2019 年 7 月に「『**DX 推進指標**』とそのガイダンス」を取りまとめ、各企業が簡易な自己診断を行うことを可能とした。さらに、2020 年 11 月には、デジタル技術による社会変革を踏まえた経営ビジョンの策定・公表といった経営者に求められる対応を「**デジタルガバナンス・コード**」として取りまとめ、このデジタルガバナンス・コードに対応し、DX 推進に向けた「準備が整った事業者」を認定する「**DX 認定制度**」が本格的に開始された。デジタルガバナンス・コードは 2022 年 11 月に「デジタルガバナンス・コード 2.0」に改訂され、経営戦略と人材戦略を連動させた上でのデジタル人材の育成・確保の重要性が明記された。

Process　企業におけるDXの推進

わが国企業のDX推進状況

2020 年以来、コロナ禍により世界的に非接触業務のニーズが強まり、デジタル変革が加速した。わが国でもテレワークやオンライン会議が普及したり、電子商取引の利用が増加したりするなど、仕事や生活のスタイルが大きく変化している。このような状況のもと、企業は DX をどのように進めているのであろうか。

「DX 推進指標」による企業の 2021 年の自己評価によれば、半数以上の企業は DX に全く取り組んでいないか、取り組み始めた段階であり、全社的な危機感の共有や意識改革のような段階に至っていない。全社的に取り組む先進企業は全体の 17.7％にとどまっている（表 2.3）。このように、先行企業と平均的な企業では DX の進捗状況に大きな差がある。

別の資料をもとに、DX への取組状況を業種別に、日本とアメリカで比較してみよう（図 2.5）。全体で比較すると、全社戦略に基づき DX を推進する企業の割合は日本よりアメリカが高く、日本は取り組みが遅れている。業種別に見ると、情報通信、金融・保険が比較的進んでいるものの、日本は米国に比べて遅れている事がわかる。とりわけ、日本のサービス業は取り組んでいる企業の割合が 5 割程度しかなく、改善余地が大きい。

表 2.3　DX の全指標における現在値の平均分布

成熟度レベル		現在平均	割合
レベル 0	未着手	0 以上 1 未満	19.1%
レベル 1	一部での散発的実施	1 以上 2 未満	35.4%
レベル 2	一部での戦略的実施	2 以上 3 未満	27.8%
レベル 3	全社戦略に基づく部門横断的推進	3 以上 4 未満	15.4%
レベル 4	全社戦略に基づく持続的実施	4 以上 5 以下	2.3%
レベル 5	グローバル市場におけるデジタル企業		

（資料）IPA「DX 推進指標 自己診断結果 分析レポート 2021 年版」データをもとに作成

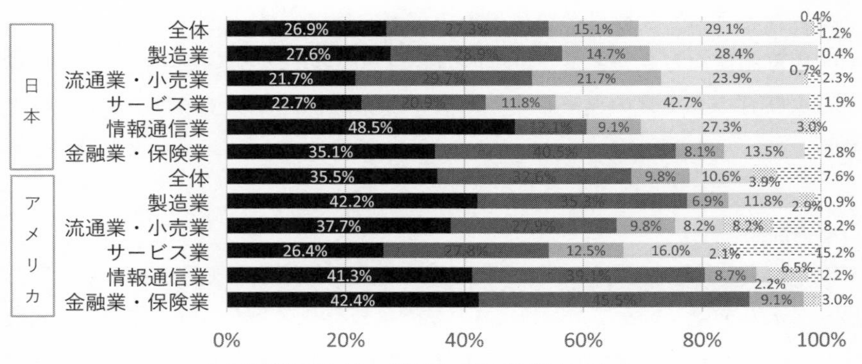

図 2.5　日米 DX への取組状況

（資料）情報処理推進機構（IPA）「DX 白書　2023」（2023 年 2 月）

企業におけるDXの実践と環境整備

企業において DX を実践する上では、いくつかの注意が必要である。

第 1 は、全社的なデジタル戦略を定めて、その方向性の中で商品・サービスの具体的な施策を立案・実行する必要がある。そこでは、これまでのビジネスモデルの延長線だけで考えるのではなく、最新の IT を活用した新たなビジネスモデルを考えることや、デジタルチャネルを最大限に活用し、リアルチャネルを補完的に位置づける、のように**発想を変える**ことも重要である。

第 2 は、ビジネスモデルを考える上では、顧客にとっての**価値を再定義**する事が重要である。交換価値から共創価値へと価値創造の考え方が大きく変わりつつあるなか、単なるコストバリューばかりではなく、エクスペリアンスバリュー、ネットワークバリューの観点から、そのビジネスモデルにおける価値創造を設計することが重要である。

第 3 は、DX は IT 投資だけではなく、その**推進環境を整備**することが重要である。たとえば、役職員の意識改革のほか、社内制度、権限・プロセス、組織・人事制度などさまざまな企業内の変革が必要である。加えて、既存 IT 環境および IT プロセスの見直し（簡素化、再構築）など IT 環境の再整備も必要である。

DXの推進体制

DX を実践するに当たっては、既存システムの維持管理を行いながら、新しいシステムを導入することが想定されるが、既存システムの維持管理費が高額化し、DX 推進の阻害要因となる可能性があり、既存 IT 資産の技術的負債が増嵩する 2025 年までに刷新が必要であるとの指摘もある[8]。

DX は全社的な戦略のもとに推進すべきものであるため、従来の IT 化のように、各事業部門から IT 部門に個別に要望を出して企画する方法では方向性を揃えることは難しい。DX に関して統括できる組織が必要であり、さらに、個々の DX のシステム開発やアプリ開発においては、「柔軟性」と「スピード感」を備えた**「自律分散型組織」**が必要である。なぜなら、DX においては

8　経済産業省「DX レポート」（2018 年）

ユーザー視点を最優先すべきであるところ、従来型の中央集権的な組織ではメンバーが組織内のポジションニングなどを優先してユーザー視点がおろそかにされがちであるからである。

一方で、DX の実現には数年単位の中長期的な期間を要するものであり、**既存システムの維持管理**も続けていく必要がある。社外のパートナーとの実験的な取り組みも含み、迅速に修正しながら推進する DX と、計画通りにシステムを開発していく従来型の IT 開発では、組織文化にも大きな差異があり、両者を分けて推進する方法が提唱されている。すなわち、DX を推進する**「出島」型組織**・子会社を設置し、既存組織と適切な距離を保ちながら外部との協創を迅速に進めることで、共に成長を加速させようとするものである。組織内の理論のみで変革を起こすことは難しく、あらゆる組織が、内外との協創を前提とする設計とすることが望ましいとされる[9]。

このように、DX の導入によって、既存の IT システムとは異なる考え方や組織が併存するようになってきている。IT 調査会社のガートナー社は、2015 年に**バイモーダル IT** という考え方を提唱した（表 2.4）。コスト削減や効率化を重視する System of Record（**SoR**）向けの「モード 1」と、柔軟性や俊敏性が求められる System of Engagement（**SoE**）向けの「モード 2」を使い分ける手法である。ウォーターフォール型開発とアジャイル開発という開発手法の違いや、組織を別にすべきかなどの組織論でも用いられる。

DX の進展に伴い、米国では IT 部門のみならず、経営企画部門、事業部門においてもアジャイルの原則を採り入れている企業の割合が日本より大きい（図 2.6）。

9　日本経済団体連合会「Digital Transformation（DX）――価値の協創で未来をひらく」（2020 年 5 月）

表 2.4　モードによる差異・特徴

項目	従来型（モード 1）	DX（モード 2）
体制やプロセスの決定	情報システム部門	事業部門
価値基準	品質・安定性	スピード・柔軟性
開発手法	ウォーターフォール	アジャイル、DevOps
開発主体	ベンダー活用	内製・パートナーリング、協業
開発目的	サービス運用	サービス創造
システムの種類	SoR	SoE

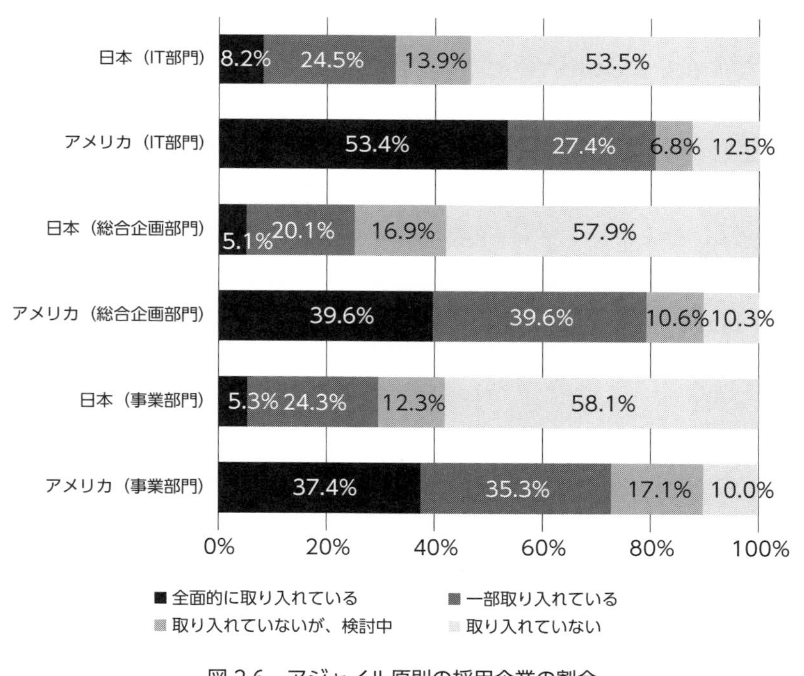

図 2.6　アジャイル原則の採用企業の割合

（資料）IPA「DX 白書 2021」（2021 年 10 月）

COLUMN　DXと企業の組織

システムを設計するときに、組織構造の影響を受けることはないのだろうか。システム開発の世界では、「システムを設計する組織は、その構造が組織のコミュニケーション構造をそっくり真似た設計を生み出す」というコンウェイの法則が知られている。日本の役所や企業では、管掌する事務ごとに部署が分かれ、部署内でのコミュニケーションは円滑であるが、部署が異なるとそれほど活発ではない、というタテ割りの文化がみられる。このタテ割り構造を存置したままDXを推進しようとしても、うまくいかない。なぜなら、一般社員は自分の部署のことを優先する思考回路が染み付いているからである。DXは顧客視点での価値創造をデジタルで再構築することが重要であるが、DXはそれを可能にする組織に変えていく営みでもあるといえる。

DXの足枷となる思考

DXは企業の価値創造のあり方を根本的に見直す必要が生じるような、大きな変革である。そこでは、**全社的・組織横断的に抽象化して戦略を考える**必要があり、それは経営者の役割である。強い現場力によって、細分化した「解決策」をどれだけ改善しても、全体構造は変わらない。したがって、現場主導でDXを推進しても大きな成果は期待できない。

新たな価値創造のあり方を考える上では、「業種」「業界」「業法」などの枠を取り払って考えるべきである。業種や業界は本来、ある技術水準のもとでの事業の類似性に着目したその時点でのグループ分けに過ぎない。そこに「業法」が加わると、規制の範囲内でしかアイデアが出てこなくなる。

また、「日本はものづくりの国」という考え方がある。日本のものづくり技術の高さは誇るべきものとしても、モノに固執すると、顧客の真の課題やニーズの発見が遅れる可能性がある。DX を推進する上では顧客はモノを購入して何を解決したいのか、に着目する必要がある。

Further Learning　DX時代に求められる人材像

「デジタル競争力ランキング」から見える日本の弱点

国際競争力に関する指標として、国際経営開発研究所（以下「IMD」）が「デジタル競争力ランキング[10]」を毎年公表している。同ランキングでは、国によるデジタル技術の開発・活用を通じ、政策、ビジネスモデル及び社会全般の変革をもたらす程度を分析し、点数とランクを付けている。そこでは、デジタル競争力に影響を与える要因を「知識」「技術」「変化への対応」の 3 つに分類し、各要因に関する 52 の基準・指標に基づいて算出される。

日本は人材、規制、俊敏性（アジャイル）などの項目で 45 位を下回っており、総合順位で 63 カ国中 29 位である（表 2.5）。とりわけ、人材に関しては、2014 年の 24 位から 2022 年の 50 位へと大きく順位を下げており、デジタル人材の育成が急務となっている。

DX時代に求められる人材

わが国の企業におけるデジタル人材は不足感が強まっており、日本の DX 推進のボトルネックにもなっている。では、DX 領域で採用・育成を強化すべき人材像はどのようなものだろうか。DX となると、最新のデジタル技術に精通した AI エンジニアやデータ分析のエキスパートであるデータサイエンティストではないか、と考えるかもしれないが、それだけではない。ビジネスデザイナー（DX やデジタルビジネスの企画・立案・推進等を担う人材）やプロダクトマネージャ（提供する製品・サービスの成功とは何かを明確にし、そのビジョンを実現するためにチームをまとめる人）など、**ビジネス視点で DX を主導するリーダー**についての不足感も強い（図 2.7）。

10　IMD, "World Digital Competitiveness Ranking"

表 2.5　2022 年版デジタル競争力ランキング・各項目の順位

	総合	知識				技術				変化への対応			
			人材	教育	研究		規制	資本	基盤		受容性	俊敏性	IT 統合力
日本	29	28	50	21	14	30	47	32	8	28	20	62	18
香港	9	7	10	2	18	2	9	8	1	18	9	11	45
シンガポール	4	5	3	9	11	1	1	11	2	10	17	9	8
台湾	11	18	21	11	21	6	14	9	4	8	13	5	13
韓国	8	16	33	16	3	13	23	15	7	2	1	2	14
中国	17	17	12	33	9	18	16	27	24	15	22	3	32
マレーシア	31	25	36	10	35	29	40	33	16	31	30	35	31
アメリカ	2	4	14	23	1	9	12	2	13	3	4	4	10
イギリス	16	12	15	19	6	25	24	28	29	16	10	28	16
ドイツ	19	11	20	15	7	27	20	16	43	19	27	15	19
フランス	22	20	23	27	13	16	15	19	20	34	41	38	21

（資料）IMD " Digital Competitiveness Ranking 2022", October 2022 をもとに作成

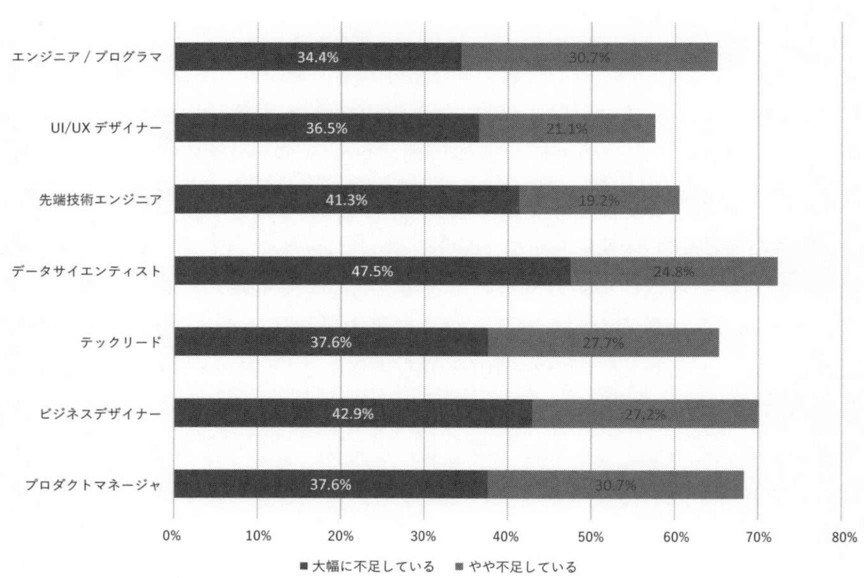

図 2.7　デジタル事業に対する人材の不足感

（資料）IPA（独立行政法人情報処理推進機構）『DX 白書 2023』データを基に筆者作成

表 2.6　DX に対応する人材の適性

適性因子（仮説）	概要
A. 不確実な未来への想像力	・取り組むべき領域を自ら定め、新分野への取組みを厭わず、ありたい未来を描き、挑戦する姿勢 ・課題設定力
B. 臨機応変／柔軟な対応力	・計画通りのマネジメントではなく、外部の状況変化や状況を踏まえ、目標を見失わずに、都度ピボットしながら進めていく姿勢 ・当初の計画にこだわりすぎない
C. 社外や異種の巻き込み力	・対立する周囲のメンバーを巻き込むだけではなく、外部の「他者」との交わりを多く持ち、自分の成長や変化の糧にできる受容力
D. 失敗したときの姿勢／思考	・一時的な失敗は、成功に向けた過程であり、失敗を恐れず、立ち止まらず、糧にして前に進めることができる姿勢
E. モチベーション／意味づけする力	・自ら解決したい・取組みたい課題を明確にし、自らの言葉で話すことができ、前向きに取組みたいと感じられる姿勢 ・主体性・好奇心
F. いざというときの自身の突破力	・解決が困難な状況に陥ったときでも、諦めずに、様々な方法を模索し、壁を突破するためにリーダーシップを発揮する姿勢 ・責任感

（資料）IPA「IT 人材白書 2020」（2020 年 8 月）

DX に対応する人材においては、「自ら解決すべき課題を設定する」ことや「主体性・好奇心」などの適性が重要であることが IPA の調査により判明している。これらの適性因子（仮説）として表 2.6 に示した 6 つが挙げられている。

DX はデジタルを活用して新たな価値を創造する営みであるともいえる。価値の創造には、社会からの評価が必要であり、社会との連携が重要である。従来の科学は、既にあるものを分かるために**アナリシス**（分析）を中心として構成されてきた。しかし、新たな価値を創造するには、これからは、さまざまな分野の知見を採り入れ、今までにないものを創り上げる**シンセシス**（合成）が重要になる。このシンセシスを上手く進める人材、すなわち多様な人々との協業の能力が高い人材の多寡が今後の DX の成否に大きな影響を与えると考えられる。

まとめ
POINT

- ► DX とはデータとデジタル技術を活用して、製品やサービス、ビジネスモデルを変革するとともに、業務そのものや、組織、プロセス、企業文化・風土を変革することであり、競争優位を確立する企業の営みである。
- ► DX の目的は、新しいデジタル技術の活用ではなく、利用者のニーズや価値の変化に対して、迅速に対応する体制を構築することにある。具体的には、デジタルの力を活用して顧客を起点とした価値創造や価値共創の仕組みを作ることである。
- ► わが国では、最適化が図られる Society5.0 を目指す手段として DX が位置づけられている。これまでに多くの推進政策が実行されたものの、企業全体で見れば本格的な展開をしている企業は一部にとどまる。
- ► 企業内での DX 推進には経営トップのリーダーシップに加え、組織間のコミュニケーション・連携が成否を大きく左右する。DX に対応した業務プロセスならびに組織・人材の見直しが必要となる。
- ► DX の最先端部分は今までにないモノ・コトを作ることである。従来のアナリシスだけではなくシンセサスが重要になる。多様な人々との協業が DX 業務の中心となることで、企業が求める人材の資質も変化していく。

第3章 【講演録】経営とIT[1]

日本総合研究所
特別顧問　渕崎　正弘

はじめに

日本総合研究所の渕崎です。私からは、IT ガバナンスについてお話をしたいと思います。まず、私の自己紹介を簡単にしておきます。1979（昭和 54）年に大学を卒業して、旧住友銀行に入行しました。2 か店目でシステム企画とか事務効率化を仕事とする事務管理部という部署に異動となりました。私自身は文科系で法学部ですので、この転勤は相当面食らいました。

その後、銀行の合併プロジェクトとか 4 次オンラインとかいろいろな仕事をしまして、支店長になるかなと思ったら、ちょうど大和證券と合弁会社を立ち上げるというので、そちらに行きました。その後、また銀行へ戻り、支店長とか本部の部長などを経て、最終的に経営会議のメンバーでシステムを担当する役員、いわゆる CIO になりました。

その後、日本総合研究所の社長、会長を経て、現在に至ります。銀行員といいましても、35 年ぐらいは IT に携わってきましたので、きょうは、その経験を基に経営者からみた IT の話をします。

1. 企業におけるIT化の進展

産業におけるDXの進展

ご存知のように、IT はあらゆる社会活動、経済活動で活用されて、ますま

1　本章は京都大学経営管理大学院における集中講義「ビジネスにおける情報学の実践」（2021 年 11 月 19 日）において行われた講義を採録・編集したものである。

す発展しています。IT が他の技術と違うのは、すべての産業に適用可能なインフラになることです。最近、デジタルトランスフォーメーション（DX）という言葉をよく聞くと思いますが、これはデジタル技術とか IT を使ったイノベーションのことです。金融のみならず、自動車、小売、医療をはじめ、さまざまな産業でデジタル化、DX が進んでいます。自動車産業であれば自動運転、小売業ならインターネット販売とか、物流センターのロボット化などです。医療産業でも、いずれ人工知能（AI）による画像診断とか遠隔診療が益々進んでいくと思います。様々な産業が IT をもとにその産業内でイノベーションを起こすだけでなくて、IT を媒介としてさまざまな産業が連携していくとみられます。

立ち遅れる行政分野のデジタル化

一方、デジタル化が遅れているのが行政分野です。多くの市町村において、コロナで給付金をすぐに配付できず、行政のデジタル化の遅れが批判を受けたことは記憶に新しいと思います。行政ネットサービスの不満点でよく聞くのは「操作がしにくい」「ID とかパスワードの管理が面倒」「手続ごとにサイトがばらばらで不便」などで、必ずしも利用者の側に立ったシステムになっていないように思います。一方、ネットでできたら便利だと思うサービスの上位は、住民票交付、ネット投票、戸籍とかパスポートの受け取りなど、皆思うことは同じです。こういうことをやるために、2021 年 9 月にデジタル庁が発足しました。これから改革していくことになりますが、やるべきことは多いと思います。

システム障害には備えが必要

デジタルの発展には光もあれば影もあり、システムの障害も発生しています。2020 年 10 月に東京証券取引所でシステム障害が発生し、その日の取引が全面的に停止した結果、同取引所の社長が引責辞任しました。IT システムは車や飛行機と同じで、便利で現代生活に欠かせないものですが、やはり事故も起こる。それでも、効用と不利益を比べますと、圧倒的に効用が大きい。デジタル化もそうした影の側面を踏まえて進めていくことが必要かと思います。

ここまでの話をまとめますと、IT が社会・産業界の隅々まで浸透しているのが 21 世紀の特徴であり、あらゆるビジネスにおいて IT が競争力の鍵となっています。その一方で、IT システムにおいては不具合や障害が必ず発生する。だからこそ、IT で企業を発展させるという前向きな側面に加えて、一方で、IT システムの不具合に対する危機管理も必要です。この両方を進めるために、後述する IT ガバナンスの整備が必要になるのです。

2. 企業のシステム開発体制

一般的な企業の組織と企業統治の仕組み

ガバナンスの話に先立って、一般的な企業の組織と統治の仕組みについて説明します。学生の皆さんは、企業の組織がどのようになっているのか、誰がどのように統治するのか、なかなか想像できないところも多いと思うからです。

ガバナンスという言葉自体も、社会人になってもなかなか分かりにくい概念です。一言でいえば、**経営を管理、監督する仕組み**のことです。図 3.1 左は一般的な会社の組織図です。取締役会があり、その下に経営者や経営会議があります。左側は商品・サービスを直接製造・販売・営業するライン部門です。右側はライン部門の事業をサポートするスタッフ部門で、「参謀」としての役割があります。システム部門もスタッフ部門に属します。

図 3.1 右は、企業統治の構造を示しています。株式会社というのは、株主が会社の基となる資本金を出資し、その株主の意向を受けて、その会社の利益や企業価値を大きくするのが経営者です。その経営者がきちんと企業価値を高める努力をしているのか、また、間違った方向に進んでいないか、それから、無理な合併とか買収とか投資で暴走していないか、管理監督するのが取締役会です。この仕組みを**コーポレートガバナンス**、日本語では企業統治と言います。

IT企業と一般企業

企業にはいくつかのタイプがあり、タイプによってシステム開発の仕方とか IT ガバナンスの仕方も少し異なるところがあります。図 3.2 は、縦軸が一般企業か IT 企業か、横軸が、左側が一般消費者向け、右側が企業向けの事業や取引をしている企業というマトリクスで、いくつかの企業タイプの位置を図示し

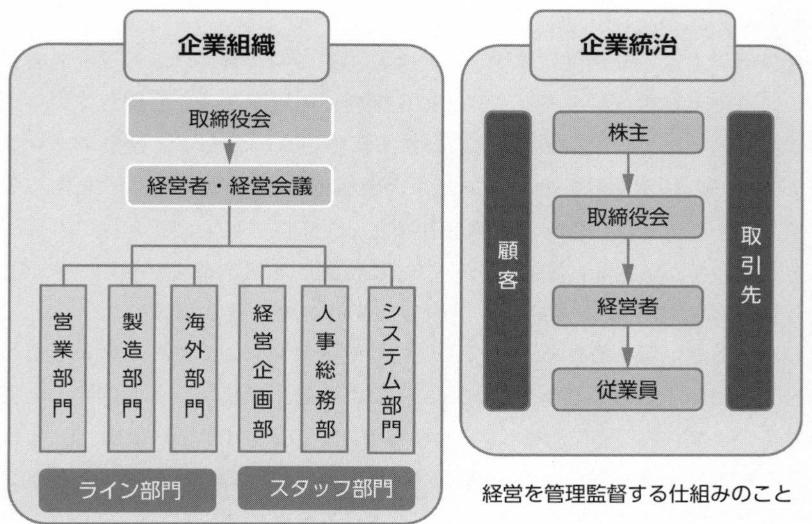

図 3.1　一般的な企業組織と企業統治の仕組み

（資料）日本総合研究所作成

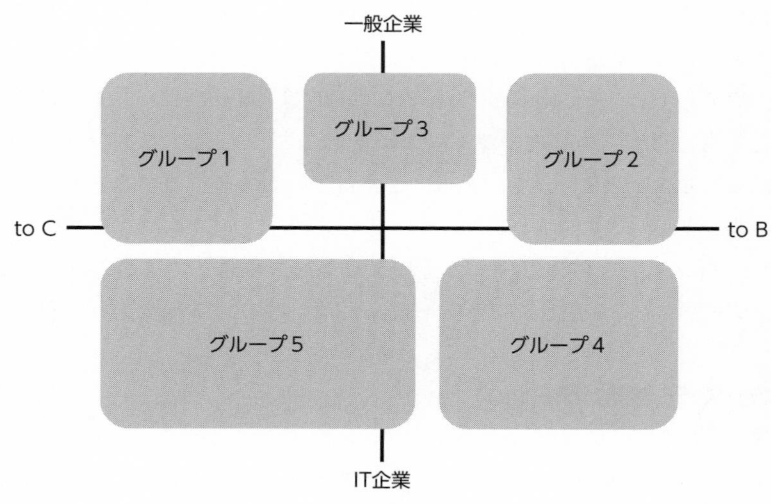

図 3.2　企業のタイプ

（資料）筆者作成

たものです。

グループ 1 はトヨタ自動車やソニーなど、主に消費者向けのビジネスを展開している企業です。グループ 2 は主に企業向けのビジネスを展開している企業です。たとえば、DMG 森精機はいわゆる工作機メーカーで、自動車エンジンやモーターの精密部品を削りだすための機械（マザーマシン）などを作る会社です。グループ 3 は、銀行や保険会社など、企業向けにも個人向けにもビジネスを展開している企業です。グループ 4 に位置する日本電気と NTT データは、ともに IT 会社ですが、微妙に事業内容は違います。日本電気は、コンピュータのハードもソフトも作る会社で、以前は半導体や PC で世界を席巻しました。ハードを動かすための基本ソフトも、その上で動く業務ソフトの開発も全て手掛けています。NTT データは、いわゆる SIer（エスアイヤー）です。SI とは、システムインテグレーションの略で、いろいろな会社のハードウエアとかソフトウエアを使って大きなシステムを完成させる会社です。自らハードウエアは製造しません。もともとは金融と政府系の顧客が多かったのですけれども、今は一般企業も増えています。

グループ 5 は、いわゆる GAFAM です。一括りに GAFAM といっても、業務内容は全然違います。Google（現社名：Alphabet）は検索エンジン、Apple はもともとパソコンの会社ですがスマホで大きく飛躍しました。Amazon は巨大な EC サイトです。Facebook（現社名：Meta）は SNS です。マイクロソフトは、もともとは PC の基本ソフト（OS）を作っていた会社ですが、今は、会社も個人もオフィスワークといえば、もうほとんどマイクロソフトという巨大企業です。

マイクロソフト以外の GAFA と言われる会社に共通しているのは、いわゆるインターネットを利用したプラットフォームビジネスであることだと思います。

企業のシステム開発パターン

企業にもいろいろなタイプがありますが、タイプによってシステム開発のパターンも少しずつ違います。図 3.3 は製造業のパターンです。製造業は工場が主体なので、工場で必要な生産設備とか製品の組み込みソフトというのは、その工場か下請会社でつくることが多いのです（図 3.3）。社内にシステム部門は

主に製造業（グループ 1 、 2）
トヨタ自動車、ソニー、日本製鉄、DMG森精機など
各事業に必要な IT は各事業所がそれぞれで企画・開発する傾向

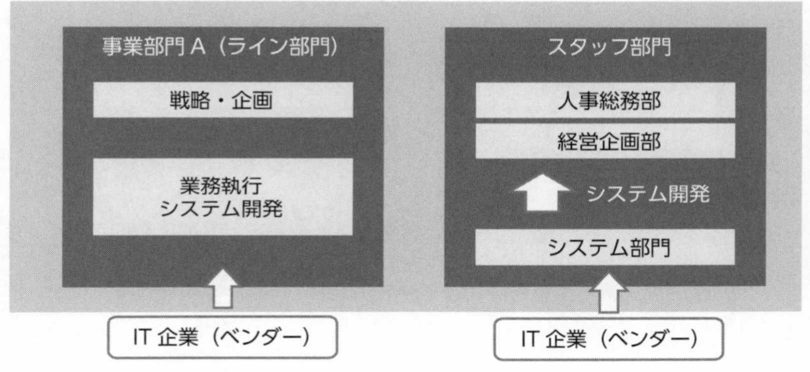

図 3.3　企業のシステム開発のパターン（1）
（資料）日本総合研究所作成

存在するものの、主に人事とか販売管理とか経理とか、管理系のシステムを担当し、守備範囲はあまり広くない場合が多いです。

図 3.4 は、金融業や航空業の場合を示しています。これらの産業は、歴史的にも、世界的にも、最も IT 化が進んでいる産業の一つです。というのは、金融というのは、もともと数字が業務の中心なので、データ量が膨大です。したがって、金融業はコンピュータ化に非常に適した産業と言えます。

航空業界は、業務そのものが世界中とつながり、コンピュータを使った世界共通化が早くから進んでいます。それから、飛行機というのは、24 時間、365 日、世界中を飛んでいるので、コンピュータ処理の 24 時間、365 日というのも、当然のように最初からやっています。飛行機が羽田や成田から飛び立つと、着くのはニューヨークだったり、ロンドンだったり、香港だったりということで、もともと世界中とつながらないと業務的に成り立たないことが背景です。

こういう会社は、大抵は大企業なので、自社でしっかりとシステム開発をし

主に金融や航空業（グループ 3）
三井住友銀行、東京海上日動火災保険、全日本空輸など
システム部門が確立しており、全社的に標準化・共通化が進んでいる

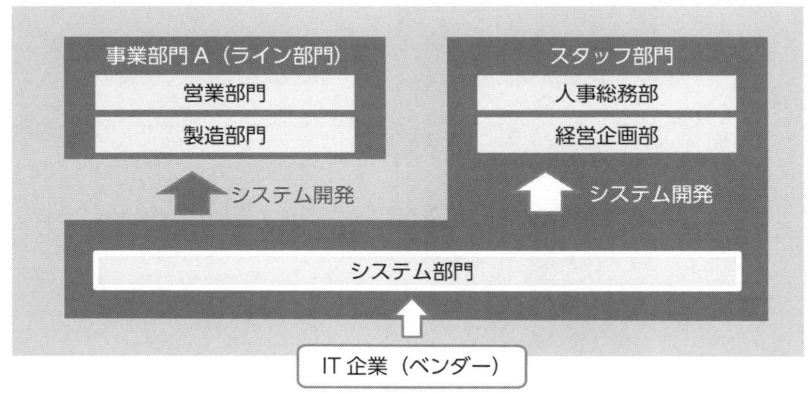

図 3.4　企業のシステム開発のパターン（2）
（資料）日本総合研究所作成

て、社内の標準化とか共通化が進んでいます。システム部門が図 3.5 のように、営業部門とかのライン部門と、人事総務や経営企画などのスタッフ部門を含めて、全社全体のシステムを開発する、そういう体制になっているところが普通です。

しかし、図 3.5 のように、中小企業などでは自前でシステム部門を持つ人材面や体力的な余裕がなく、IT 会社にシステム開発の業務委託をすることが多いです。地方自治体や国などもそういうパターンが多いです。政府なども法案とか政策が成立し、その政策実行に必要なシステムを開発する段階になると、外部の IT ベンダーに、開発を丸ごと委託するケースが見られます。このような事情を踏まえて、もっときちんと国の IT 化を進めなければならないということで、2021 年 9 月にデジタル庁が発足したわけです。

中央官庁では、政策の実現とか法案の成立が彼らの主業務です。実際、法案を成立させるために国会でいろいろとやり取りしたりして大変です。その後、

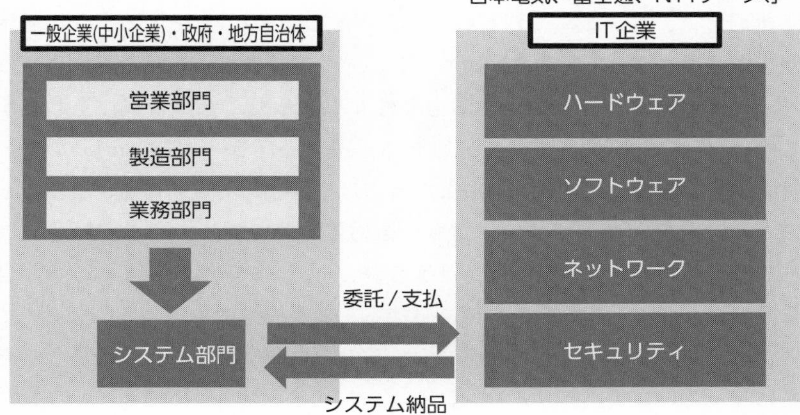

図 3.5　企業のシステム開発のパターン（3）

（資料）日本総合研究所作成

実際に法案が通り、それを具体的な業務手順に落として、そこから現実の仕事が始まるのですが、その政策を実現するのはコンピュータシステムです。つまり現代社会においては、政策とコンピュータシステムは表裏一体なのです。そのあたりの認識不足が政府のデジタル化が遅れた原因の一つではないかと思います。

第 2 節をまとめますと、企業の中のシステム開発体制は、業種や企業規模によって異なります。大企業が自社のシステム部門をしっかりと整えているのに対して、中小企業や官庁系は IT 企業へ外部委託することが多いです。それぞれのタイプによって、システム開発の体制とか進め方も異なります。第 3 節では、各企業の経営戦略における IT 戦略、IT ガバナンスを考えていきます。

3. IT戦略は経営戦略の一部

IT戦略とは

IT 戦略とは、経営戦略や事業戦略を実現するために IT をどのように活用するかを中長期的視点で考える計画や方針です。IT 投資とか利用の拡大によって、IT をより全社的・経営的に考える必要性が高まったことが背景にあります。特に最近は、IT に新規事業を触発させる「**イネーブラー**（Enabler）」の役割が期待されています。イネーブラーというのは、何かの実現を可能にする人とか、手法とか、要素とか、そういったものを指す言葉です。インターネットはイネーブラーの典型です。GAFA というものも、インターネットというのが世の中に登場した際に、これを使えばあらゆることが検索できるようになるのではないかとか、巨大な EC サイトがつくれるのではないか、そういうような発想が基になっています。

企業は中長期的な経営戦略、例えば「世界に進出していこう」とかを立てて、それを具体化した事業戦略、例えばアジアから行こう、アジアの中でもまずタイから攻めていこう、そういう戦略を立案します。これに加えて、それを実現するための IT 戦略も立てるわけです。タイに日本からシステムを持ち込むのか、それとも、タイで業務展開するわけですから、タイの現地に合ったシステム開発を現地で進めるか、そうした IT 戦略を立てていくわけです。その IT 戦略に沿って具体的な施策を立案し、施策ごとに企画・開発を行います。

こうした IT 戦略を実現するには、しっかりした IT 組織、十分な IT リソース、それから投資管理、リスク管理が必要であり、こうした仕組みが経営の中に組み込まれて初めて経営戦略や事業戦略が実現します。

では、なぜ、IT を経営の中で戦略として考えなければならないのでしょうか。以下の 5 つの要因があります。

1 つ目は、IT は**全社的に考える**必要があることです。各部門がバラバラなシステムをつくるとどうなるでしょうか。2 つ目は、**新規投資と更新投資のバランス**です。新規投資ばかりに目を奪われて、更新投資をしないとどうなるのかということです。3 つ目は、IT は**中長期的に考える**ことです。すぐに利益が出ないシステムはつくらないのか、それで会社が永続するのか、ということです。

4 つ目は、**投資効果**を考えることです。IT には様々なステークホルダー、関係者が存在する。せっかくシステム投資したのに、誰も使ってくれないようなシステムでは困るということです。5 つ目は、**優先順位をつける**こと。IT には多額なお金がかかる。投資するお金には限度がありますので、何からやれば良いのかという優先順位をどう考えるかです。順に説明しましょう。

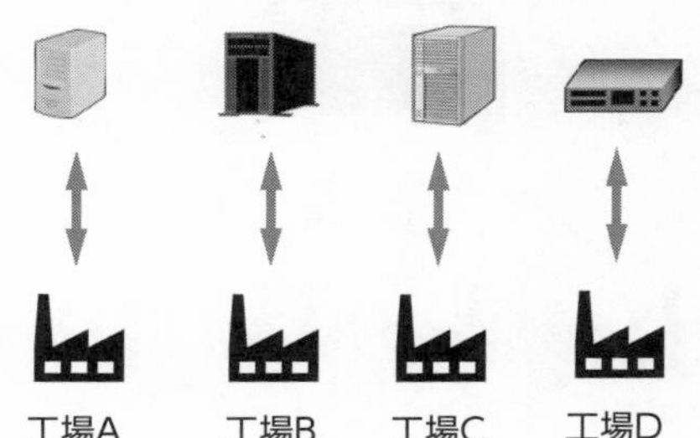
個別分野ごとに最適化されたシステムは、
それぞれでは機能するが、システムが連携
されず、重複投資が多く全体では非効率
個別分野の最適化
工場A
工場B
工場C
工場D

図 3.6　個別分野の最適化
（資料）日本総合研究所作成

全社的視点の必要性

まず、全社的視点の必要性です。図 3.6 は個別分野ごとに最適化されたシステムを示しています。先ほど、メーカーの例を言いましたけれども、メーカーは工場が非常に強いです。工場は、普通、独立採算で、その工場自体できちんと採算が取れるようにというのがもともとの思想です。したがって、独立採算だと、結局、その工場が独自に判断して、バラバラにシステムを導入するケースが多いのです。その結果、重複投資が多くなります。同じ商品・製品を作っているのにデータベースがバラバラであるために、本社としても非常にデータを集めにくい状況になります。

図 3.7 は、すべての工場のシステムを共通で共有化したイメージです。ある大手製鉄会社では、もともとどこの工場でも同じ鉄を作っているにもかかわらず、以前は図 3.6 のように工場ごとにシステムを持っていました。全国に多くの工場があり、それぞれが非常に巨大なのですが、工場づくりのほうが個別に先行していたので、なかなかシステムの共通化はできていませんでした。

それで、現在は図 3.7 のように共通システムの体制に移行し、予算管理、実績管理、データ分析も断然しやすくなったものと思います。こういった全社的な視点が IT 戦略には必要だと思います。

分野横断的で全体最適なシステムにより
共通化され、各システムは有機的に連携、
効率的でより良いサービスの提供が可能

分野横断的な最適化

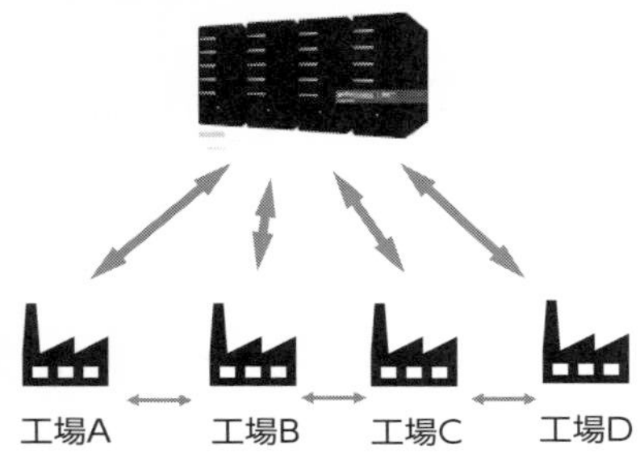

図 3.7　分野横断的な最適化
（資料）日本総合研究所作成

更新投資の意義と重要性

2 つ目は、更新投資の意義と重要性です。図 3.8 には大井川の橋の歴史が描かれています。大井川というのは、江戸の防衛の観点もあり、敢えて橋を造らないで、渡しの職人による川渡しをやっていました。これでは 1 日にせいぜい 200 人ないし 300 人しか渡れないのですが、明治になって木造の橋を造りました。これが新規投資です。その結果、渡れる人数が画期的に増えて、1 日何千人も渡れるようになりました。さらに、交通量が増加すると、もっと幅の広い橋をコンクリートで造った。これが更新投資にあたります。

IT 投資も橋の建設と同じで、一旦投資すると、いずれ耐用年数が到来し、必ず更新投資が必要になります。IT システムの更新投資をしないと、いろいろと障害が発生して期待した効果が得られなくなります。以前、私が銀行で IT システムの担当者をしていたときに、更新投資の稟議を上げますと、役員から、「なぜこんなにお金がかかるのに効果が少ないのか」という質問をよく受けました。更新投資は、最初の投資で得られる効果を維持することが目的なので、初期投資に比べたら効果が小さくなるのは当たり前なのです。経験的にいえば、更新投資は初期投資の大体 7 〜 8 割くらいの費用が必要ではないかと思いますが、新たな効果はそれほどありません。

例えばさきほどの大井川の例でも、木造の橋をコンクリート造に作り変えても、橋の幅を広げなければ渡れる人数は同じです。つまり投資したけれども、効果は前と変わりません。しかし、こうした更新投資は初期投資の効果を維持することに意味があるのです。こうした事情がなかなか理解されない時代がありました。

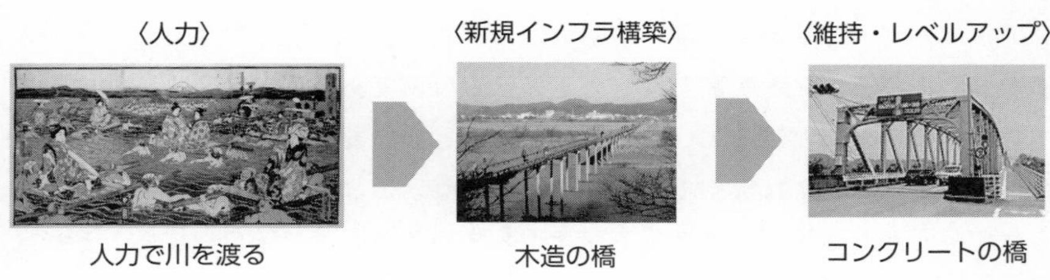

図 3.8　更新投資の意義と重要性

（資料）天理参考館ホームページ、島田市観光協会ホームページ、Wikipedia（大井川橋）

ところが、事業規模とかシステム規模が大きくなると、更新投資だけで手一杯ということがよく起こります。その結果、新しいことは全然できなくなる、となりがちです。既存システムを守りながら、いかに新しい技術とか領域に挑戦していくか、ということが必要です。

とはいえ、圧倒的に既存領域のほうが大きく、また、新規領域に取り組むといっても、既存領域が安定していて初めて実現可能なことも多いので、やはり既存領域がしっかりしていることが大切です。

長期的視点の必要性

３つ目は、長期的視点の必要性です。新製品等の開発には多額の初期コストがかかります。システム投資も同様です。これらを回収してランニングコストを含めて利益を得られるようになるまでには一定の期間が必要です。初期投資の固定費を回収するに到るまでは我慢が必要で、短期的な視野だけでは業務改革はできません。これは IT も同じなのです。

投資効果

４つ目は、投資効果、言い換えれば、役に立つシステムになっているかということです。経営者が IT 投資をする目的は、会社の競争力や企業価値を高めることですが、実際にシステムを使うのは従業員や顧客です。そのシステムが、リアルユーザーの視点で、使いやすいとか、サービス向上に役に立つことが大事です。また、コスト削減が目的のシステム投資であればシステム稼働開始後、本当に経費や人員が減っているか確かめることが重要です。システム投資したら、それで終わりではなくて、顧客や従業員などのリアルユーザーの満足が得られているか、本当にコスト削減が実現しているかまでフォローすることが経営者には求められます。

投資の優先順位

5つ目は投資の優先順位付けの必要性です。企業の投資額には限度があります。従って、投資の優先順位を付ける必要があります。しかし、これがなかなか難しいのです。全く違う分野への投資について、どちらを優先するのかは、なかなか判断しづらい。どちらのほうがいいかについて迷うケースが多いです。

ここがまさに経営者の出番です。まず、できるだけ客観性を保つために、投資効果をできるだけ数値化して ROI（Return on Investment）で判断する。ROI だけで判断できない案件もあるので、経営陣がその将来性などいろいろ考慮して総合的に判断する必要があります。

縦軸に案件の重要性、横軸に緊急性を取ってマトリクスを作ってみましょう（図 3.9）。重要度の評価の仕方としましては、定量評価には ROI を使用し、定性評価には「競合上の優位性」「インフラの重要性」「経営の意思」などが考慮されます。緊急度はどの程度急いでいるかということですが、「戦略案件かどうか」「制度対応」「インフラの更新時期」といったことが考慮されます。たとえば、制度対応の典型的な例は税制です。消費税の税率を 8％から 10％に変更するだけで大きな政治問題となり、国会でも大変なやり取りがありました。税金は細目が決まらないとシステム開発できません、従って、いつも税制対応の案件というのは、システム開発が間に合うか間に合わないか、期限がぎりぎりなのです。それも日本中の産業が一斉にやらねばならないので、大変厳しいことが多いのです。

このように、重要度と緊急度の大きさを勘案しながら、投資の優先順位を決定します。たとえば、重要度が高くかつ緊急度が高い案件は最優先で対応する必要があります。

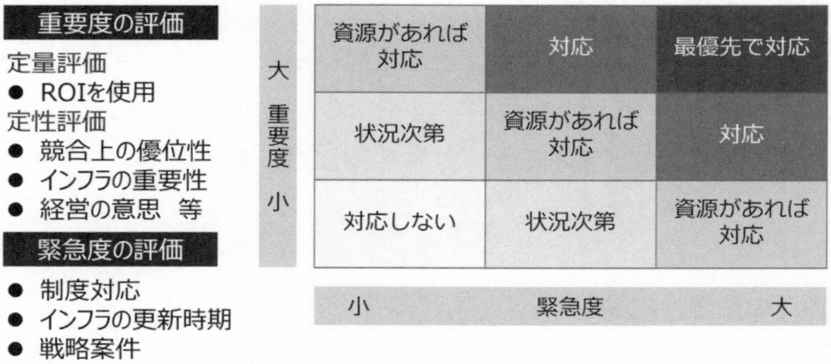

図 3.9 投資の優先順位付け

図 3.9 のマトリクスでいえば、右上の隅が、重要度が高くて緊急度が一番高いので最優先となります。右上から左下のほうにかけて重要度、優先順位は低くなります。そして、優先度の高いところから開発をしていきます。

第 3 節をまとめます。IT は経営戦略の重要な一部であって、事業戦略を実現し、新規事業を触発させる enabler です。IT を経営戦略として考えるべき 5 つの要因があります。すなわち、①全社的視点の必要性、②更新投資の重要性、③長期的視点の必要性、④投資効果、⑤優先順位付けです。こうしたことを考えるのが経営であり、経営者の役割です。これらの観点を踏まえた IT 戦略を実現するために、次節で説明する IT ガバナンスを全社的に考える必要があるのです。

4. ITガバナンスのポイント

ITガバナンスとは

ここからは IT ガバナンスのポイントについて説明します。IT ガバナンスとは何かについては、経産省による定義があります[2]。すなわち、「経営陣がステークホルダー、利害関係者のニーズに基づいて、IT により組織の価値を高める

2 経済産業省「システム管理基準」(2018(平成 30)年 4 月)

ために実践する行動。情報システムのあるべき姿を示す情報システム戦略の策定及び実現に必要となる組織能力」とされています。この言い方は少々難しいので、私なりの言葉でいえば、「経営者が経営目標を達成するために、IT 戦略の実行を舵取りし、監督すること」と言えると思います。

ポイントは 8 つあります。

経営者のITの重要性認識

1 つ目は、経営者が IT を重要だ、経営戦略の一部だと認識していることです。これが一番重要です。学生の皆さんは、社長が IT を重要だと思っていないことがあるのか、耳を疑うかも分かりませんが、世の中の実情はそんなものではないというのが実態です。

その一つの理由は、経営者は文科系の人間も多いことです。自分が文科系だと、理科系的な IT というのはちょっと苦手だとか、思考停止をすることが多いのです。日本の学校制度での文科系、理科系という区分は、一定の役割を果たしてきましたが、文科系だから技術的なことは分からないとか、理科系だから営業的なことは苦手だとか、になりがちです。これは経営者だけではなく、ユーザー部門の人にも当てはまります。

また、世代による意識の差異、すなわち、システムに対する親近感や苦手意識は随分と異なると思います。私らの世代は、ちょうどパソコンを扱って仕事をし始めた世代です。多くの企業において、経営者はユーザー部門（事業部門）にはいろいろと関心があるけれども、IT 部門には関心とか理解が薄くて、IT 部門任せというケースも多いのです。最近、DX が流行しているので、DX、DX と言う経営者も随分増えていますが、往々にして IT を全然理解してないことがあります。

経営者やユーザー部門との関係性

2 つ目は、IT 部門と経営者やユーザー部門との関係が良好であることです。ユーザー部門と IT 部門の関係というのは、開発を依頼する立場と受ける立場ですが、関係がよくないことも多いのです。ユーザー部門は、IT 部門に対してシステム開発のスピードが遅いとか、もっと多くの案件を開発してほしいの

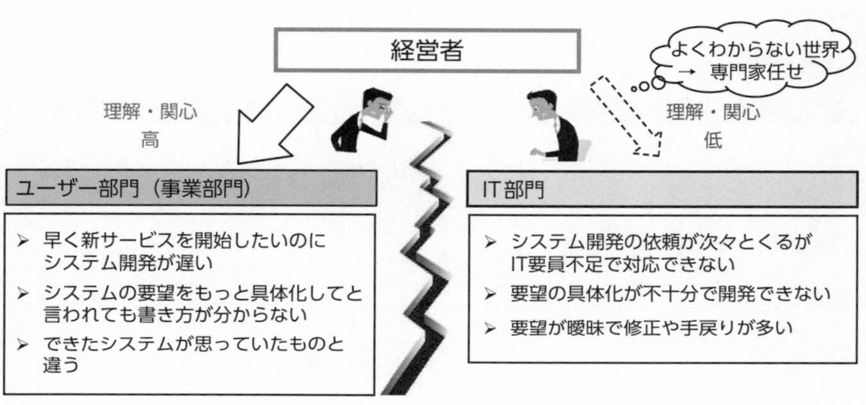

図 3.10 IT 部門との良好な関係が重要

（資料）日本総合研究所作成

にやってくれないとか、いろいろ不満があります。IT 部門のほうは、多くのシステム開発をするように言われても、人が足りない。ユーザー部門が言う要件が曖昧で、具体的にシステム仕様に落とせないとか、いろいろと不満とか不信を持っているケースもあります（図 3.10）。

実は、私が勤めていた銀行でも 30 年ほど前はこのような状況でした。現在もまだこういう状態の企業が多いと思います。したがって、IT ガバナンスの観点から言えば、こういう状態にならないように、経営者自身が IT を経営戦略の一部だとしっかり認識することと、IT 部門と経営者、ユーザー部門の三者が良好な関係をつくることが大切です。テクノロジーといっても、人間的な要素が大きいのです。

経営におけるITの可視化

3 つ目は、経営から見て IT の見える化ができているかです。経営者が IT に関心が薄い、もしくは不満を持っている大きな理由は、経営者から IT がよく見えない、よく分からないからです。

30 年前、私がいた銀行でも同じように IT が見えにくい状態だったので、こ

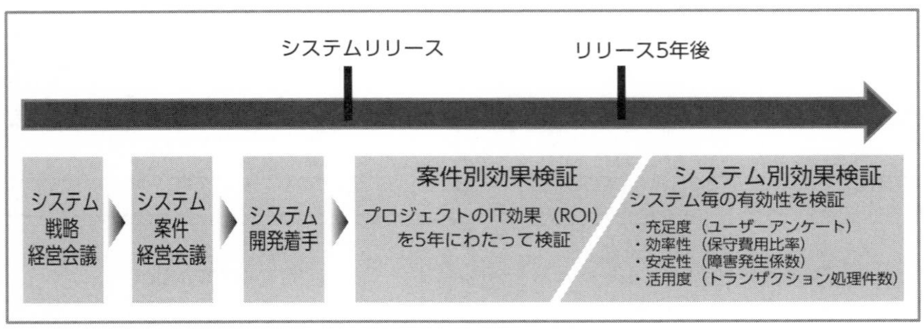

図 3.11　システムに関わる経営会議と投資の効果検証
（資料）日本総合研究所作成

れを解決するためにシステムの戦略を議論する経営会議とシステムの案件を議論する経営会議を導入し、銀行内の体制を全面的に改革しました（図 3.11）。システム戦略の経営会議では、IT 戦略の中長期的な方向性とか、中長期的な開発計画、要員・体制、コンピュータセンターをどうするかとか、新しい技術の動向とか、そうしたことをいろいろと諮って方針を決めていきます。

システム案件の経営会議では、一定投資額以上のシステム開発案件について経営会議にかけるようにしました。これにより、戦略会議とか案件会議というのを定期的に必ず行うことになったのですが、それまでは何かの案件の都度経営会議にかけるというように、必ずしも定期的にはやっていませんでした。経営者からすると、IT に関する情報が少なくて、IT が見えない状態だったのです。

これらの経営戦略会議では、できるだけ IT 用語、専門用語を使わずに、通常の業務用語で説明するよう心がけました。また、このシステム投資で具体的にどのように仕事が変わるのか、どのような効果があるのか、いかに経営戦略と合致しているのか、という説明を中心にしました。

経営者に説明したり、質問を受けたりしたときに、IT の専門用語で答えるのは、一見恰好良いのですが、経営者からすると分かりづらいのです。例えば、システムの調達方法に、**SaaS**（サーズ：Software as a Service）というコンセプトがあります。必要なソフトウエアをサービスのように使えるものですが、そんな説明をされても、経営者は何のことかさっぱり分からない。しかし、分からないというと、経営者も格好悪いので、分かったふりをするか、「君らに任せるから……」となってしまいます。

経営者にとって、そのシステム投資でどのような効果があるのか、どのように仕事の仕方が変わり、経営にどのようなメリットがあるのか、そういうことが一番大事なのです。経営者には、システムの細かいことはそれほど重要ではありません。分かりやすい言葉で理解できるように説明することが大切です。

ユーザー部門の当事者意識

4 つ目は、ユーザー部門がシステム開発に当事者意識を持っているかです。三井住友銀行では、システムの経営会議を設置したことにより、経営者や経営企画部のほか、ユーザー部門においても、システム開発についての理解が大いに進みました。

会議の設置と同時に、ユーザー部門がシステムの予算取りや、業務要件定義の起案をする体制に改革しました。以前は、IT 部門がこれらの仕事をやっていました。なぜこのように変更したのかというと、ユーザー部門にシステム開発の当事者意識を持たせるためです。最初はかなり抵抗がありましたが、IT 部門からも応援を出して、この体制が定着しました。これにより、システム開発のスピード、質、さらにユーザー部門の責任感が大いに向上しました。

一方、IT 部門は仕事がなくなるわけではなく、全社の投資額を積み上げて、部門のバランスが取れているか、過剰投資になっていないか、それから重複投資とか無駄遣いはないかとか、全体最適かどうかに目を光らせて、まさに経営者に代わってそうした観点で物を見るわけです。このようにすることでユーザー部門に当事者意識を持たせるという体制が実現されるのですが、世の中全体では、ユーザー部門がこういうような役割を分担している企業はまだまだ少ないと思います。

投資判断の検証

5 つ目は、適切な投資判断をしているか検証することです。先述したように、投資判断の優先順位付けを行うこと、すなわち、重要度、緊急度を勘案した適切な投資判断になっているか、また、新規投資だけではなく、更新投資も適切になされているか、常に検証することが大切です。

前向きな新規投資が多いほうが良いのですが、私の感覚では一定の事業規模以上の会社では、新規投資と更新投資の割合は、大体 2 〜 3 割対 7 〜 8 割くらいが普通です。それは、事業規模の拡大とともに資産が増えるので、それらの更新投資も増加するからです。よく、IT 投資の半分以上を新規投資に充てていると言う会社がありますが、実際にはそうではありません。更新投資に少し新しい機能を加えているので新規投資だと言っていることが多いのです。

また、投資して終わりではなくて、その投資が効果を生んでいるのかを検証することも大切です。先ほどの図 3.11 は、案件別、システム別に効果検証をする手法を示したものです。こうしたこと、つまり過去の投資が今もきちんと効果が出ているかどうかを常に先述したシステム案件の経営会議において検証しています。

IT部門の経営資源

6 つ目は、自社の IT 部門のレベルです。すなわち、ヒトとかモノ、カネといった経営資源が満足できるレベルにあるかどうかです。これがガバナンスのポイントと言いながら、実は客観的な、統計的な回答は、残念ながらありません。例えば三井住友銀行の国内、海外のシステムの全体のプログラムは約 3 億ステップあります。ステップというのは、プログラムの行数を指します。これは 500 ページの文庫本だと 5 万冊ぐらいに相当します。この 3 億ステップという大きさのシステムを維持・管理するのに、システム要員とか投資が幾ら必要なのか、幾らが妥当かというと、答えは分からないのです。

ちなみに、システム要員というのは、三井住友銀行本体で 100 人以上、日本総合研究所で 2,000 人以上、外部ベンダーで数千人ほどいます。それだけの大人数で開発をしています。投資額は年間 2,000 億円程度です。(2023 年時点)

前向きな案件に取り組めば取り組むほど、幾らでもヒトもモノもおカネも必要です。逆に、一切の開発をやめたら、最低限の要員が何人かとか、費用が最低限幾らかというのが出てくるかもしれないですけれども、一切の開発をやめるとか、そういうこと自体やったことがないので、これも分からないです。ただ、三井住友銀行には 3,000 万口以上の口座があるので、その顧客のためのシステムを維持するためには、これくらいの人員や費用は必要だということです。従って、もし、システムの障害が多いとか、商品・サービスでほかの銀行に負けているのであれば、やはりこうした資源配分が足りないのではないかと思います。

開発の担い手

7 つ目は、システム開発が自社主導か、あるいはベンダー依存かです。企業のシステム開発体制は、大きく言えば社内の IT 部門で開発する方式（内製開発型）と外部の IT ベンダーに委託する方式（委託開発型）の 2 通りあります。

内製開発型は、システム開発を原則として自社のシステム部門（IT 部門）が主導します。外部ベンダーを使ったとしても、主体はあくまでも自社の IT 部門です。日本では、銀行とか航空会社などの大手の IT 先進企業やインターネット系の会社が、内製開発が中心です。先に三井住友銀行での開発では数千人の外部ベンダーの人もいると言いましたが、銀行がきちっとグリップしています。欧米は内製開発型が主流です。そのメリットは、ユーザーに近いところで開発するのでスピード感があることです。デメリットは、数多くの IT 要員を抱えるので人件費が嵩むことです。

一方で、委託開発型は、企業はシステム開発の企画に徹して、開発は IT ベンダーに任せる方式です。日本ではこの方式を採用する企業が多いです。特に中小企業とかサービス業では、社内に一定の IT 要員を配置する余裕のない企業が多いからだと思います。それから、もう一つの理由は、日本は労働法制が厳しいことです。日本では終身雇用が前提なので、簡単に解雇することができません。そういった法制上の要因もあり、企業はできるだけ最初の入口の時点での採用を抑えようとします。一方で、IT 要員は非常に多くの人数が必要ですし、専門性が高いので、わが国では IT 要員を自社で採用せずに外部ベンダーで賄う方式が主流になりました。

委託開発型のメリットは、本業に専念できることです。それから、事業の繁閑によって要員調整ができることです。一方で、デメリットはスピード感に欠ける、それから、社内に IT 人材が育たないことです。

どちらの方式にもそれぞれ得失があります。ただ、私は、一流で最先端の企業でありたいのであれば内製開発型のほうがいいと思います。しかし、委託型開発も悪い訳ではなく、それぞれの方式に応じたガバナンスがあると思います。

危機管理体制

8つ目は、危機管理体制ができているかです。危機管理にもいろいろあります。たとえば、①地震などの大災害、②システム障害、③サイバーテロなどのセキュリティです。地震とか自然現象、これらの発生自体を防ぐことはできません。しかし、こうした地震などの自然災害の発生時にどう対応するのかが大切です。次に、システム障害ですが、平時、順調に動いているときは全く問題がなくても、プログラムは人間が作るものなので、必ずバグがあり、障害が起こります。そのときにいかに機敏に的確に対応するかが問われます。それが危機管理体制です。三井住友銀行グループの危機管理体制においては大災害やシステム障害が発生した際は、会社全体として緊急時対策本部というのが立ち上がります。その下にシステム障害の対策本部も立ち上がります。そこに情報を一元化します。情報は、営業現場であったり、システム開発部署であったり、コンピュータセンターであったり、いろいろなところに存在します。それらの情報を一元化して、それを基にして対策本部が対策を指示する。同時に、社長とか頭取に報告が行って、金融庁などの官庁やマスコミへの対応など、対外的な情報発信をする体制になっています。

もっとも、サイバーセキュリティの場合は、同じ危機管理でも地震などの自然災害と違った対応が必要です。サイバー攻撃には大きく4つの類型があります。1つ目は**標的型攻撃**で、電子メール等のウイルスで情報漏洩を狙うものです。2つ目は、**DDoS 攻撃**（大量攻撃）と呼ばれるもので、大量のデータを送ってシステムをパンクさせるやり方です。3つ目は、システムの脆弱性を見つけて忍び込む**不正アクセス**です。不正プログラムにより情報漏洩やホームページの改ざんを狙うものです。そして、4つ目は、フィッシング詐欺により顧客がパスワードを盗まれて行われる**不正送金**です。

銀行は顧客の大切な財産を預かっているので、ファイアウォールで何重にもシステムをガードしています。さらに、それぞれの攻撃に応じた対策も講じています。もし攻撃を受けたら、さきほどと同じような危機管理対策本部が立ち上がります。テロとかサイバー攻撃というのは、これからもずっと続くと思います。手を替え、品を替えやってくるので、永遠に闘っていかねばならないものです。

サイバー攻撃には国を挙げて対応していく必要があります。政府に NISC（National center of Incident readiness and Strategy for Cybersecurity）という組織があります。これは内閣のサイバーセキュリティセンターのことです。サイバーテロが発生すると、このセンターや警察から連絡が来て、銀行、電力・ガス、交通機関など、インフラを担う業界と必ず情報連携を行い、国を挙げて対応します。

サイバーテロへの対応というのは、国によっては国営でやっていることもありますので、やはり日本も国を挙げて対応しないといけない。2021 年の東京オリンピックのときも、そういう体制になっていたのではないかと思います。

データガバナンス

ご参考までに、データガバナンスの話をします。IT ガバナンスのポイントを申し上げてきましたが、最近、データ量が膨大になっていることから、データガバナンスの重要性が高まっています（図 3.12）。ポイントは、図 3.12 の（1）、（2）に示した通り、データの利活用と、その基になるデータの収集・整備です。加えて、クオリティを保つためには人材育成や体制づくりも重要です。最近はよくデータサイエンティストの必要性が言われますけれども、こうした体制が整備されていなければ、いくら優秀なデータサイエンティストを採用しても活躍できないと思います。つまり、（2）のデータ収集・整備、これができてないと、データの分析のしようがありません。昨今の話は、利活用のところばかりで、（2）のところが欠けているのではないかと思います。

以上、第 4 節では、IT ガバナンスにおける 8 つのポイントについて説明しました。すなわち、①経営者の意識、② IT 部門と経営者やユーザーとの関係、③ IT の見える化、④ユーザー部門の当事者意識、⑤投資の適切性と効果検証、⑥自社 IT 部門のレベル、⑦システム開発体制、そして、⑧危機管理体制です。もし、こういうことを怠っていたらどうなるかということを次節で説明します。

(1)	データ利活用	・事業部門における営業支援を中心としたデータ分析 ・MISデータの利活用推進
(2)	データ収集・整備	・MISへのデータ集約とメタデータ整備
(3)	人材育成	・実践的な研修・教育によるデータサイエンティストの育成 ・データリテラシー向上研修の開催
(4)	規範遵守	・外部情報の取得・活用体制の整備

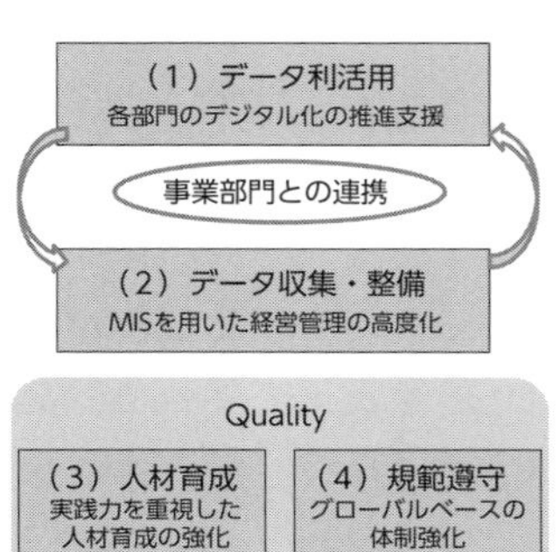

（※）MIS（Management Information System）：経営を行う上で必要な情報を提供することを目的としたシステム

図 3.12　データガバナンス

5. ITガバナンスの課題に直面した事例

地銀S銀行対外資系ベンダーI社

ここで取り上げるのは、S 銀行事件です。S 銀行は静岡県を本拠地とする地元のオーナー系の銀行です。

S 銀行の社長は個人向けの最先端の銀行をつくりたいと考えていました。2000 年に銀行システムの刷新を決定して、それを外資系ベンダーI 社に委託したのですが、I 社も何とかこの社長のニーズに応えたいと、アメリカからリテールバンキング用の最先端のパッケージソフトを持ち込んでこれを利用しようと考えました。

ところが、同じ銀行といっても、窓口での処理の仕方とか、日本とアメリカではいろいろと違いがあります。S 銀行側も社長とユーザー部門の職員やシステム部門との意思統一が十分とれていなかったのではないかと思います。結局、開発は失敗し、訴訟となった事件です（図 3.13）。

訴訟では、システムが契約通りに開発できなかったとして、S 銀行が I 社に損害賠償せよと訴えました。それに対して、I 社も、プロジェクトがうまくい

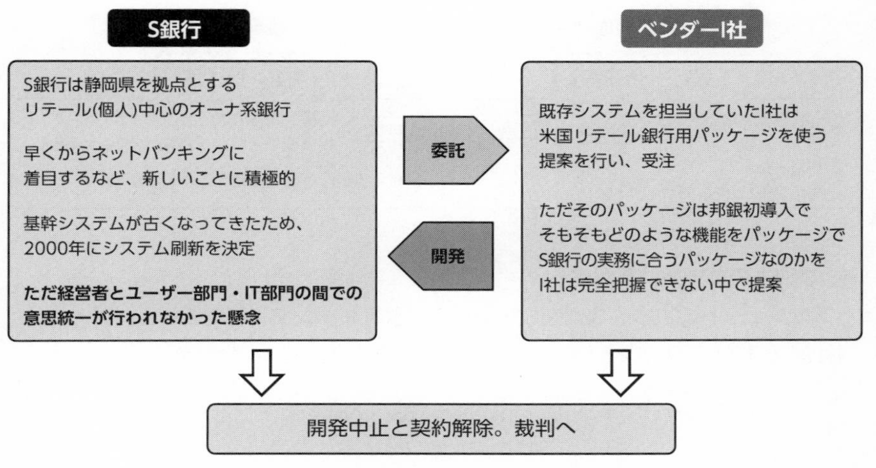

図 3.13　S 銀行事件の経緯
（資料）東京高裁 2013（平成 25）年 9 月 26 日判決文をもとに日本総合研究所が作成

かなかったのはＳ銀行が悪いと反論しました（図 3.14）。

裁判の結論としては、I 社側にプロジェクトの見直しや中止を提言する責任が問われ、Ｓ銀行が勝訴しました。しかしながら、本件は裁判所がシステム開発の請負責任をベンダー側（I 社）に厳しく判定したものと思います。最近では、裁判所もシステム訴訟事案ではプロジェクトマネジメントの実態をよく見るようになっており、ユーザーの役割をより重視するようになった現在であれば、Ｓ銀行のここまでの勝訴は難しいのではないかと私は思います。

ITガバナンスの観点からの評価

このケースでは、第 4 節で説明した IT ガバナンスのどのポイントが欠けているでしょうか。まず、2 つ目のポイント「IT 部門は経営者やユーザー部門との関係が良好か」です。Ｓ銀行事件では、経営者と IT 部門、ユーザー部門の意思疎通とか意思統一が不十分だったのではないかと思います。 次に、4 つ目のポイント「ユーザー部門がシステム開発に当事者意識を持っているか」に

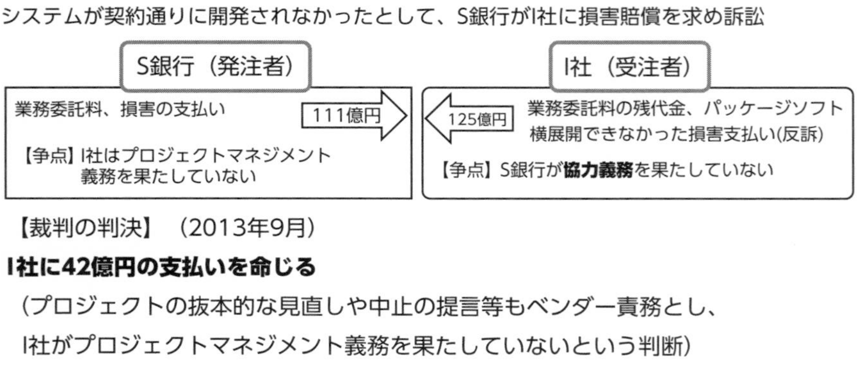

システムが契約通りに開発されなかったとして、S銀行がI社に損害賠償を求め訴訟

S銀行（発注者）

業務委託料、損害の支払い

111億円

【争点】I社はプロジェクトマネジメント義務を果たしていない

I社（受注者）

125億円

業務委託料の残代金、パッケージソフト横展開できなかった損害支払い(反訴)

【争点】S銀行が**協力義務**を果たしていない

【裁判の判決】（2013年9月）

I社に42億円の支払いを命じる

（プロジェクトの抜本的な見直しや中止の提言等もベンダー責務とし、I社がプロジェクトマネジメント義務を果たしていないという判断）

図 3.14　S 銀行事件の判決

（資料）日本総合研究所作成

ついても、このケースの場合は 海外のパッケージソフト導入に対し、ユーザー部門が必ずしも積極的ではなかったのではないかと推測されます。7 つ目のポイント「システム開発は自社主導になっているか、ベンダー依存か」については、この案件ではＩ社にかなり依存していた。このように、ガバナンス上のさまざまな問題があったと思います（図 3.15）。

まとめますと、コーポレートガバナンスにせよ、IT ガバナンスにせよ、形だけつくっておしまいではない。体制に魂が入っていなければならないし、それに携わる人たちの当事者意識が高いことが命だと思います。

6. ITガバナンスの課題

IT戦略に対する経営者の意識

次に、IT ガバナンスの課題についてお話します。IT ガバナンスには課題もいろいろあります。多くの産業において経営者は、経営戦略の実現には IT 戦

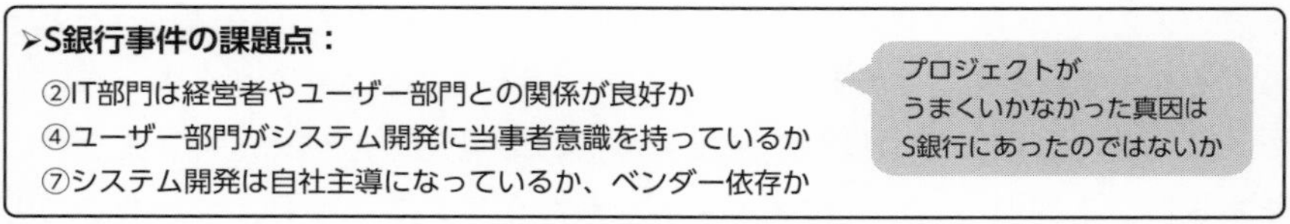

➢S銀行事件の課題点：
②IT部門は経営者やユーザー部門との関係が良好か
④ユーザー部門がシステム開発に当事者意識を持っているか
⑦システム開発は自社主導になっているか、ベンダー依存か

プロジェクトが
うまくいかなかった真因は
S銀行にあったのではないか

図 3.15 S 銀行事件の課題
（資料）日本総合研究所作成

略は重要だと考えています。ある調査によれば[3]、そのような意識が最も高いのは金融です（98.1%）。金融はほぼすべての業務でシステムが動いているので、ほとんどすべての企業の経営者が経営戦略の実現には IT 戦略が重要だと考えています。一方、最もその割合が低いのは建築・土木となっています（67.9%）。工事現場を抱えているので、IT 化がまだまだという実情はよく理解出来ますが、確実にロボット化とかドローン化が進むことで、この業界の意識も変化していくと思います。

では、単にシステム担当役員や CIO を置けばそれで十分なのでしょうか。CIO の設置だけでシステム戦略をやった気になっていないか、経営者の IT 戦略の意識が本当に変わってきたのか、が問われています。CIO といっても「名ばかり CIO」だったり、DX といっても場当たり的にやっているだけ、そうした実情も多々あるようです。大手システムベンダーにシステム開発を丸投げしている現状とか、業務仕様の共通化とか標準化ができていないまま、つぎはぎだらけの現状もあるようです。残念ながら、そのような企業はまだまだ多いと思います。

ITの見える化の必要性

では、経営者の意識の低さが原因のすべてかと言えば、IT 産業側にも問題があると思います。私自身がこの IT 分野に長らく携わって思うことは、IT が多くの人から理解しにくい最大の理由は、「見える化」ができていないことだ

3　JUAS「企業 IT 動向調査 2019」（2019 年 4 月）

と思います。ガバナンスのところ（本章第 4 節）でも話したのではないかと言われそうですが、そこで話したのは経営者に対して見える化をするということです。ここで言いたいのは、IT 産業そのものの見える化がまだできてない。要するに、IT 部門の人たちにとってもなかなか見える化が見えていないことが最大の課題だと思います。

システム開発というのは、よく建築に例えられるのですけれども、やはり根本的に異なるのは見えるか見えないか、です。図 3.16 左側はビルの写真で、その下はそのビルの設計図です。建築は、オフィスビルとか、商業ビルとか、住宅とか、いろいろあって、素人でもビルを見れば、中の構造とか設計とかは大体イメージしやすいと思います。一方、右側は銀行の ATM の画面です。引き出しとか、入金とか、振り込みとか、いろいろメニューがありますが、例えば引き出しというボタンを押すと、システムとしては、暗証番号をチェックして、勘定系のシステムに行ってその人の口座を探して、残高があるかどうかを確認して、残高があれば出金オーケーの電文を ATM に返して出金する。振り込みだったら、残高確認して、相手銀行に振込口座があるかどうかを確認して、その後に振込電文が発信される仕組みになっています。

これは非常に簡単な取引ですけれども、上の ATM の画面から、裏側でそのようなプロセスが走っているということは、銀行の人間でも想像しにくいです。システム部門にいる人間は大体分かりますが、そうではない人にはなかなか分からない。まして、何億ステップものシステムの全体像がビジュアルに見える技術はまだないので、IT がもっと世の中の理解を得るためには、IT 産業そのものがシステムの中身をビジュアルに見せる工夫とか技術が、今後、必要になってくるのではないかと思います。

ここでの話をまとめますと、IT ガバナンスが陥りやすい罠として、CIO を置いただけでやった気になる。最新の IT 用語を使って、やった気になる。地道な体制づくり、人材育成ができていない。つまり、形式だけの IT ガバナンスになりがちだということです。

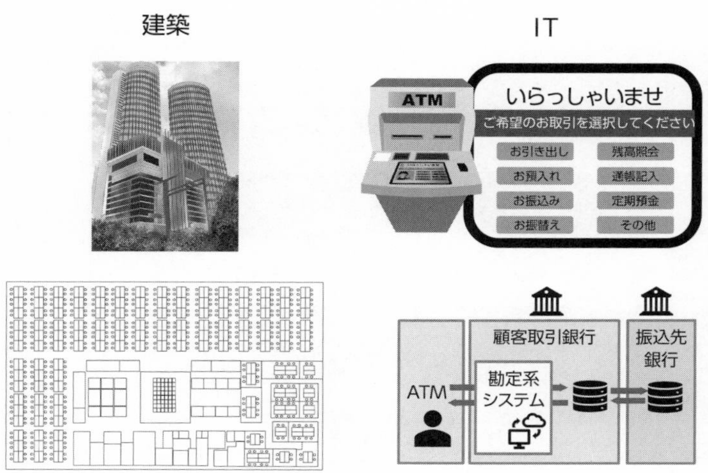

図 3.16 建築と IT 開発の比較

（資料）日本総合研究所作成

7. 求められるIT人材

IT人材とは

最後に、IT 人材についてお話をします。経産省によると、IT 人材は、2018 点時点で約 22 万人不足しており、今後さらに深刻化して、2030 年には最大約 79 万人が不足するとのことです[4]。日本はこれからも高齢化と人口減少が進行するので、人工知能とかロボットの開発をどんどん進めなければならないと思いますが、そのためには IT 人材がもっともっと必要です。

では、IT 人材とはどのような人材を指すのでしょうか。図 3.17 では、IT に関わる人材を大きく 3 つに分けています。一番上が IT を作る人です。システムデザイナーやプロジェクトマネージャーであったり、システムエンジニア、

4 経済産業省「IT 人材供給に関する調査 調査報告書」2019 年 3 月

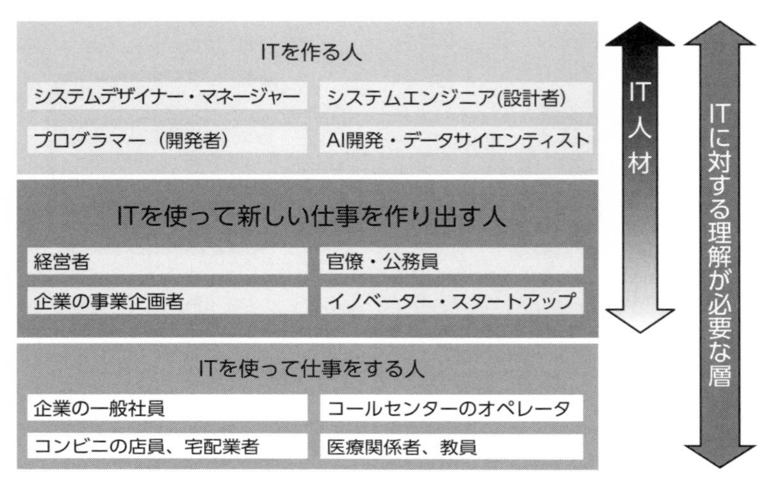

図 3.17　IT に関わる人材の分類

（資料）日本総合研究所作成

プログラマー、それから AI 開発者であったりデータサイエンティストも、ここに入ります。先ほど説明した、不足しているという人材です。次に 2 段目は、IT を使って新しい仕事をつくり出す人です。経営者であったり、官僚であったり、企業の事業企画者であったり、イノベーター・スタートアップというのもここに入ります。最後に 3 段目は、IT を使って仕事をする人で、これはほとんどの人が該当します。

ITで新たな仕事を作る人材の重要性

これらの中で IT 人材というと、普通は一番上のところを想起すると思いますが、この人たちだけではなくて、2 段目の人材こそ、よく IT を理解して欲しいと考えています。広い意味で、1 段目と 2 段目が IT 人材ではないかと思います。

今、DX が流行していますが、イノベーションを起こすには、やはりその会社の事業内容とか業務内容をよく分かって、どのように IT が使えるのか理解していることが必須です。本日の受講者の中には経営者とか官僚とか事業の企画側になる人も多いと思いますが、そのような人にこそ、よく IT を理解して欲しいと思います。

日本は「ものづくりの国」と言われています。今も世界一の水準にあると思いますが、これからはものづくりといってもソフトウエアが中心になります。日本はハードウエアだけではなくて、アニメとかゲームに見られるように、ソフトウエアにもともと強いのです。ロボットとか人工知能というのは、絶対日本の得意分野になります。皆さんも IT で日本の未来を切り拓いていただきたいと思います。大いに期待しています。

私の講義は以上です。どうもありがとうございました。

II

企業におけるITの実践を学ぶ

第4章　企業経営におけるIT戦略

学習POINT

- 一般企業はIT企業とどのように関わっているのだろうか
- IT戦略はなぜ重要なのだろうか
- IT戦略を考える際に必要な視点とは
- IT戦略の策定プロセスはどのようなものだろうか

基礎知識　企業経営における事業展開とIT

企業の事業特性とITによる価値創造

ITとは情報技術（Information Technology）のことで、具体的にはコンピュータなどのハードウェア、ソフトウェア、ネットワークなどにより構成される。IT企業は、このようなITを法人向けもしくは個人向けに供給・開発・運用する業務を行う企業である。具体的には、ハードウェア及びソフトウェアの開発、WEBサイトの制作やアプリケーションの開発、インターネットプロバイダ、通信会社等が該当する。

ここで、いくつかの業種の企業がどのようにIT企業と関わっているのかについて、確認してみよう。第3章で学んだように、横軸に主な対象顧客が法人か個人か、縦軸に一般企業かIT企業で分けて配置してみると、図4.1のような5つのグループに大別することが可能である。ここで、企業の価値創造と

IT の関係についてグループごとに見てみよう。

自動車会社や家電メーカーなどは、従来は IT 企業に分類されることはなかったものの、近年は IT を活用した高度な商品・サービスを開発・提供するようになっている。たとえば、近未来に実用化が期待されている自動運転車は、AI（人工知能）技術なしには実現できないものであり、IT 製品と捉えることも可能である。また、家電製品のなかには、インターネットを通じたサービスを提供する製品も登場している。すなわち、部分的には IT 製品・サービスの供給者ともなっている（グループ 1）。

一方、同じ製造業であっても、企業向けに製品を提供している企業ではどうだろうか。製鉄会社は、厚板、鋼管、ステンレス鋼などの素材を製造し、企業に提供している。提供している商品そのものは、IT ではないものの、その製造工程は IT によって管理されている。また、自動車などの機械を作るための機械である「マザーマシン」を製造する工作機械メーカーでは、IT により精密な制御が可能な製品が登場している。このように、企業向け製造業であっても、IT の活用が付加価値の源泉となってきている（グループ 2）。

では、銀行や保険会社、航空会社などの非製造業はどうだろうか。銀行、保険会社、航空会社のサービスは、それぞれ IT を活用してサービスを高度化したり、新たなサービスを提供している。これらの企業は、IT システムの開発をグループ内や外部の IT 会社に委託することが多い（グループ 3）。

次に IT 企業についてみると、主に法人向けの IT 企業では、コンピュータ、IT サービス、通信機器の製造販売のほか、システム開発を統合的に担うシステムインテグレーション事業を行う企業もある。これらの企業はもとより IT 企業であるが、グループ 1 ～ 3 の企業から委託を受けてシステム開発を行っている（グループ 4）。

一方、個人向けの IT 企業はどうだろうか。近年は、インターネットを活用した個人向けの IT 企業の裾野が広がっている。インターネットを通じて検索、SNS 等のさまざまなサービスを提供したり、パソコン用のソフトウェアを開発して提供する企業も多い。これらの企業は、自らシステムを開発し、そのままサービスとして顧客へ提供している（グループ 5）。

グループ 1 は、IT を製品・サービスの差別化に活用している。グループ 2 は、

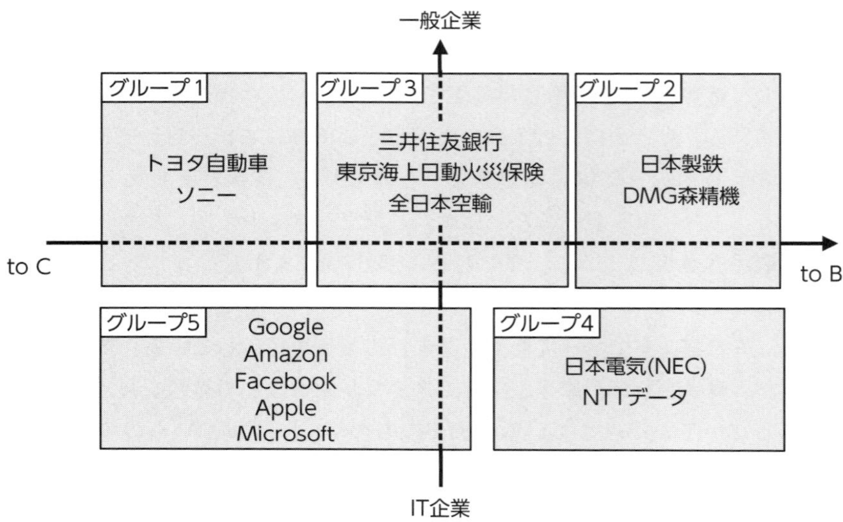

図 4.1　顧客・IT の観点から分類した企業のグルーピング

製品そのものよりも、製品を作る製造工程の管理に IT を使うことが多い。グループ 3 は、IT を使って、顧客サービスを充実させている。グループ 4 は、グループ 1 ～ 3 の企業から委託されて、システムを開発する。グループ 5 は、自らシステムを開発し、そのままサービスとして顧客へ提供している。

ところが、近年、こうした業種の棲み分けを超えた動きが増えている。たとえば、トヨタ自動車はスマートシティへの参入を目指しており、「車だけを作る会社」から「モビリティカンパニー」、すなわち、「移動にかかわる、あらゆるサービスを提供していく会社」へ変わろうとしている。こうしたモビリティというサービスでみると、グーグルは子会社のウェイモを通じてかなり早い時期から自動運転車の開発に乗り出している。

これはモノからサービスへと付加価値の源泉が移行する流れの中で、IT を活用することによりさまざまな魅力的なサービスを作り出すことが可能になっていることが背景にある。すなわち、従来のものづくりのメーカーであっても、IT を活用して魅力的なサービスを提供することが求められるようになっており、そのためには IT リテラシーを身につけていることが必要なのである。

IT開発における企業の役割分担

グループ 1、グループ 2、グループ 3 の企業は本来 IT 企業ではないものの、現代において、情報システムを活用することは不可欠であり、必要な場合には、法人向けの IT 企業に情報システムの開発を委託する。近年の傾向は、もともと法人向けに IT 企業として存在していたグループ 4 のほかに、本来は個人向けの IT 企業であったグループ 5 の企業群が法人向けのサービス提供を拡張していることである。

いずれにせよ、わが国では一般企業がシステム開発を行う場合には、IT 企業に開発を委託することが多い。ところが、米国では一般企業であっても、社内に多くの IT 人材を抱える場合が多く、自社内で開発することも少なくない。これは、わが国では IT 人材の 7 割が IT ベンダー企業に所属するのに対して、米国では 6 割以上の IT 人材がユーザー企業に所属しているという構造的な差異が存在するからである。システム開発では、開発中と完成後の保守運用時に必要とされる人員数に圧倒的な差があるため、システム開発の仕事が一段落したのちにもその人員を抱え込むことができず、IT ベンダー企業が発達したという経緯が背景にある。

企業のITビジネスモデル

一般企業は自社の中核的な業務を行うため、基幹システムを運用しつつも、顧客の利便性向上や市場拡大のため、新しい IT を活用したサービスを展開する XTech（クロステック）への対応を進めている（表 4.1）。たとえば、金融分野では、FinTech（フィンテック）と呼ばれる新たな金融サービスが広がっている、モバイル決済、家計簿アプリ、ロボアドバイザーなどである。自動車業界では、自動運転、ライドシェア、配車サービスなどである。このような IT を活用した新しいサービスの担い手は、必ずしも既存の業界に属する企業に限られるわけではない。スタートアップと呼ばれるベンチャー企業が特定のサービスを提供し、高頻度に改良を重ねて完成度を高める例も多い。既存企業もこのような動きに対応し、IT を活用した新たなサービスの開発・提供に取り組む

表 4.1　各産業におけるクロステックへの対応例

X-Tech	例
金融（FinTech）	モバイル決済、家計簿アプリ、ロボアドバイザー
自動車（AutoTech）	自動運転、ライドシェア、配車サービス
小売（RetailTech）	ネットショッピング、無人レジ
エネルギー（EneTech）	スマートメーター、HEMS
観光（TourTech）	民泊、VR観光体験、自動翻訳
健康・医療（Health Tech）	遠隔診療、AIによる癌診療
農業（AgriTech）	生育監視、無人トラクター
教育（EdTech）	オンライン教育、タブレット学習
行政（GovTech）	スマートシティ、オンライン投票
防災（DPTech）	安否確認、SNS等の情報発信、分析

ようになっている。すなわち、ITを活用して新たな価値創造を行うことが企業の競争力優位を確保する上で重要になっているのである。

では、法人向けIT企業はどのようなビジネスモデルだろうか。主なビジネスモデルとしては、①パソコン、サーバ、ネットワーク機器など物理的な製品や装置を開発・販売する**ハードウェア開発・販売**、②一般企業に汎用的な製品を開発・販売する**パッケージソフト開発・販売**、③一般企業の業務要望に合わせて、企業のビジネスにフィットしたシステムを独自開発する**委託開発**、などがある。

一方、個人向けIT企業では、消費者にはサービスを無料で提供する代わりに企業からの**広告**を表示して収益化するもの、出店したい企業や個人に「場」を提供して手数料収入を得る**プラットフォームビジネス**、月額制などで商品・サービスを提供する**サブスクリプション**、などのビジネスモデルが注目される。

COLUMN　巨大プラットフォーマー

第 5 グループのなかには、巨大プラットフォーマーと呼ばれる企業が存在している。プラットフォーマーが営むプラットフォームビジネスとは、他のプレイヤーが提供する製品・サービス・情報と一緒になって、初めて価値を持つ製品・サービスを提供するビジネスのことである。プラットフォームビジネスには、ネットワーク効果が働きやすい。ネットワーク効果とは、その製品やサービスのユーザーが増えれば増えるほど、それぞれのユーザーがその製品・サービス自体から得られる効用や価値が大きくなることである。このようなプラットフォームビジネスは、もともとは IT が普及する以前にも存在していたが、スマートフォンの普及によって急速に成長した。

近年 IT の急速な発展を背景に、プラットフォーマーのなかには膨大な数のユーザーを獲得し、巨大化する企業が出てきた。GAFA と呼ばれる Google（会社名は Alphabet）、Amazon、Facebook（会社名は Meta）、Apple の 4 社である。これらの 4 社に Microsoft を加えて GAFAM という場合もある。GAFA は米国を代表する企業群で、世界時価総額ランキングの上位を占めている。2020 年 4 月、GAFAM5 社の時価総額の合計は、日本の東京証券取引所 1 部上場会社 2,169 社の時価総額の合計を上回った（図 4.2）。これは、IT プラットフォームビジネスへの期待がいかに高いかを端的に示している。

巨大プラットフォーム企業は、自ら提供するプラットフォームを通じて、ユーザーに関するあらゆるデータを収集している。膨大なデータを収集し、AI（人工知能）を活用して分析し、新たなサービスを提供して価値を創造している。

このように膨大な個人データを収集する巨大プラットフォーマーに対し、世界各国の政府は警戒を強めている。2018 年 4 月、欧州連合（EU）

はグーグル、アマゾン、フェイスブックなど IT 分野の米国巨人企業への監視を強め、EU は、取引先企業への一方的な契約の押しつけを防ぐため、2022 年 11 月に「EU デジタル市場法（DMA)」を発効させ、2023 年 5 月より施行された。小規模企業も IT 巨人に法的に対抗できるよう調停制度をつくる。寡占化の懸念が強まるデジタル市場で公正な競争を確保するねらいだ。偽ニュース対策でも自主規制の強化を求めた。

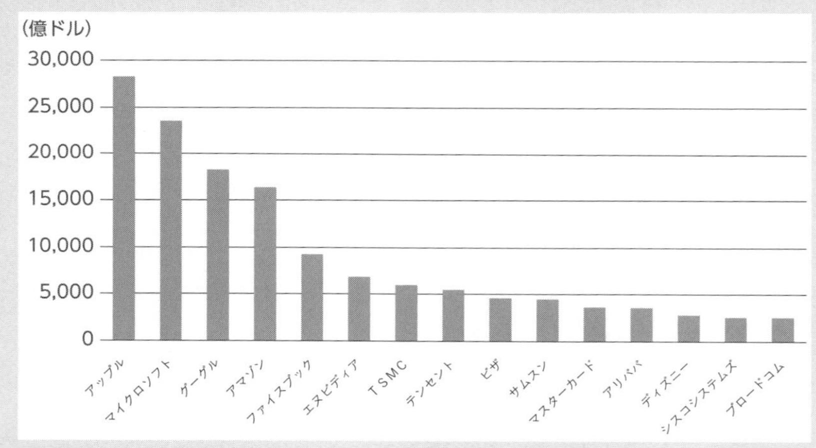

図 4.2　世界の ICT 企業　時価総額上位 15 社（2022 年）
（資料）総務省「令和 4 年情版報通信白書」データをもとに作成

Story　企業経営におけるIT戦略

経営戦略とIT戦略

企業とは、営利を目的として一定の計画に従って経済活動を行う経済主体である。国や地方公共団体が保有する企業を公企業、そうでない企業を私企業という。私企業は会社のほか個人商店を含む概念である。営利目的とは事業で得た利益を構成員に分配することを目的とするという意味である。企業が営利目的を達成できるようにするための方策全般のことを**経営戦略**という。企業（組織）が機能するためには、誰かがリーダーシップを取り、構成員に進むべき方向を示し、そこに至る道筋を描く必要がある。この道筋が戦略である。経営戦略には論者により様々な定義があるが、ここでは、「価値創造を志向した将来の構想とそれに基づく企業と環境の相互作用の基本的パターンであり、企業内の人々の意思決定の指針となるもの」と紹介しておく[1]。たとえば、全体の活動の方向となる指標や、方向づけられた活動を実現できるようにするための体制づくりなどである。経営戦略は顧客や競合企業などの、その企業の経営環境に適合的（外部適合）であること、加えて従業員の活動システムなど経営組織に適合的（内部適合）であることが必要である。

経営戦略の策定とは、具体的には、競争戦略の策定（どのような競合企業に勝つか）、事業システムの決定（誰と組むか。どの部分を自社でやり、どの部分を他社に任せるか）、事業領域の決定（どのような事業をするのか）、資源展開の策定（どの事業を優先するのか）、といった要素を決めることである。

なお、経営戦略に似た概念に経営戦術がある。**経営戦術**とは、企業の経営方針や経営戦略の目的を実現するための**個別具体的な施策**を指す。

IT戦略の重要性の高まり

近年、IT の重要性の高まりとともに IT 戦略に注目が集まっている。**IT 戦略**とは経営戦略を実現するために、IT をどのように活用するのかを中長期的な視点で考える方針・計画である。IT 戦略は経営戦略の一部を構成するものであり、かつては経営戦略に従って必要な施策に応じた IT 投資を行う企業が多かったため、個別の IT 戦術を考えることはあっても、広範な IT 戦略として考慮する必要性が小さかった。しかし、近年は、IT の浸透により、企業において個別の施策に従って IT 投資を続けていると、全社的な最適が達成されず、十分な投資効果が得られない弊害が認識されるようになってきた。とりわけ、IT を活用したサービスの拡充による価値創造が盛んな業種においては、IT 戦略を全社的に考えることが必要であるとの認識が高まっている。

1　大滝精一・金井一頼・山田英夫・岩田智『経営戦略（第 3 版）』有斐閣、2016 年、pp. 7-8

また、ITはビジネスに対してイネーブラー[2]の役割を持つため、中長期的なITの全社的な計画を前提として新規ビジネスの展開など新しいイノベーションへの取り組みが可能となる。それゆえ、経営戦略とは独立してIT戦略を考える意味がある。

ユーザー企業のIT投資・活用の動向についての調査[3]によれば、調査対象企業の約73％が経営戦略を実現するためにはIT戦略が重要であると回答している。業種別にみると、金融業のほぼすべての企業が重要であると回答している。

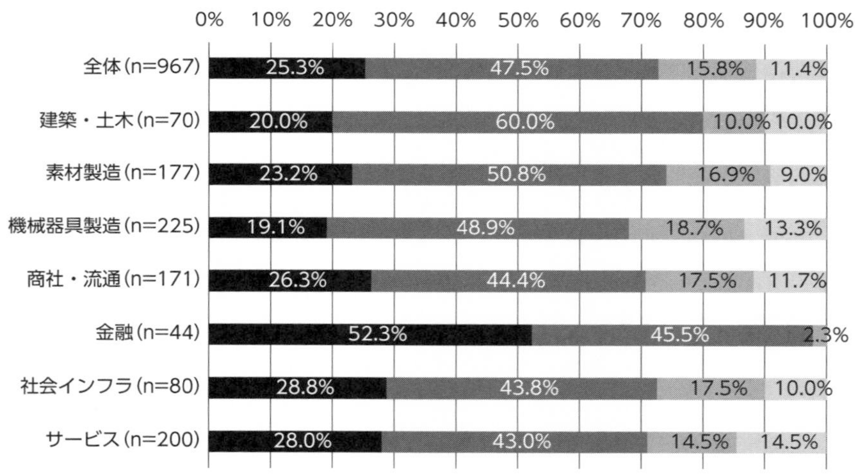

図4.3　業種グループ別　経営戦略とIT戦略の関係性

（資料）一般社団法人　日本情報システム・ユーザー協会「企業IT動向調査報告書2020」

2　IT用語辞典　e-Wordsによれば、イネーブラーとは、何かを可能にする人や物、能力を引き出す人などの意味。

3　一般社団法人日本情報システム・ユーザー協会「企業IT動向調査2020（2019年度調査）」図表0-25

Process　IT戦略の策定

第 3 章で学んだ通り、IT 戦略を考えるには 5 つの視点があるが、ここでおさらいしておこう（表 4.1）。

第 1 は大局的に物事をとらえ、全体最適を図ることである。各事業部門や各業務においてそれぞれ情報システムを構築するのではなく、全社的に連携を取りながら情報システムを構築することが必要である。

第 2 は、新規投資と更新投資のバランスである。新規投資で作った IT インフラを稼働させるには維持・更新が不可欠であり、そのための費用を確保しておく必要がある。新規投資は、これらの維持・更新のための投資を前提として考えていく必要がある。

第 3 に、中長期的に考えることが必要である。新製品開発には多額の初期投資が必要である。この投資を回収するには時間が必要であり、中長期的な視野で IT 投資を検討する必要がある。

第 4 に、実際のユーザの視点で考えることが重要である。顧客や現場のユーザが満足することで投資の効果が還元されるので、常に顧客の視点を持つことが重要である。

表 4.1　IT 戦略を考える 5 つの視点

全社的な最適を考える	各事業部門がバラバラなシステムを作るとどうなるか
新規投資と更新投資のバランス	新規投資ばかりに目が奪われて、更新投資をしないとどうなるのか
中長期的に考える	IT は投資先行。すぐに儲けが出ないシステムは作らないのか
実際のユーザ視点で考える	せっかくシステムに投資したのに、誰も使ってくれないようでは困る
優先順位を考える	投資するお金には上限があるので、何からやればいいのか

重要度の評価

定量評価
- ROIを使用

定性評価
- 競合上の優位性
- インフラの重要性
- 経営の意思等

緊急度の評価

- 制度対応
- インフラの更新時期
- 戦略案件

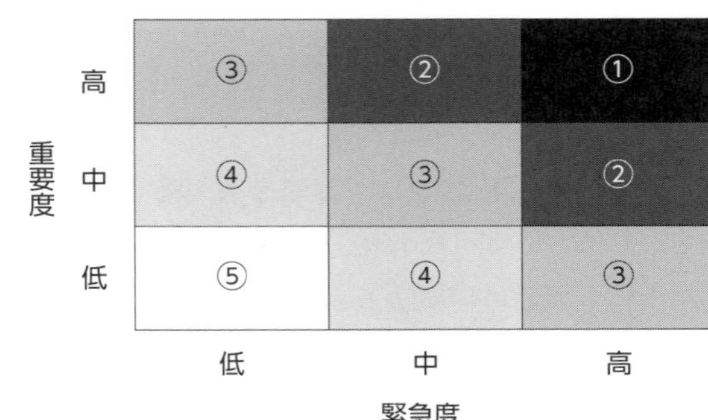

図 4.4　IT 投資の優先度評価

第 5 に、優先順位を考えることが必要である。IT 投資案件の優先順位は、基本的に投資した資本に対する利益の比率である「投資利益率（ROI：Return on Investment）」で判断する。しかし、法律改正や制度変更への対応など、投資に対する利益が当面は見込めないものの、優先順位が高いものもある。経営者が総合的に判断する際には、投資の重要度と緊急度の二つの軸で考えることが有用である（図 4.4）。

IT戦略の策定プロセス

IT 戦略はどのようなプロセスを経て策定されるのだろうか。

まず現状把握を行う。具体的には、経営戦略や事業戦略、競合他社の動向等を把握する。社内では、経営者や事業リーダー、IT リーダーが抱く現状での懸念や IT への期待に加え、現状の情報システムの状況について情報を収集し現状を把握する。社外では、外部事業者の IT サービスの状況、最新テクノロジーや業界動向などに関して情報を収集する。

次に課題抽出と方向性の確認を行う。現状把握の結果から、当該企業の課題とその原因を抽出する。さらに、その解決に向けた方向性を業務部門と連携し確認する。

COLUMN　全体最適を図る手法

企業や政府など、大きな組織の IT システムの全体最適はどのように図ればよいのだろうか。その手法のひとつにエンタープライズアーキテクチャ（EA:Enterprise Architecture）がある。エンタープライズアーキテクチャとは、大企業や政府機関などといった巨大な組織の資源配置や業務手順、情報システムなどの標準化、全体最適化を進め、効率よい組織を生み出すための設計手法である[4]。

個々のシステムを最適化しても、企業の業務全体で見たときに全体最適が図られているとは限らない。EA では、以下の 4 つの観点で企業の業務・情報システムを階層化し、全体像を整理して可視化する。

①ビジネスアーキテクチャ：事業における業務プロセスやデータフローを全体的に示したもの

②データアーキテクチャ：事業に必要となるデータの内容や他のデータとの関連性、データ構造などを全体的に示したもの

③アプリケーションアーキテクチャ：業務プロセスを実施するシステムの機能や構成などを全体的に示したもの

④テクノロジーアーキテクチャ：システムの構築や運用において利用する技術を全体的に示したもの

このように、EA では、企業における複数のシステムを個々に見るのではなく、4 つの視点から全社横断的に見ることで、全体最適を図るものである。また、EA では、現状（AsIs）とあるべき姿（ToBe）の差を明確にするというフレームワークが含まれているため、デジタルトランスフォーメーションの推進と親和性が高く、近年注目を集めている。

4　IT 用語辞典　e-WORDS

第3に、ITビジョンとITプランニングの策定を行う。企業において、長期的な時間軸でその目的や使命、実現・提供すべき企業価値などの「将来あるべき姿」を明らかにしたものを経営ビジョンという。この経営ビジョンの実現を目的とした情報システムの将来像をITビジョンという。企業は大局的な視点から中長期的に取り組むべき方策としてITビジョンを策定する。ITビジョンに沿って目指すべきITの全体像を具体的にITプランニングとして策定する。

第4に、IT施策の特定とロードマップを作成する。ITのプランニングを実現するため優先順位付けを行う。既存システムの維持管理や制度案件も考慮する。

Case Study　ファーストリテイリング社

ユニクロ事業の現状把握

IT戦略策定プロセスの事例として株式会社ファーストリテイリング（以下FR社）の例を紹介しよう。FR社はユニクロやGUなどのブランドで知られるアパレル製造小売業である。ユニクロ事業はFR社のひとつの事業部門である。ユニクロは上質で低価格の商品を提供することから、日本国内はもとより海外でも競合他社に対して競争優位性を保持してきた。これを可能にしているのが、同社のコスト・リーダーシップ戦略といわれる。

コスト・リーダーシップ戦略を実践するため、商品の企画から製造、販売までを一貫して担う**製造小売業**（**SPA**：Speciality store retailer of Private label Apparel、自社ブランドを販売するアパレル専門店）を推進し、衣料品を低価格で販売している。

さて、IT戦略策定の第1ステップは現状把握である。FR社の経営戦略・事業戦略についてみると、同グループでは年間13億着の服を生産している。ユニクロにはライフウェア（Lifewear）という製品のポリシーがあり、他社製品の物真似ではない独自性と、高い品質にこだわりを持っている。また、生産した製品は必ず売り切り、廃棄はしない、顧客が不要となった服もリサイクル活動で回収するなど、環境に配慮したポリシーも採用している。

次に、サプライチェーンについてみると、年間13億着の服を作るのに、企

COLUMN

SPA とは

従来のアパレル・メーカーは、商品企画、店舗運営、販売サービスを行い、調達や製造、物流は外部業者に委託していたのに対し、FR 社は、企画から調達、製造、物流、店舗運営・プロモーション、販売サービスまで一貫して自社で推進している。このため、他社に支払う委託費が不要であり、コストを抑えながら衣料品の生産・販売を行うことが可能となっている。海外の「H & M」や「ZARA」など、身近なファストファッション企業は、ほとんどが SPA 型である。

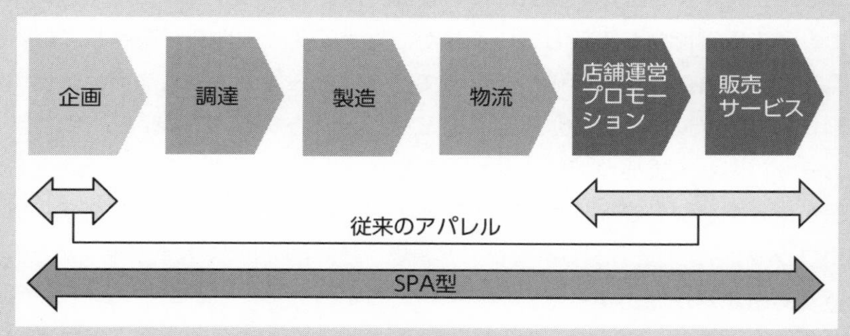

図 4.5　バリューチェーンにおける SPA と従来型アパレル企業の比較
（資料）ファーストリテイリング社ホームページをもとに日本総合研究所作成

画・計画から生産、物流、販売に至るまでは 1 年以上の時間がかかっている。ユニクロのライフウェアは顧客の生活ニーズから発想し、考え抜かれた独自の服である。決して流行を追いかけたり他社製品を真似たりしたような服ではない。このため従来の仕組みでは商品の企画・計画に時間がかかるのである。高機能・高品質の服を作るために素材にもこだわり、一点一点丁寧に製造しており、かつ年間 13 億着という数量を製造するにはどうしても生産に時間がかかっている。

顧客の声を聴いてみると、トレンドに関しては、もう少しシルエットが細身ならいいのにとか、今年のトレンドカラーは少し違う、といった意見があった。また、販売数量については、欲しいと思うタイミングで品切れとか、話題の商品は発売初日で品切れ、という不満があった。

課題の抽出と方向性の確認

IT戦略策定の第2ステップは、課題の抽出と方向性の確認である。

現状を整理すると、さまざまな課題が浮かび上がってきた。企画・計画では、一部の情報しか集められておらず、商品企画・販売数量に生かせていない。生産においては、大量生産のため生産リードタイムが長くなり、販売動向に完全連動した生産ができない。物流においては、販売に不必要な商品を保管することで倉庫の収容能力が不足しているほか、人手不足で人件費が高騰している。販売では、売れない商品は値引きをして売り切る一方で、売れ筋商品は品切れが起こっていた。また、サプライチェーン全体を通じてみると、サプライチェーンに関わる重要な情報・数値が可視化されておらず、各領域で連動した管理ができていないこと、世界中の生産工場・倉庫・店舗・本部がダイレクトかつフラットにつながっていない（各領域、経営者同士、経営者と個々の社員）という問題が浮かび上がった。

これをどのような姿に変えていくか、あるべき姿を描いてみると以下の通りとなった。企画・計画では、世界中の良質な情報をリアルタイムで収集し、商品企画・販売量に反映させる。生産では、素材備蓄と短いリードタイムでの量産による顧客の要望に適した生産体制を構築する。物流では、全世界での自動倉庫展開を軸に、販売に必要な商品のみを保管して運ぶ。販売では、在庫過剰の削減と品切れの撲滅を同時に達成し、値引きでの売り切りから脱却する。そして、サプライチェーン全体では、サプライチェーンに関わる重要な情報・数値を全て見える化し、各領域での管理を連動させる。加えて、世界中の生産工場・倉庫・店舗・本部がダイレクトかつシームレスにつながり即断・即決・即実行できること、があるべき姿とされた。

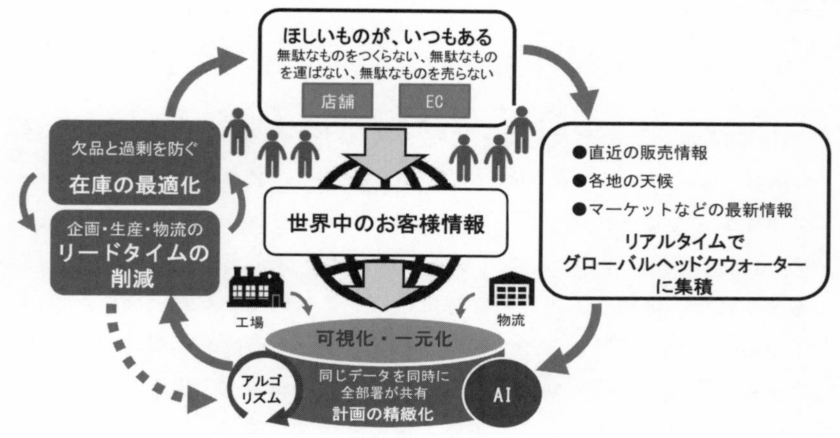

図 4.6　FR 社のサプライチェーン改革の全体像

（資料）株式会社ファーストリテイリング「サプライチェーン改革実現に向けてについて」2019 年 11 月 13 日

ITビジョンとITプランニングの策定

IT 戦略策定の第 3 ステップは、IT ビジョンと IT プランニングの策定である。

ビジネスの目標は、顧客が欲しいものがいつもある。無駄なものを作らない、運ばない、売らない。顧客にとって当たり前のことを、当たり前に実現することである。これを受けた IT の目標は、サプライチェーンを改革することである。具体的には、以下のような改革となる。まず世界中の顧客の情報を収集する。直近の販売情報、各地の天気、マーケットなどの最新情報、工場や物流のデータも収集する。次に、収集したデータを可視化、一元化する。その情報を活用して、企画・生産・物流のリードタイムを削減するとともに、在庫の最適化を行う。

IT施策の決定とロードマップの作成

IT 戦略策定の第 4 ステップは、具体的な施策の決定とロードマップの作成である。第 3 ステップで策定したプランニングを個別の施策で具体化していく

COLUMN　RFIDとは

RFIDとは、商品や食品などに電子情報（名称、値段、製造年月日などの情報）を入力している「RFタグ」を貼り付け、読み込み装置の「リーダライタ」で電子情報を読み込むシステムである。ユニクロの全商品のタグには、RFIDがつけられている。商品のタグを光で透かすと、商品番号や価格の情報を、近距離無線で飛ばすことのできる電子回路がついている。これにより、生産・物流・販売を通過する商品の情報をリアルタイムで管理することが可能になる。全商品の動きをRFIDで捉えることにより、サプライチェーン全体の情報を一元管理し、データサイエンティストが分析する。さらに、その情報を社員が同時に見ることで、意思決定の精度を上げることができる。

作業である。

フェーズ1では、サプライチェーン情報の可視化・一元化を図る。これには、RFID（Radio Frequency Identification）（Column参照）の導入が必要である。

フェーズ2では、サプライチェーンの各段階での具体的な現状課題を抽出し、解決施策を決定していく。可視化されたデータの分析を生かし、リードタイムを削減する。3次元CADの導入や、生産工場の自動化、通関手続きのシステム化などの、IT施策も実施する。

フェーズ3では、収集したデータを連携させ、業務を最適化し、過剰在庫や欠品を削減する。計画、生産、物流の情報を連携させることで、今までの個別最適から、全体最適への転換を図っている。

5つの視点からの評価

以上のFR社のIT戦略について、先に説明したIT戦略を考える5つの視点から評価してみよう。

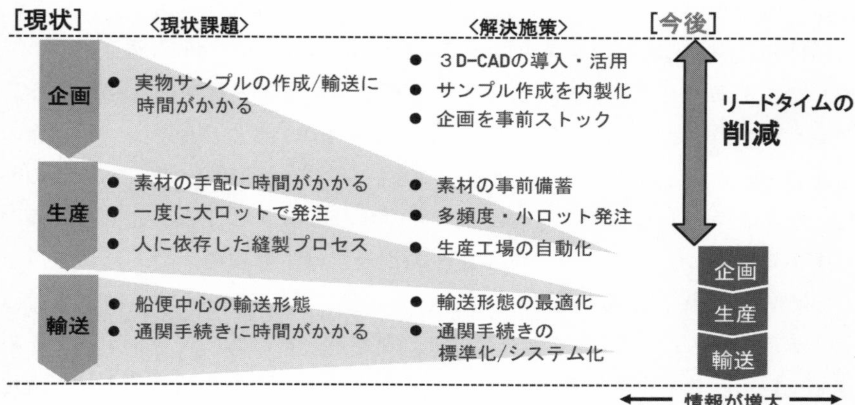

図 4.7　解決施策によるリードタイムの削減

（資料）株式会社ファーストリテイリング「サプライチェーン改革実現に向けて」2019 年 11 月 13 日

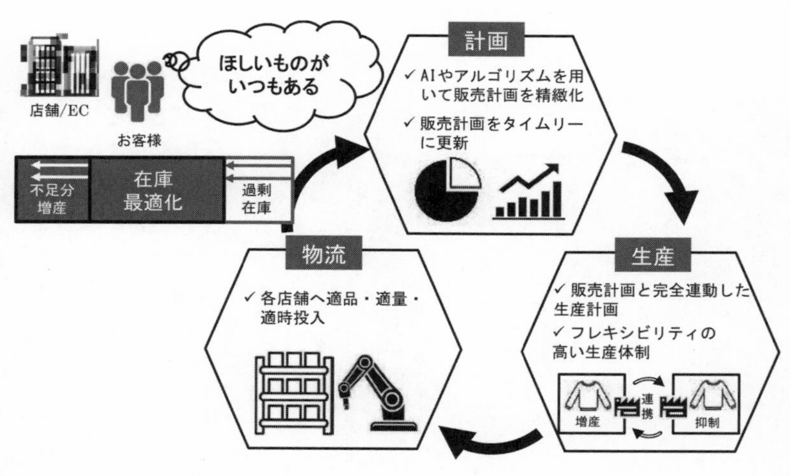

図 4.8　過剰在庫・欠品の削減

（資料）株式会社ファーストリテイリング「サプライチェーン改革実現に向けて」2019 年 11 月 13 日

第 1 に、全体最適の視点では、企画・計画、製造、物流、販売を全社的な視点から捉えて再設計している。第 2 に、新規投資と更新投資のバランスの視点では、AIや自動倉庫という新しい分野だけではなく、既存システムに対しても積極的に投資し、バランスを取っている。第3に、中長期的な視点については、まずあるべき姿（ToBe）を描き、それに向かって中長期的な視点からIT投資をしているといえる。なぜなら、フェーズ1の、サプライチェーン情報の可視化・一元化だけでは、ROIは得られないが、フェーズ2、フェーズ3の前提となる施策であり、中長期的にROIが得られるようにIT投資をしているからである。第4に、ステークホルダーの視点では、顧客の声や、社員の声をしっかり聴いて、IT戦略を策定している。第5に、優先順位の視点では、フェーズ1、フェーズ2、フェーズ3と、計画的・段階的にプロジェクトを推進している。このようにみると、FR社のIT戦略は、5つの視点をすべて満足するものと評価することができる。

IT戦略というのは中長期的な計画なので、3〜5年くらいの期間で考えることが多い。最近は世の中の動きが早いので、一度立てた計画も、毎年見直しを行い、その時その時の状況に合わせて、修正していくことも必要となる。

まとめPOINT

- ►わが国では一般企業がシステムを開発する場合、IT企業に委託することが多い。
- ►IT戦略は、投資の全社最適に不可欠であり、新たな経営戦略のイネーブラーの役割も持つため、重要性が高まっている。
- ►IT戦略の策定では、①全体最適、②新規投資・更新投資のバランス、③中長期的な視点、④ステークホルダーへの配慮、⑤優先順位、を考えることが重要である。
- ►IT戦略策定のプロセスは、①現状把握、②課題抽出と方向性の確認、③ITビジョンとIT全体像の策定、④IT施策の特定とロードマップの作成、の順に進める。

第5章 業務とIT企画

- 業務の具体的施策を企画する際にIT部門とどのように連携すればよいのだろうか
- ITの利活用目的をどのように考えればよいのだろうか
- IT企画を考える際にどのように検討すればよいだろうか
- IT投資の評価指標はどのようなものだろうか
- IT投資の意思決定にはどのような考慮が必要だろうか

基礎知識　企業の目的と投資の必要性

企業の目的とは

企業の目的とはいったい何だろうか。企業には民間か公営か、自営業者から大企業までさまざまな種類が存在するが、ここでは、民間の株式会社で考えてみよう。企業なのでその目的は利益を生み出すことと考える人も多いかもしれない。

オーストリア出身の経営学者、ピーター・ドラッカーは、その著作『現代の経営』[1]で次のように述べている。「事業体とは何かと問われると、たいていの

1　P.F. ドラッカー著、上田惇生訳『現代の経営　上』pp.43-44、ダイヤモンド社、2006年

企業人は利益を得るための組織と答える。たいていの経済学者も同じように答える。この答えは間違いなだけではない。的外れである。（中略）企業の目的として有効な定義は一つしかない。すなわち、顧客の創造である」。このように、ピーター・ドラッカーは企業の目的は「顧客を創造すること」だと言っているが、利益の追求はしなくて良いのだろうか。

ドラッカーは続ける。「もちろん、利益が重要でないということではない。利益は企業や事業の目的ではなく条件なのである。また利益は、事業における意思決定の理由や原因や根拠ではなく、妥当性の尺度なのである」。つまり、企業にとって利益は重要であるが、企業の目的ではなく、妥当性の尺度であるといっている。

ここで、売り上げ、費用、利益の関係について確認しておこう。売り上げというのは、商品やサービスへの対価の集積である。費用は、製品の原価や販売員の人件費などである。利益は、「売り上げ」マイナス「費用」で求めることができる。ドラッカーのいう「顧客の創造」が、この「売り上げ」の増加にあたる。つまり、価値のあるものを提供し、市場に認められたかの尺度となる。その活動の結果として、世間が企業の存続を認め、利益が上がるのである。したがって、利益は企業が存続する妥当性の尺度ということになる。注意しなければならないのは、企業は、利益を得ることを目的に存在するわけではないということである。

投資の必要性

しかし、利益がなければ、企業が存続することすらかなわない。従って、効果的な投資から利益を生み出し続けることが重要である。企業は設備投資をして、商品やサービスをつくり販売する。設備投資とは、企業が経営や業務を継続して発展させるために必要な設備に対して行う投資のことをいう。企業が商品を生産したり新商品を開発したりするのに必要な設備を用意するための資金投入のことを指し、具体的には「土地」「建物」「機械」「備品」「車両」「ソフトウェア」など、数年、場合によっては数十年にわたって使用される。設備投資は、大きく2種類に分類され、建物や機械設備など、目に見えるものを「有形固定資産」、ソフトウェアや商標権、特許など目に見えないものを「無形固定資産」という。

企業が作り出した新たな商品やサービスを、顧客が気に入り、購入することにより、代金が支払われ利益が生まれる。得られた利益から、さらに次の商品やサービスを開発し、顧客に提供することができる。この循環が重要であり、それにより企業は存続することが可能となる。

Story　IT投資の重要性と目的

IT投資の重要性

効果的な投資から利益を生み出し続けるには、サービスの生産性の向上が必要である。生産性とは産出量（アウトプット）を投入量（インプット）で割ったものである。産出量を数量で捉え労働投入量に対する比率を**物的労働生産性**、産出量を付加価値で捉えて労働投入量に対する比率を**付加価値労働生産性**と呼ぶ。

サービスの場合、アウトプットを数量で比較することは難しいので、付加価値労働生産性を考えることになる。ここで生産性を向上させるには、分子である付加価値を増大させる方法と、分母である労働投入量を減少させる方法がある。まず、付加価値を増大させるには、新規顧客や既存顧客に、商品の独自性やブランド、そして顧客満足度を、「見える化」し、機能を差別化して達成する。ここで IT を利活用するとその効果は大きく増進する。

次に、労働投入量を減少させるには、サービス提供のプロセスを改善し、同じ仕事を少ない労働時間でできるようにすることが重要である。とりわけ、IT を利活用することによる省力化の効果は大きく、その重要性が高まっている。また、人材育成による習熟度の向上、労働環境の改善によるモチベーションの向上なども重要である。

このように、現代の企業では生産性の向上に IT の利活用は不可欠な要素となっており、IT 投資の重要性が高まっている。

企業が顧客に価値を提供する場合、具体的な解決策を検討する段階で、社内の業務部門と IT 部門が連携して IT に関する企画を立案する。企業のシステム開発において業務部門とは、企業内でシステムのユーザーとなる部門（IT 部門以外の部門）のことであり、直接部門、間接部門を問わない。さまざまな経営課題に対し、まず、業務部門で企画を立案する。目的や目標を設定し、自社の強み・弱みを分析し、現状の業務の現状を明らかにする。そこで課題や問題点を把握し、具体的な解決策を検討する。IT を利活用することにより解決が図れるとなると、IT 部門と共同で IT 企画を行う。IT 企画でも、IT 化の目標・目的を明確にしたのち、現状を分析し、利用者のニーズの把握、IT 関連動向、制約条件の整理をしたのちに、IT による解決策を提案する。その後、業務部門では、IT 利活用による解決策を取り込み、目指すべき姿を見える化し、実施計画を策定する。

IT投資の目的

企業はより安くサービスや製品を作り、より高く、より多く売ることで競合他社との競争に勝ち、高い収益性を維持したいと考えている。より高く、より多く売るということは、売上げや顧客層の拡大を図ることである。この IT の利活用の例としては、自動運転車の販売や、オムニチャネル構築による利便性の向上などが例に挙げられる。より安く、より負担を軽減してサービス・製品の提供を実現するためには、コストや負荷の削減が必要である。ここでの IT の利活用の例としては、従来手作業で行っていた業務を IT 化し人員効率化につなげるのが典型である。オフィスオートメーションの発達を背景とした帳票電子化による紙の削減や、最近ではテレワーク推進による働き方改革等が挙げられる。

ここで、IT 投資の目的について考えてみよう。長年にわたって IT 投資の最大の目的は、IT 利用による手作業による業務の効率化である。たとえば銀行では、支店窓口で入出金、口座開設のほか、住所変更などの届出手続きなど、膨大な事務処理がある。かつては、これを窓口のテラーが大量の人員でスピーディーにこなしていたが、経済の発展とともに取扱量が飛躍的に増大し、とても人手が回らなくなってきた。また人員増に伴う人件費の増大を抑える必要があった。このため、銀行はコンピュータを導入し、窓口には高速で入出力の処理を行う端末機を置き、無人で処理を行うための ATM（Automatic teller machine）を設置した。さらに、インターネットの発展に合わせ、パソコンやスマホから振り込みや口座開設も行えるインターネットバンキングにつながっている。現在代表的な大手メガバンクの支店窓口の人員は数人程度であるが、もし全入出金や振込口座開設も手作業でやっていたら、その数倍にものぼるとされる。このように、人件費削減や経費削減効果があるということである。このような業務効率化は IT 活用の王道であり、銀行に限らず全ての業種において取り入れられ、経営上の重要な手段となってきた。

もう少し最近のいくつかの事例で説明しよう。まず、業務の効率化の事例として、ペーパレス化を取りあげてみよう。コスト削減を目的として、紙の資料をデジタル化しペーパレスを実現するものである。デジタル化のためのシステム開発や、タブレット端末の導入が IT 利活用にあたる。ペーパレス化の効果としては、まず、紙代や印刷代などの費用を削減することができる。加えて、デジタル化により作業がスムーズに流れ、事務作業を短縮できるので、顧客を待たせることもなくなり顧客満足度の向上にもつながる。

二つ目に、社内業務の変革の事例としてテレワークの推進について考えてみよう。「働き方改革」の一環として、社員の働き方の自由度向上や、通勤負荷の軽減を目的に、テレワークを推進する企業が増えている。情報漏洩を防ぐための専用端末や、テレビ会議システムなどの導入により、自宅など会社から離れた場所でも、不自由なく勤務できる環境を整備する動きが広がっている。テレワークは、日本ではなかなか普及していなかったが、新型コロナウイルスの影響で急速にテレワークが普及した。大学でのオンライン授業なども広がった。

三つ目は、ビジネス対応力強化の事例としてオムニチャネルの構築があげられる。オムニチャネルというのは、流通小売業の戦略の一つで、モバイルサイト、WEB サイト、実店舗、ソーシャルネットワークサービス（SNS）、コールセンターなど、複数の販売経路や顧客接点を有機的に連携させて顧客の利便性を高めるとともに、多様な購買機会を創出することである。オムニチャネルの構築は他社に対する競争優位性の確保を目的として行われ、情報システムとしては、実店舗と Web サービスを連携させるスマホアプリの開発などが行なわれる。アプリの主な機能としては、来店時ポイント付与、ネット通信販売、店舗の在庫確認、商品の口コミ投稿、問合せ機能などが備えられる。

四つ目は、ビジネス変革の例として自動運転システムの開発が挙げられる。メーカーが製造した自動車を購入して使用するという時代は間もなく終わりを告げ、自動運転技術を活用した移動サービスを利用する次世代モビリティの時代が幕を開けようとしている。自動車メーカー各社は、新たなビジネスモデルを視野に入れながら、自動運転技術の開発のための投資を加速させている。他社に先を越されては、自社の自動車が売れなくなるという防衛戦略的な意味もあるが、自動車メーカーは新しい移動サービスの在り方を真剣に考えていると思われる。

上述した4つのIT利活用の事例を分類してみよう。縦軸に、対象が社外か社内か、横軸に、既存技術の活用による業務改善か、新規技術の活用によるイノベーションかで、マトリクスを作り分類してみると図5.1のようになる。

社内業務の維持・効率化（図5.1左下）として行うことは、業務の標準化・

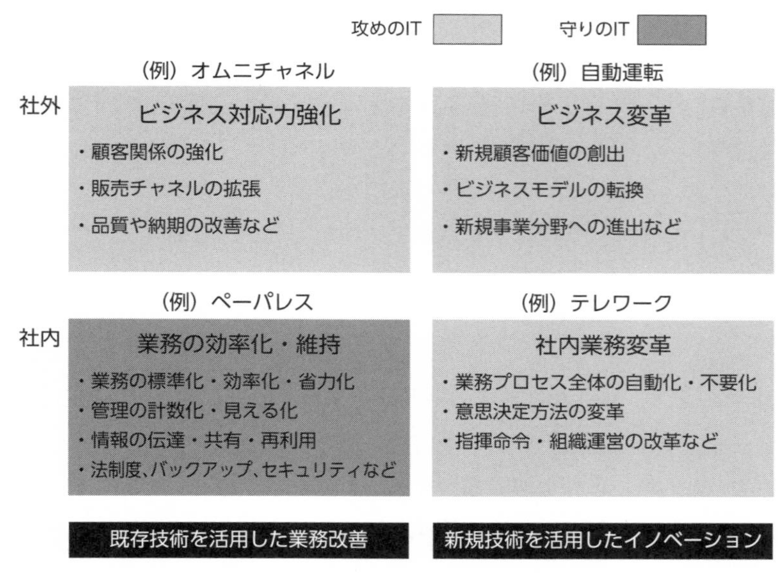

図5.1　攻めのITと守りのIT

（資料）ITmediaエグゼクティブ「「守り」から「攻め」のIT活用へ――IT部門に求められる“デジタル変革けん引役”」（2018年8月10日公開）に筆者加筆

効率化・省力化、管理の計数化・見える化、情報の伝達・共有・再利用などであり、従来から IT が得意とし、コスト削減につながる案件が多い領域である。従来の IT は、手作業で行われていた作業を、システムにより自動化することで、人件費削減を狙いとする案件が多かった。このような、コスト削減に重点を置いた従来型のシステムの活用領域は、近年は「守りの IT」と呼ばれている。

ビジネス対応力強化（図 5.1 左上）としては、顧客関係の強化、販売チャネルの拡張、品質や納期の改善などが行われる。システムによって顧客の利便性を向上させ、売り上げを増強する案件が多い領域である。

社内業務変革（図 5.1 右下）としては、業務プロセス全体の自動化・不要化、意思決定方法の変革、指揮命令・組織運営の改革などが行われる。この領域は、企業のカルチャを変えるほどの影響力を及ぼす社内業務変革の領域である。働き方改革などの案件が多い。

ビジネス変革（図 5.1 右上）としては、新規顧客価値の創出、ビジネスモデルの転換、新規事業分野への進出などが行われる。この領域はイノベーションとして注目される。AI（人工知能）やブロックチェーンなどの新しい技術を使

COLUMN　攻めの IT　守りの IT

攻めの IT においては、新たなビジネスモデルや顧客体験を通じて新たな価値創造が行われるため、顧客の創造に結びつきやすい。最近の IT 利活用では、守りの IT に無駄なく投資を行いながら、攻めの IT を推進することが求められている。2013 年の調査では、米国は 58％の企業が攻めの IT に投資しているにもかかわらず、日本は 38％という状況であった（図 5.2）。当時は、日本で攻めの IT 投資がされていないので、日本企業はグローバルな競争で勝てないのだと指摘されていた。その後、各企業の IT 投資に対する意識も変わり、2017 年の調査では、攻めの IT 投資が 52％にまで達している。攻めの IT 投資を積極的に行うことが、ドラッカーの言う「顧客の創造」につながると考えられる。

ただ攻めの IT の方が守りの IT より価値が高いということでは決してない。経営にとって売上を伸ばすことと経費を削減することは、いずれも同程度に重要である。もし鉄道会社が新しい車両の開発に力を入れるあまり、線路の保守に手を抜いたとしたらどうだろうか。交通機関は利便性の前に安全性を犠牲にしては成り立たない。また守りの IT 投資においても、たとえば税制改正など法制度への対応、システム障害や天災に対応するためのバックアップ機能、サイバーテロやハッカーから守るセキュリティ機能、などは不可欠であって、企業が存続するためには欠くことができないものである。

全ての事案に共通して言えることは、経営者は適切に両者のバランスを取ることが重要である。

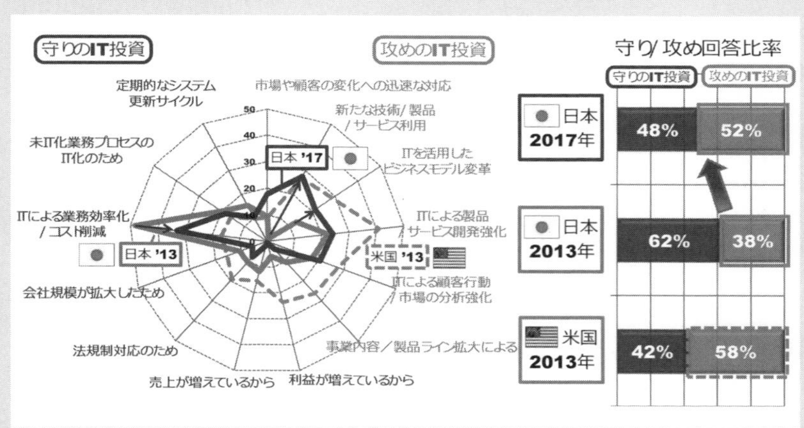

図 5.2　守りの IT 投資と攻めの IT 投資の日米比較

（出典）電子情報技術産業協会（JEITA）「攻めへ転じる IT 投資」（2018.10.18）

い、新しいビジネスモデルを作ることが多い。以上の 3 つの領域は、「攻めの IT」と呼ばれる。

Process　IT企画のプロセス

IT企画の基本要素

IT 企画を検討する際には、5W2H の基本要素を整理することが重要である（図 5.3）。まず、なぜその IT 企画を行うのかという目的・目標・達成する効果を明らかにする（Why）。次に、解決すべき課題は何かを具体的に検討する（What）。そして、対象範囲を明らかにし（Where）、どのような実現方法・手段で（How）、どのような組織体制で（Who）行うのかについて検討する。さらに、いつまでに行うのかという納期を決定し（When）、投資額を算出する（How much）。

5W2H		基本的な検討事項
Why	なぜ？	目的・目標（効果）
What	何を？	解決すべき課題
Where	どこで？	対象範囲
How	どうやって	実現方法・手段
Who	誰が？	組織・体制
When	いつ？	計画・納期
How much	いくらで？	投資額

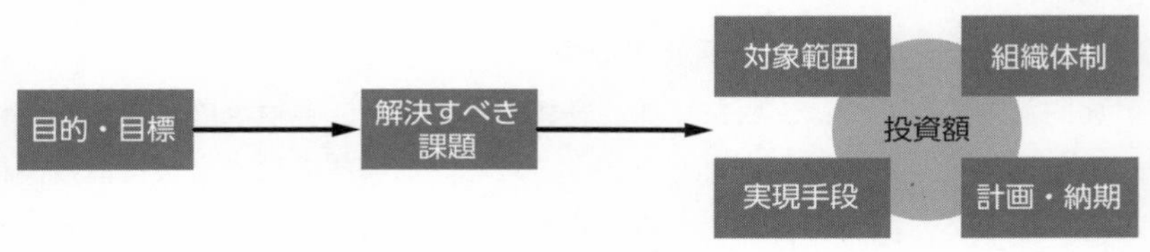

図 5.3　IT 企画における 5W2H

目的と目標の設定

以下、業務を効率化することを目的としてペーパレス化に取り組む事例で説明しよう。

> 現状は、営業所100名の営業担当者に、毎日、担当顧客10名分の顧客宛て提案書をカラーで印刷して配布している。年間の営業日数は200日で、コピー費用は1枚10円である。これを、タブレット等を活用してペーパレス化したい。

上記条件のもと、ペーパレス化に関するIT企画の目的は、営業にかかるコストを削減するため、顧客別提案書の印刷コストを削減するとともに、提案書の印刷から廃棄にかかる、事務職の負担を軽減することである。

目標としては、①印刷費用として、100名×10枚×200日×10円で年間2百万円の削減、②印刷に専業で従事していた事務員の人件費として、3名×400万円で年間12百万円の削減となり、合計で年間14百万円のコスト削減となる。③実現時期は半年後を目指す。

IT投資の効果

IT投資の効果は、直接的な**財務的効果**と、間接的な**非財務的効果**の2つで構成される。縦軸に、売り上げや顧客層の拡大と、コストや負荷の削減で分類し、横軸に、財務的効果（金銭に関係して分かりやすい効果）と、非財務的効果（金銭との関係が分かりにくい効果）で分類する（図5.4）。

財務的な効果としては、収益増強、経費削減などが、非財務的効果としては、競争優位性確保、業務の改善などが挙げられる。財務的効果は金銭に直接関係するものなので、計算が容易である。それでは、非財務的効果はどのように考えれば良いだろうか。

非財務的効果を考える場合には、定性的な情報であっても極力「数字」で表現するようにする。なぜなら、非財務的な効果であっても突き詰めて考えれば、多くの場合は財務的な効果に変換可能だからである。たとえば、Webサイトの利便性向上の場合には、「利用率向上による売上10%向上」や「顧客の離反

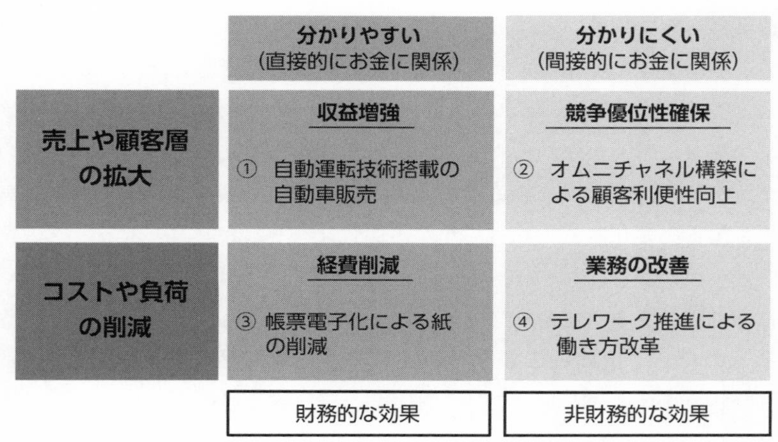

図 5.4　IT 投資の目的と効果

防止による売上 3 億円改善」と考えればその効果を数字で計算できる。また、テレワークによる業務効率化では、業務の生産性を高めて「売上 10％向上」とか、残業時間削減により「人件費 5％削減」のように、数字に変換する。このように、非財務的効果であっても、効果を数字で表すことが大事である。

解決すべき課題と対象範囲

解決すべき課題を検討する際には、対象となる「モノ」だけでなく、それに伴う業務プロセス全体を把握する必要がある（表 5.1）。ある業務のシステムを開発する前に、その業務の現状や問題点などを洗い出す作業のことを**システム分析**という。システムの基本設計をする際に欠かせない重要な作業の一つである。

まず、現状の業務プロセスを「見える化」する。設例の業務フローは、①指定のファイルを印刷、②印刷した提案書を、100 名分に分けてファイルに綴じる、③ 100 名の営業担当者に配布する、④営業担当者が配布された顧客別提案書をもとに営業活動を行う、⑤顧客が購入する場合は契約書を締結する、⑥営業担当者は、帰社後に顧客別提案書を棚に保管する、⑦一定の期間経過後、顧客別提案書を破棄する、となる。

このように整理してみると、それぞれのプロセスにさまざまな課題が明らかになる。たとえば、①印刷には1枚10円のコストがかかる、②100名分のファイリングに手間がかかる、③100名の営業担当者にファイルを手渡すのに手間がかかる、④鞄を紛失すると個人情報の漏洩につながる、⑤契約書を営業所に持ち帰る必要がある、⑥鍵のかかる保管スペースが必要となる、⑦破棄するのに人手がかかる、などである。

これらの課題をすべて解決できれば良いが、6カ月後には実現するという目標があるので、対象範囲の絞り込みを行う。対象範囲を絞り込むには、「機能」「担当」「場所」「相手」「モノ」「設備」「データの種類」によって整理すると良い。設例を整理すると表5.2のようになる。

設例のIT企画において、事務職だけを対象にする場合は白抜きのところ、提案書だけを対象にするなら6行目の契約書を除いた部分となる。対象範囲は、目的・目標から絞り込む。また、プロジェクト体制や期間の制約からどの範囲まで検討が可能かも考慮する。

ここでは、契約書の電子化を対象外とし、提案書だけを対象として考えることにする。

実現手段の検討

次に、課題を解決する実現手段を検討し、その効果を検証する。その際に、複数の方式を検討し、最適な方法を選択する。検討にあたっては、情報システムの観点だけでなく、業務の観点からの検討も必要である。

対象となった設例の課題の解決策として、情報システム面では、営業担当者は、タブレットに顧客宛て提案書を表示し、提案を行うことが考えられる。タブレットを紛失しても、顧客情報が漏洩しないよう、提案書を暗号化しておくことも必要である。その場合、2つの案が考えられる。＜案1＞は、営業所で営業担当者が、顧客宛て提案書を、タブレットにダウンロードして持ち歩く方式を考える。＜案2＞は、会社のサーバにある顧客宛て提案書に、タブレットからリモートアクセスできるようにし、あわせて営業スタイルの変革も図る方式を考える。

表 5.1　業務プロセスにおける課題の抽出

業務プロセス	課題
指定のファイルを事務職が印刷	印刷すると1枚10円のコストがかかる
印刷した提案書を営業担当者別にファイル	100名分のファイリングに手間がかかる
100名の営業担当者に配布	100名にファイルを配布するのが手間
営業担当者は顧客別提案書をもとに営業	鞄と落とすと個人情報の漏洩になる
顧客が購入する場合は、契約書を締結	契約書を営業所に持って帰る必要がある
帰社したら顧客別提案書を棚に保管	鍵のかかる保管スペースが必要
一定期間が経ったら顧客別提案書を廃棄	破棄するのに人出がかかる

表 5.2　IT 投資の対象範囲の絞り込み

機能	担当	場所	相手	モノ	設備	データ	範囲
印刷	事務職	営業所		提案書	プリンタ	顧客情報	○
ファイル	事務職	営業所		提案書	フォルダ	顧客情報	○
配布	事務職	営業所	営業担当	提案書		顧客情報	○
移動	営業担当	電卓		提案書		顧客情報	○
営業	営業担当	顧客先	顧客	提案書		顧客情報	○
契約	営業担当	顧客先	顧客	契約書		契約情報	―
保管	営業担当	営業所		提案書	棚	顧客情報	○
破棄	事務職	営業所		提案書	シュレッダー	顧客情報	○

業務面では、負荷軽減後に事務職の配置転換を行うので、その受け入れ先の調整も必要となる。また、タブレットを導入すると、その管理要領（社内規定）を定める必要がある。効果については、どちらの案でも、印刷コストの削減や、事務職の削減は実現できそうである。

COLUMN　パッケージ開発とスクラッチ開発

パッケージ開発では、システムの雛形のようなもの（パッケージソフト）を用いて、そのまま使用したり、一部カスタマイズしたりして使用する。スクラッチ開発では、一からオリジナルのシステムを開発する。導入するシステムの特性に応じて、開発方法を選択することになる。わが国では、スクラッチ開発の方が主流であるが、米国ではパッケージ導入が進んでおり、総務省の調査[2]によれば、パッケージの導入比率は、日本では11.7%、米国では46.2%である。

パッケージソフトのメリットは、初期導入費用が抑えられ、導入までの期間が短いことである。反面、そのデメリットとして、業務のやり方をシステムに合わせる必要があり、個社の事情に合わせてカスタマイズすると期間やコストが増加する。パッケージソフトは、標準的な業務には向いているものの、カスタマイズする場合には、改変する範囲を全体機能の30%以下に抑えなければ、経験値としてプロジェクトは失敗する。

スクラッチ開発のメリットは、固有の要件に対応できることである。一方、そのデメリットは初期費用が高く、導入までに時間がかかることである。受託開発は独自性や専門性の高い業務に向いている。日本の企業は、自分たちの仕事のやり方が一番という誇りを持っていることが多いので、標準的な業務でも受託開発で導入しているケースが多い。パッケージに合わせて仕事をする割合を高めなければシステム費用が嵩み、グローバルな競争では不利になる。ただし、攻めのIT分野は、各社の重要なIT戦略であるので、そこをすべてパッケージで作ると他社対比優位性を確保することは出来ない。攻めのITに関してスクラッチ開発で行うのは正しい選択である。

2　総務省「我が国のICTの現状に関する調査研究」（平成30年）

今回は、スモールスタートとして<案 1 >を選択し、リモートアクセスは次のフェーズで検討することとする。

実現手段を検討する際に考慮すべき点として、どのようにソフトウェアを開発するかを決める必要がある。システムの実現方法には、**パッケージ開発**と**スクラッチ開発**の 2 つの方法がある。導入するシステムの特性に応じて、開発方法を選択すべきだが、日本ではスクラッチ開発の方が主流であり、米国ほどパッケージ導入は進んでいない。

第 2 に考慮すべき点は、**インフラの選定**である。インフラの選定では、オン・プレミス（オンプレ）型か、クラウド型かを検討する。**オンプレ型**とは、各企業が自前で物理的なサーバを社内に用意して情報システムを構築する方式である。従来は、オンプレ型しか選択肢は存在しなかったが、最近では、クラウド型での導入も進んでいるので、業務の特性に合わせて選択する。

自社内に物理的なサーバを持つオンプレ型は、自分たちでハードウェアを個別に購入してシステムを開発するため、時間と費用がかかる。反面、個別に対応するため、さまざまな要件に柔軟に対応することが可能である。既存システムとの連携が可能であるほか、クローズな環境であるため、セキュリティリスクが低い。さらに、障害が発生した場合、自社で原因を究明することができる。

一方、クラウドのサーバを借りる**クラウド型**では、即座に使用できて、導入コストは低い。ネットワーク経由でサービスが提供されすぐに使える点がメリットである。反面、クラウド型はカスタマイズには制約があるほか、既存システムとの連携もできない場合がある。加えて、常時インターネットに接続しているため、セキュリティの観点からは脆弱であり、障害発生時の調査にも時間がかかるというデメリットもある。このため、障害発生が絶対に許されないような、企業にとって重要なシステムはオンプレで、障害が出ても業務にそれほど影響のないシステムはクラウドで、と使い分けを行うのが一般的である。

第 3 に考慮すべき点は、外部環境である。すなわち、IT を利活用する際の外部からの制約条件や利用可能な施策などを確認する必要がある。外部からの制約条件としては、法律や制度上の規制、業界団体の自主ルールの変更などがある。利用可能な制度などの例としては、IT に関わる補助金や、専門家派遣事業などの IT 利活用のための支援施策、設備投資に伴う税額控除などがある。

108ページに示した設例では、「経済産業分野における、個人情報保護ガイドライン」を参照する必要がある。同ガイドラインでは、パソコンの紛失・盗難による個人データの流出対策として、①業務用パソコンの事業所からの持ち出しのルールの徹底、②事業所外に持ち出したパソコンの取り扱いのルールの徹底、③個人データをパソコンのハードディスクに保存して利用することの制限が定められており、加えて、二次被害防止のため、個人データを保存したパソコンまたは、ファイルに対する技術的な対策（データの暗号化、パスワードの設定等）を講じることが要請されている。設例でのペーパレスの企画では、タブレットの管理ルールを作成し、顧客別の提案書は暗号化しておくことが求められる。

組織・体制の検討

情報システム分析においては業務部門の参画が不可欠である。それを踏まえて、システム開発の体制と、運用の体制を検討する。運用というのは、システムが出来上がったのちにシステムを稼働させることである。

まず、業務面では、①新しい業務フロー、②ユーザーインターフェース、③タブレットの取り扱い規定、④事務職の配置転換を考える。次に、システム面では、⑤新システムの導入と、⑥既存システムの帳票レイアウトをタブレット用に改修する。さらに、運用面では、⑦タブレットのパスワードのリセットや紛失対応を、ヘルプデスクでやってもらう体制を検討する。

これらの検討項目を誰がやるのかを明確にして、組織体制図を作る。開発者が稼働しているシステムにアクセスできると、承認されていないプログラムを導入できてしまうので、障害の原因になるほか、不正を行うことも可能になる。悪いことをする人がいるという前提に立つ性悪説の観点からは、開発と運用の組織は別組織にしておく方が安全である。

開発体制で考慮する点としては、大きく分けて、外部ITベンダーに委託する方式（委託開発）と、社内のIT部門で開発する方式（内製開発）の2通りがある[3]。

3　スクラッチ開発かパッケージ開発かというのは、システム開発を一から行うか、既成品を利用す

COLUMN　委託開発と内製開発

わが国では委託開発が多い。委託開発のメリットは、社内に多くのシステム要員を配置しなくて良いため、本業に多くの人的資源を振り向けることが可能となる。また、日本の労働法制上、簡単に解雇することができないので、社内で多くのシステム要員を配置している場合にはその調整が困難となるが、委託開発では繁閑に応じて外部に委託する IT 要員数の調整が可能である。委託開発のデメリットは、外部 IT ベンダーとの問題意識を共有する必要がありスピード感に欠けること、IT 人材が社内に育たないことである（図 5.5）。

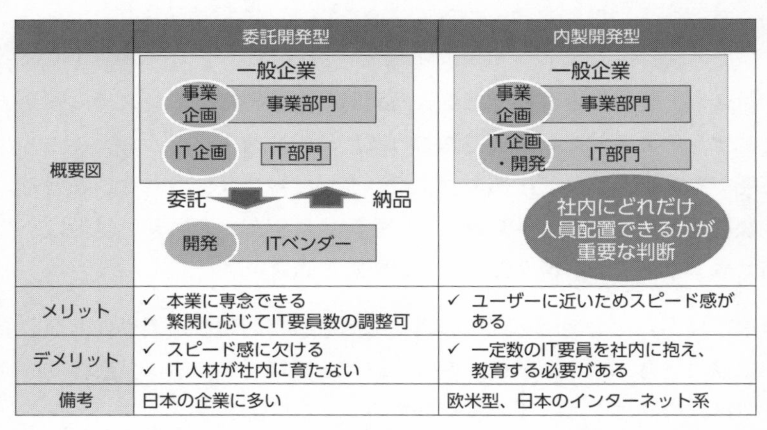

	委託開発型	内製開発型
概要図	一般企業 事業企画　事業部門 IT企画　IT部門 委託　納品 開発　ITベンダー	一般企業 事業企画　事業部門 IT企画・開発　IT部門 社内にどれだけ人員配置できるかが重要な判断
メリット	✓ 本業に専念できる ✓ 繁閑に応じてIT要員数の調整可	✓ ユーザーに近いためスピード感がある
デメリット	✓ スピード感に欠ける ✓ IT人材が社内に育たない	✓ 一定数のIT要員を社内に抱え、教育する必要がある
備考	日本の企業に多い	欧米型、日本のインターネット系

図 5.5　委託開発と内製開発の比較

内製開発は欧米に多い方式である。日本でもインターネット系企業は内製開発が多い。内製開発のメリットは、ユーザーと IT 部門が同じ会

るか、という開発手法の問題であるのに対して、内製開発か委託開発かというのは、実際に誰が開発の担い手になるかという開発体制の問題である。

社にあり意思疎通が容易である。欧米では、日本のように解雇の条件が厳しくないため、システム業務の繁閑に合わせてIT要員を増減することができるため、内製開発を維持することができる一方、内製開発のデメリットは、一定数のIT要員を社内に抱えて教育する必要があり、結果としてコスト高になることである。

委託開発と内製開発のどちらが良いかは、それぞれ長所・短所があり、いくつかの観点から検討する必要がある。

第1は、コストである。外部委託には費用がかかるが、内製開発の場合であっても、人材採用・育成のために人件費や、開発環境を整備するための設備投資が必要である。どちらが高くなるかは一概に言えない。外部委託する範囲によっても変わりうるので、全体のコストで比較する必要がある。

第2は、業務の継続性である。短期間の業務のためのシステム開発であれば、その期間だけ外部委託すれば良い。コストを低く抑えることが可能であるばかりか、技術力やノウハウが社内に蓄積されないことも大きな問題とはならない。しかし、中長期的に継続する業務の場合は、技術力やノウハウの蓄積も考慮して判断する必要が生じる。

第3は、人材の採用・育成の観点である。専門的な知識や技術が必要な業務の場合、教育や研修に多大な時間と費用がかかる。外部委託の場合では、円滑にそのような人材を起用できる場合が多い。

より効率的で、顧客満足度の高いシステムを作るためには自社開発方式の方が良い。日本のシステム開発が外部委託方式中心になっているのは、前述のように、わが国の労働法制面によるところが大きい。

	6月	7月	8月	9月	10月	11月	12月	1月
マイルストーン		▽決裁	▽要件定義確定			▽開発完了判定	▽リリース判定	▽リリース
・業務	企画	要件定義			マニュアル策定	受入テスト	教育	
・ヘルプデスク						運用手順書		
・システム開発			設計	タブレット導入		システムテスト		

図 5.6　プロジェクトのマイルストーン

計画・納期

計画と納期については、いつまでにシステム分析し、いつまでに開発を終了するか、いつシステムをリリースするかを**マイルストーン**[4]で示す（図 5.6）。マイルストーンは元々、鉄道や道路の中間地点に置かれる標石を意味する言葉だが、ビジネスにおいてはプロジェクトの進み具合を管理するための区切りや中間目標という意味で使われる。計画の進捗度を確認するマイルストーンとしては、IT 企画の決裁完了後、①要件定義をいつ終えるのか、②開発完了をいつ判定し、システムテストに入るのか、③ユーザー受入テストをいつ終わらせて、リリース判定をするのか、④新システムの教育をいつ終了して、システムをリリースするのか、を決定する。

これらを決定することで、マニュアルの策定、運用手順書の作成、教育など、新システムの開発以外にやるべきことの日程もおよそ決まってくる。

4　マイルストーンと似た概念にタスクがある。タスクは、プロジェクトにおける最小の構成要素を指す。一方で、マイルストーンは複数のタスクをこなすことで到達できるものであり、作業の粒度（りゅうど）が異なる。

COLUMN　標準工期

開発スケジュールを立てる上で、考慮すべき点は開発の標準工期である。図5.7は、我が国のシステム開発における全体工数と全体工期の関係を示したものである。これらのデータから、全体工期＝2.7×全体工数の三乗根という関係式を導くことができる。

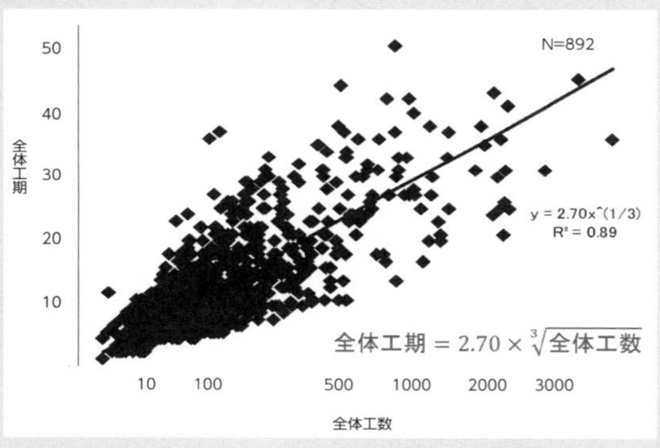

図5.7　全体工期と全体工数の関係

（出典）一般社団法人日本情報システム・ユーザー協会「ソフトウェアメトリックス2020」（2020年4月）

システム開発において、一人が1カ月でできる作業量のことを1人月（いちにんげつ）という。しかし、1,000人集めれば1カ月で1,000人月の開発の仕事ができるわけではない。上記の関係式から計算すれば、全体工数1,000人月の開発は、一般的に約27カ月、つまり2年3カ月かかる。1,000人月÷27カ月なので、平均約38名の体制が必要である。このように、標準工期を参考にして予定工期を定めるが、予定工期は標準工期プラスマイナス10％程度の範囲にしておくことが無難である。スピードが求められる場合であっても、無理に工期を圧縮するとプロジェクトは失敗するので注意が必要である。

IT投資のコスト

IT 投資の判断において、投資額の算定、すなわち、どの程度の費用が必要かを計算することは重要である。情報システムの開発に必要な**開発費用**に加え、情報システム完成後の**運用費用**、システムの**移行費用**や、業務側で発生する費用も含めて考える必要がある。

イニシャルコストとは、情報システムを導入する際の初期コストである。おもにハードウェア購入の費用と、ソフトウェア開発の費用が占める。また、情報システムだけではなく、業務でかかる費用を考慮することが必要である。

表 5.3 に示すように、ステップ 1 のシステム企画、業務要件定義では、コスト見積もりやスコープの定義などを行うので、人件費がイニシャルコストとしてかかる。ステップ 2 のシステム開発では、ハードウェアを調達し、ソフトウェアを開発するので、ハードウェア購入費と、ソフトウェア開発費がかかる。ステップ 3 のシステムの導入時には、マニュアルを作成するので、マニュアル作成費用がかかる。これらを合算したものがイニシャルコストである。このコストは、初年度だけにかかるので、イニシャルコストもしくは初期コストと呼ばれる。

先のペーパレス化の設例で、イニシャルコスト（初期コスト）を計算してみると、21 百万円となる。ランニングコストとして、専属ヘルプデスクに人員を 1 名配置するので、年間 4 百万円かかる。これらの累積コストを計算してみると、初年度は 25 百万円、2 年目は 29 百万円、3 年目で 33 百万円になる。効果については、最初の目標のところで計算したように、年間 14 百万円のコスト削減が可能なので、その累積効果は初年度で 14 百万円、2 年目は 28 百万円、3 年目は 42 百万円の削減効果が得られる。そうすると、3 年目で、累積コストを累積効果が上回るので、この案件は進めても大丈夫そうだという判断になる。

システムの開発後、問題なく動かし続けるためには費用が発生する。どのような費用が固定費と変動費になるのか見てみよう。一般に、企業の原価管理における**固定費**とは、事業活動を行う上で必ず発生する費用（事務所や店舗の賃借料、人件費など）、**変動費**とは売上の増減によって変動する費用（原材料費、機械の光熱費など）とされる。情報システムの運用という文脈においては、売上の増減をシステムの使用量の増減と読み替えて考える。すなわち、固定費と

表 5.3 各ステップにおけるイニシャルコスト

No.	ステップ	業務内容	イニシャルコスト
1	システム企画 業務要件の定義	コスト見積り スコープの定義	人件費
2	システム開発	ハードウェア調達 ソフトウェア開発	ハードウェア購入費 ソフトウェア開発費
3	システム導入	マニュアル作成	マニュアル作成費

は、システムを稼働させるのに必ず発生する費用であり、変動費とはシステムの使用量に応じて増減する費用である。

システム運用における固定費としては、ライセンス費用、システム運用の人件費、サーバの保守費用などがある。サーバの保守費用というのは、故障したときの修理費用などである。例えば、システム運用の人件費は、電力会社や銀行など 24 時間 365 日止まることが許されないサービスは、システムが止まってもすぐに復旧できるように常時監視しているので、人件費が固定的に発生する。一方、変動費には、クラウドサービス利用料やネットワーク通信料などがある。クラウドサービス利用料は、使用量に応じて費用が変動するので、使用量が少ない場合には、支払う費用は少なくて済む。これらの固定費と変動費を合わせて**ランニングコスト**という。ランニングコストは、システムを動かし続けている限り必ず発生する費用といえる。

IT投資の数理的判断基準――優先順位の決め方

企業においては、予算と時間の制約から、効果が期待されること全てに投資出来る訳ではない。限られた資金で、どの案件に投資するかを経営判断する必要がある。たとえば、以下の 3 件のプロジェクト案件がある場合に、どのプロジェクトに投資するのが良いだろうか（表 5.4）。

プロジェクト A は、IT 投資を 10 億円することで、売り上げが 15 億円増える。プロジェクト B は、IT 投資を 20 億円することで、売り上げが 25 億円増える。プロジェクト C は、IT 投資を 100 億円することで、売り上げが 150 億円増える。

表 5.4　どの案件に投資するのが良いか

	A	B	C
IT 投資額	10 億円	20 億円	100 億円
期待される売上の増加	15 億円	25 億円	150 億円

まず IT 投資に使える資金を把握する。ここでは 20 億円としよう。次に投資額に対する、売上から利益を把握する。単純に売上の増加額から IT 投資額を差し引くと、A と B の利益は同額の 5 億円、C の利益は 50 億円となる。C の利益が最も大きいが、投資する資金が上限の 20 億円を超過していることから断念する。では A と B のどちらを選ぶだろうか？

企業の投資判断は、投資額に対する効果の割合で判断されることが多い。それを、**ROI**：Return on Investment、**投資利益率**と呼ぶ。ROI は投資された資本に対して、得られた利益を測る指標として用いられる。ROI は IT 投資だけでなく、あらゆる投資に対して用いられる。

ROI の計算式は、

$$\text{ROI（\%）} = \frac{\text{効果}}{\text{投資額}} \times 100$$

となり、％で表す。

これは、少ない投資額で効果が大きい方が良いことを示している。

表 5.4 の設例で ROI を計算してみよう。プロジェクト A とプロジェクト B の利益は同額の 5 億円である。A と B のどちらを選ぶか？という問題である。

プロジェクト A は、IT 投資 10 億円で売上 15 億円なので利益は 5 億円、ROI は 50％、プロジェクト B は、IT 投資 20 億円で売上 25 億円なので利益は 5 億円、ROI は 25％となる。ROI を比較すると A の方が B よりも大きいので、プロジェクト A に投資するのが正解となる。もっとも、IT 投資は戦略実現のために活用されるものであるので、いくら ROI が高い IT 投資プロジェクトばかり選んでいても、戦略が達成されるわけではないことに注意する必要がある。先述したように、ROIの分子にあたる効果には、財務的効果と非財務的効果がある。一方、分母にあたる投資額には、イニシャルコストに加えて数年分のランニングコストを加味して考えることが一般的である。IT投資と効果についてまとめると図5.8のとおりである。

効果には、売上や顧客層を拡大させる（収益増強や競争優位性確保）効果と、業務の負荷・コストを下げる（経費節減や業務の改革）効果の2種類がある。効果の測定では、直接的な金銭価値に置き換えにくい効果もあるが、**極力数字で考える**ことが重要である。一方、投資額では、導入時にかかるイニシャルコストと、導入後の運用でかかるランニングコストの双方を考慮する必要がある。このように、IT投資の判断では、ROIを指標として使うことが多く、少ない投資で最大限の効果を出す**効率性**を重視して判断される。

Further Learning　IT投資の意思決定

プロジェクト全体のコスト

IT投資の判断をする場合、ITに関すること以外に考えるべきことがある。多くの場合、「情報システム」を作っただけでは効果を得ることはできず、CMなどで広告宣伝をしたり、新しい製品を製造することと並行して、IT投資が行われる。従って、広告宣伝費や、新製品の開発・製造費、そしてIT投資といった、プロジェクト全体にかかるコストと、利益を比べて、プロジェクトに投資すべきかを判断することが必要である。

また、ROIを考える際に考慮すべきことがある。たとえば、自動運転自動車をはじめ、新製品開発には多額のイニシャルコストが必要となる。イニシャルコストを全て回収し、ランニングコストも含めて利益を得ることができるようになるまでは、一定の期間が必要となる。これを図示すると図5.9のようになる。横軸に時間をとり、縦軸はコストや売り上げの金額である。コストは初期コストに加え、運用コストが年々かかるので、実線のようになる。製品である自動車は開発開始後すぐには販売できないので、累計の売上金額は、破線のよ

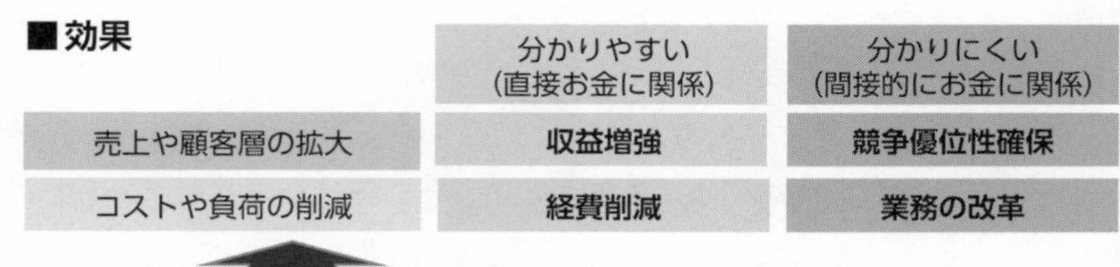

図 5.8　IT 投資とその効果の考え方

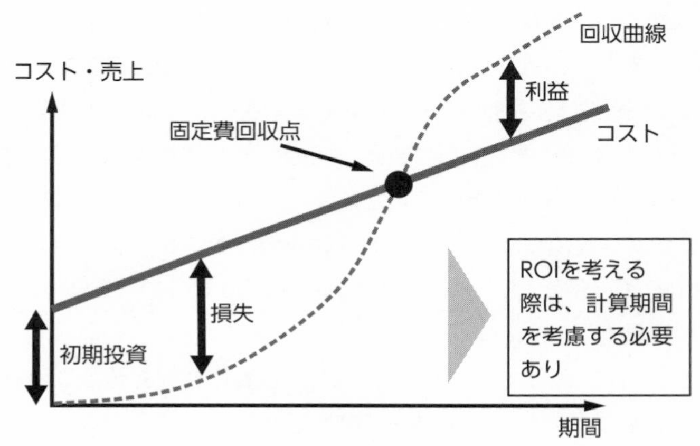

図 5.9　投資の回収と期間の関係

うになる。従って、製品販売開始までの期間は投資した金額が回収できない。

実線と破線の交差した点は、投資額と売り上げが同じ額になったことを示している。この点を**固定費回収点**といい、この期間以降に投資利益が出ることになる。

このように、投資を考えるときに、初年度利益が出ないからということで投資しなければ、何も新しいことはできない。投資額を回収するには時間がかかるからである。従ってROIを考える際は、投資の回収期間を考慮する必要がある。そして、回収期間を何年にするかというところに経営判断が入るわけである。

108ページで示したペーパレスの設例では、売り上げに相当するのが累積効果になる。3年目終了時点で累積効果は42百万円となり、累積コスト33百万円を回収できていたことになる。さらに、5年目終了時点には累積効果から累積効果を差し引いた29百万円が利益になるので、ROIは、29／41×100＝70.7％となり、有望な案件と評価できる（表5.4)。

規制対応

投資の判断においては、ROIという財務的な指標のほか、規制対応について考える必要がある。法律・条例・条約、会計、税制度などの変更に伴う規制対応のためのIT投資は、投資対効果と関係なく速やかに対応する必要がある。例えば、個人情報保護法の改正、改元、国際会計基準の導入などである。一方で、テクノロジーが急速に発達したため、法整備の対応が追いついていない場合もある。そのような場合には、企業は高い倫理観を持ち、独自に制限を設ける必要が生じる。例えば、フェイクニュースへの対応や、SNSなどへの不適切な投稿の監視などがある。

このように、ROIだけでは判断できないIT投資案件がある。これらの案件は、ROIで判断するのではなく、企業が存続するために必須のコストと割り切る必要がある。ただし、どこまで対応するかは、企業の置かれた環境により異なるので、一律の正解というものはない。

社会的責任

社会的責任とIT投資について次の設例を考えてみよう。ある銀行の情報システムに重大な障害が見つかった。システムを修正するのに3,000万円が必要である。修正しなければ、一定の時間システムが止まるかもしれない。しかし、情報システムが止まったとしても、顧客には迷惑が掛かるものの、顧客から訴

表 5.5　ペーパレス設例における累積コストと累積効果

（百万円）

	累積コスト	累積効果
初年度終了時	25	△14
2年目終了時	29	△28
3年目終了時	33	△42
4年目終了時	37	△56
5年目終了時	41	△70

COLUMN　損益分岐点

固定費回収点と似た概念に損益分岐点がある。損益分岐点とは、管理会計上の概念であり、利益がゼロ（売上高＝総費用）となる売上規模（販売量）を意味し、費用を変動費と固定費に分けることによって算出することができる（図 5.10）。固定費回収点が固定費を回収できるまでの時間に着目した概念であるのに対し、損益分岐点は固定費を回収できる売上規模（販売量）に着目した概念である。したがって、縦軸に費用・収益を、横軸には売上規模を取って分析する。

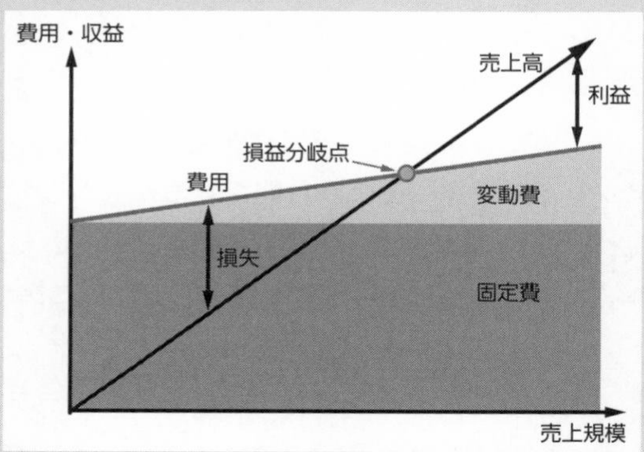

図 5.10　損益分岐点の求め方

えられたり、銀行が損失を被ることはなさそうだ。このような場合、どのように対応すべきだろうか。

金融は、社会の血液とも呼べる重要な機能を果たしており、中でも銀行はその心臓部といえる。社会的な混乱を招く恐れを、看過してはいけない。従って、企業の社会的責任という観点からIT投資をすることになるであろう。このような例もROIだけでは判断できないケースといえる。

次に、「世の中は便利になればいいのか？」という本質的な問題について考えてみよう。自動運転車を開発して販売し、自動運転中に事故を起こして歩行者に被害が及んだ場合、責任の所在はどこにあるだろうか。100％事故を起こさない技術が開発されない限り、自動運転車は販売を禁止されるべきだろうか。法規が整備されてない分野において倫理はどのように反映されるべきなのか、という問題である。

イノベーションへの投資

最後にイノベーションに対する投資について考えてみよう。イノベーションとは、全く新しい技術や考え方を取り入れて新たな価値を生み出して社会的に大きな変化を起こすことを指す。このように、イノベーションは社会的変化の発生が必要であるため、イノベーションが起きるかどうかを事前に予想することはできない。

このため、イノベーションの効果を狙う投資案件では、小さく実験的に始めて、うまくいかなかったら中止するという方式を取ることが多い。現代は不確実性が高まっているので、小さく始める案件が増えており、システム開発にも影響を与え、「アジャイル開発」のような開発手法が広がっている。アジャイルは直訳すると、「素早い」「機敏な」「頭の回転が速い」という意味である。「アジャイル開発」は第6章で詳しく説明するが、小さく素早く開発を進める方法である。

イノベーションの領域では、たとえば100件ぐらいアイデアを出し、その中から上手くいきそうなものを選択し、**PoC**（Proof of Concept：概念実証）を行う。

COLUMN　自動運転技術と生産者の責任

米国の自動車メーカー・テスラの自動車が 2018 年 3 月末に、自動運転中に事故を起こした。自動運転車は新しい技術であるため、法律の整備もまだできていない。賠償責任を負うのは自動車の所有者だろうか。それとも自動車の生産者だろうか。このあたりの問題の整理がまだできていないのに、自動運転の開発を進めて良いのだろうか。

この問題を考えるのに「トロッコ問題」が参考になる。トロッコ問題というのは、「ある人を助けるためにほかの人を犠牲にするのは許されるか？」という倫理学上の問題である。これを、自動運転車の問題に当てはめてみると、家族と自動運転の自動車に乗っているときブレーキが故障した。横断歩道には歩行者が 5 人歩いている。自動車を横断歩道の手前の障害物に衝突させれば、横断歩道の 5 人は助かるが、自分を含め家族の命は保障できない。どちらを選択すべきか、という問題になる。

自動運転技術は、道路地図情報に加えて、実際の走行時の周囲の映像を人工知能技術を利用してリアルタイムで解析・判定し、自動車を制御する技術である。このような問題が生じた場合に、自動運転車には、どのようにプログラミングしておくべきだろうか。歩行者を犠牲にする、家族を犠牲にする、いずれにしても、倫理的に許されるソフトウェアだろうか。

自動運転技術は運転の主体性が運転者にあるか、自動運転システム（自動車）にあるかで 5 段階に分類されており、レベル 2 の自動運転では、運転の主体はまだ運転者にあるので、運転者の責任となるというのが日本の裁判例[5]である。運転操作がドライバー主体からシステム主体に移行する段階のレベル 3 については、2020 年施行の改正道路交通法で、前方注意義務が一部緩和された。それでは、システムによりほとんどが自

5　横浜地方裁判所判決　令和 2（2020）年 3 月 31 日

動運転となるレベル4や5ではどのような判決になるのだろうか。実際に自動運転車が公道を走行する段階になると、法律も順次整備されてくるので、このような分野においては法規制の動向を常に意識しながら、開発を進めていくことが必要である。

具体的には、アイデアの実証を目的とした検証やデモンストレーションなどである。100件のアイデアの中から30件ぐらい試してみることになる。その中なら、さらに有望そうなものを5件ぐらいに絞り込み、実際にシステムを作って、試験導入する。限られた顧客に協力してもらい、サービスを提供してみる。この段階で、導入後の効果がはっきりと示せた案件について、本格的にシステム開発をし、市場に展開する。1つか2つでも、新しいサービスが展開できれば良い方だとされる。

そうすると、パイロット導入をして、市場に展開できるか判断するまでのIT投資は、まだ効果は出ていないのでROIでは判断できないことになる。それでは、投資しないのかというと、投資しなければ新しいものが何も生まれないので、経営者はある程度の予算を確保して投資を行う。これも重要な経営判断となる。

まとめ POINT

- 事業戦略の具体的施策（業務企画）の策定にあたっては、事業部門と IT 部門との連携が必要である。IT 部門は事業部門のニーズを把握し、IT 戦略に沿った具体的な IT による解決策（IT 企画）を提案する。
- IT の利活用目的には、コスト・負荷の軽減のほか、売上や顧客の拡大があり、両者のバランスが重要である。利活用の範囲には、既存ビジネスモデルの深化のほか、新たな事業・業務の探索（創出）がある。
- IT 企画は 5W2H の手法で整理して検討する。重要な要素として「目的」「対象」「組織体制」「時間」「投資」等の軸がある。
- IT 投資の評価指標には ROI（投資利益率）を使うことが多い。非財務的効果も極力数字で考える。
- IT 投資の意思決定には、ROI などの指標のほか、投資の回収期間、規制対応、社会的責任、社会倫理の問題、イノベーションの創出などの観点から考慮が必要である。

◉参考文献

◎ IT media エグゼクティブ「「守り」から「攻め」の IT 活用へ―― IT 部門に求められる“デジタル変革けん引役”」2018 年 8 月 1 日公開
https://mag.executive.ITmedia.co.jp/executive/articles/1808/01/news008.html

第6章 企業におけるシステム開発

学習POINT

- 情報システムとはどのようなものだろうか
- 企業におけるシステム開発は、個人で行うプログラミングと比べて、どのような配慮が必要になるのだろうか
- ソフトウェア開発の主な手法にはどのようなものがあるのだろうか
- 業務要件定義は何を目的にどのように行うのだろうか
- システムは完成・納品すれば仕事が終わるのだろうか

基礎知識 情報システムとは

ATMの仕組み

情報システムとは、情報を記録、処理、伝達するための仕組みである。現代では、コンピュータなどの電子機器や通信回線、ネットワークを組み合わせて情報を管理する「コンピュータシステム」あるいは「IT システム」とほぼ同義として用いられる[1]。では、情報システムはどのような仕組みになっているのだろうか。身近な情報システムの例として、銀行の ATM を考えてみよう。学

1 IT 用語辞典 e-Words

生であっても仕送りやアルバイト代など口座に入金された現金を引き出して、日々の生活でATMを利用している人も多いであろう。ATMはAutomatic/Automated Teller Machineの略で、Tellerとは、金融機関の窓口で客と対応する人という意味である。つまり、ATMとは金融機関の窓口が自動化された機械という意味である。

では、ATMで現金を引き出す、預け入れるのは、どのような仕組みで出来るのだろうか。ATMを操作する際にはキャッシュカードを挿入して暗証番号を入力する。ATMはキャッシュカードから口座番号情報を読み取り、顧客の様々な情報が保管されているデータセンターに送付される。データセンターに保管されている情報の中から、ATMを操作している顧客の情報を探し出し、ヒットした情報をATMに戻している。探し出すデータベースに保存されている口座数は、大きな銀行では3,000万口近くある。そこから瞬時に特定の1つの口座を探し出すことは、考えてみれば容易ではない。どのように探し出すかについて、工夫する必要がある。

ATMは情報システムの端末にあたり、デジタル化されているため、その仕組みが見えづらい。例えば、時計でも、機械仕掛けの時計であれば、どのような仕組みで動いているのかは分かりやすい。力学の原理で、歯車と歯車が噛み合って、時計の針を動かしているのが、目で見てわかるからである。これがトランジスタを使った時計になると、仕組みがわかりづらくなる。さらにデジタル時計になると、プログラムで動くので仕組みが見えなくなる。このようにデジタル化が進み、仕組みが見えなくなった結果、多くの人はどのようにシステムが動いているのか想像することがなくなり、新しいサービスに対する想像力を失ってしまったのではないだろうか。

しかし、デジタルの世界で、サービスがどのような仕組みで作られているかを想像していくことで、サービスを使う側にとどまらず、サービスを作り出す側に回り、世の中を動かせるようになる。すなわち、仕組みを知ることでデジタルの世界であっても想像力を取り戻すことができる。

サービスの裏側の仕組みである情報システムは、簡単に表現すると、「**インプットデータ**」をもとに、データに何らかの加工を行い、「**アウトプットデータを得るもの**」ということができる。先ほどの銀行のATMの例では、「キャッシュカード・パスワード」を入力すると「預金残高」が出力される。大きく捉えれば、**システム開発は、インプットとアウトプットの間を、仕組化すること**である。

Story　企業における情報システム開発

企業における情報システム開発の特徴

企業における情報システムはどのように作られるのだろうか。第 5 章で述べたように、わが国では、情報システムを利用する企業自らが情報システムを開発（**内製開発**）することは少なく、IT ベンダーに開発を依頼（**委託開発**）することが通例である。

システム開発は個人の趣味としてでもできるが、IT 企業が行うシステム開発とは随分差がある。個人の場合、一人であったり、せいぜい友達が手伝ったりという規模であり、自分が満足すれば良い。作り手と使い手は同じなので、個人の考える視点のみ考慮すれば良く、試験と修正を繰り返して動けば完成となる。

一方、企業が行う場合は、その企業の業務のために開発を行うので、**大規模**なものとなり、一人ではできない。たとえば、プログラムを 100 万行書かなければならないとすると、一日 1000 行書いたとしても 4 ～ 5 年はかかる。こんなに時間がかかっていては、発注者の要望に沿えないので、たくさんの人を集め、システムエンジニアが設計し、プログラマが分担して書く。そのため、組織をコントロールする**プロジェクトマネジメント**が必要になる。

発注企業では、IT 企業との窓口となる部署（IT 部門）だけではなく、実際にそのシステムを利用する他の部署などとも調整が必要となる。テストについても全部は出来ないとしても、何万、何十万項目のテストが必要になる。これらが出来て初めて納品となる（表 6.1）。

このように、IT 企業で扱う大規模システムでは、**作り手と使い手**（ユーザー部門や発注企業）**が別人**であることが多いので、ユーザー部門や発注企業の要求を満足する必要がある。IT 企業は、契約で発注企業と合意した要求を確認し、分析・設計を進めるが、この時、発注企業と合意した品質基準を満たす必要が

表 6.1　個人と企業の情報システム開発の違い

	個人（趣味）	IT 企業
作り手	プログラマ	プログラマ／システムエンジニアが組織的に作業（1000 人を超えることも）
使い手（要件）	プログラマ自身	顧客（一般企業）
視点	プログラマ自身のみ	顧客内の様々な部署 ・経営者、マーケティング部門 ・システム部門、ユーザー部門
品質	動作確認して動けば良い	テストの証跡が必要 ・何万、何十万項目のテスト ・段階的テスト（単体、結合テストなど）

ある。大規模な作業になるため、チームが**組織的に作業**をすることが求められ、チームの人数が増えるほど生産性は低下する。

プロジェクトマネジメントの必要性

通常、企業が発注する大規模な情報システムは、計画から完成までに数年間かかることも稀ではない。そして、その投資計画は情報システムだけではなく、同時にさまざまな設備や不動産、人員の確保など多岐の分野にわたって投資を行うことが多い。もし、発注した情報システムが完成予定時期である納期に適切に動かないことが判明すればどうなるだろうか。発注企業の経営計画に大きな影響を与えてしまうだろう。新しいシステムが稼働することを前提に様々な投資が行われ、事業計画が立てられるからである。そのため、損害賠償を求めて裁判に訴える例もある[2]。IT 企業としては、そうならないように、しっかりと完成させる技術が重要である。具体的には、企業体としてスペシャリストを抱えてしっかりと**プロジェクトマネジメント**を行うことが重要である。プロジェ

2　第 3 章第 5 節で紹介した S 銀行対 I 社の事件 。

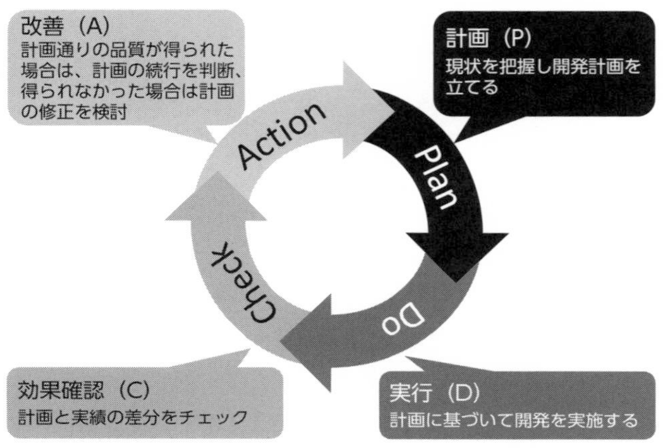
PDCAの順に、各サイクルでQCDのバランスを意識しながら進める
改善（A）
計画通りの品質が得られた場合は、計画の続行を判断、得られなかった場合は計画の修正を検討
計画（P）
現状を把握し開発計画を立てる
Action
Plan
Check
Do
効果確認（C）
計画と実績の差分をチェック
実行（D）
計画に基づいて開発を実施する
各サイクルでQCDのバランスを意識することが必要

図 6.1　システム開発における PDCA サイクル

クトマネジメントについては第 7 章で詳しく説明する。

システム開発のプロジェクトにおいては、予算、納期、品質基準、顧客の要求などさまざまな制約が存在する。このようななか、**品質（Quality）、コスト（Cost）、納期（Delivery）**の要求を同時に満たしつつ、適切にその進捗を管理することが求められる（図 6.1）。具体的には、PDCA のサイクル[3]を回す際に、各段階で上記 **QCD**（Quality, Cost, Delivery）のバランスを意識しながら進めることが重要である。まず、計画（Plan）段階では、現状を把握し開発計画を立てる。次に、実行（Do）段階では、計画に基づいて開発を実施する。効果確認（Check）段階では、計画と実績の差分をチェックする。最後の改善（Action）段階では、計画通りの品質が得られた場合は計画の続行を判断し、得られなかった場合は計画の修正を検討する。プロジェクトの中にはいくつもの

3　Plan（計画）、Do（実行）、Check（測定・評価）、Action（対策・改善）の仮説・検証型プロセスを循環させ、マネジメントの品質を高めようという概念。

PDCA がある。失敗した時には上手くいかなかった理由を分析して改善する。最近では、改善案で再度 Do する時間を節約するために、シミュレーションなどによって、このサイクルを速く回転させることもある。

Process　システム開発の実際（1）

システム開発の工程

システム開発とは、簡潔に言えば、「顧客の要求を、構成要素であるソフトウェア、ハードウェア、ネットワークの組み合わせにより、情報システムとして実現すること」である。

システムを開発するには、一般的に「業務要件定義」「設計」「製造」「テスト」「リリース」という、5 つの工程を踏む（表 6.2）。「業務要件定義」では、どんな業務をシステム化するか、機能や性能、制約条件を決める。「設計」は、要件定義を踏まえ、どんなデータの流れを作るか、どんな画面を作るかを決める。「製造」は、設計で決めたことをプログラミングすることに加えて、ハードウェアやネットワークも構築していく。「テスト」は、作ったシステムが正

表 6.2　システム開発の工程

工程	内容
業務要件定義	・どんな業務をシステム化するか検討 ・機能や性能、制約条件などを決定
設計	・データの流れや画面イメージを記載 ・システムをアルゴリズムで記載
製造	・プログラミングを行う ・ハードウェアやネットワークを調達する
テスト	・プログラミングされたシステムが正常に動くかを確認する
リリース	・実際に業務でシステムを使用する

COLUMN　システム開発と住宅建築

システム開発の工程は、住宅建築と似ているといわれることが多い。比較対照してみると図6.2のようになる。

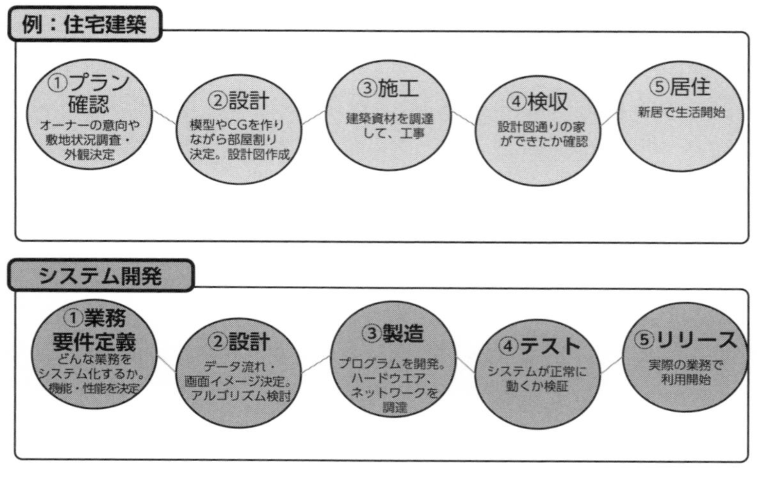

図6.2　住宅建築とシステム開発の工程

住宅を建築するプロセスでは、①まず「プランの確認」を行い、オーナー（施主）の意向や敷地状況を確認し、外観を決定する。②「設計」段階では、そのプランに応じて設計図を作成する。ここでは、模型やコンピュータ・グラフィックスを作りながら部屋割りを決定し、設計図を作成する。③「施工」段階では、図面ができたら、資材を調達して工事を行う。④施工が終わったら、施主（発注者が）設計図通りの家ができたかを確認する。これを「検収」という。⑤問題なければ新居に入居して生活開始となる。

これと比較しながら、システム開発を見ていくと、①の業務要件定義で、どんな業務をシステム化するのかを決め、さらにその機能や性能を決める。②方向性がみえたら、設計を行う。住宅建築と同様に、システム開発も設計図を作成する。この段階でデータの流れ、画面のイメージを決定し、アルゴリズムを検討する。③設計図ができたら、製造、すなわちハードウェアやネットワークを調達し、プログラミングを行う。④プログラミングが終わったら、テストして正しく動くかチェックして、⑤問題なければ実際の業務でシステムの利用開始（リリース）となる。

ここでは「住宅建築」と「システム開発」の二つを比較したが、建築は目に見える建物を作るため、早い段階から施主と施工業者が完成イメージを共有することが比較的容易である。従って、その後のプロセスは、施工業者主導で進められる。一方で、システム開発は目に見えないソフトウェアを作るため、随時お互いの完成イメージを擦り合わせながら、一緒に作り上げなければならない。従って、システム開発は、開発者とユーザーが、共同で推進していく必要がある。

常に動くかどうかを確認する。問題がなければ、「リリース（実際の業務で使用開始）」する。

システム開発の手法

前項で説明したシステム開発の工程は、あたかも川の水が滝のように上流から下流へ流れるように、各工程を順番に進む方式なので、「ウォーターフォール型」と呼ばれる。**ウォーターフォール型**はもっとも古典的なシステム開発モデルである。ウォーターフォール型では基本的に工程を後戻りすることがない。つまり、一旦全部の要件に対して全部の設計を行い、全部のプログラミングをして、各工程を一つずつ順番に終わらせて次の工程に進んでいく。最後になってシステムが出来上がり、その設計が正しかったかどうかも最後になってわかる。

近年では、ウォーターフォールモデルに対して、どの段階（のテスト）で、どの段階の設計仕様を検証するのかといった、対応関係を示す要素を付け加えたV字モデルも利用される。「業務要件定義」のフェーズで決めたことが正しく実装されているかを検証するのが「総合/受入テスト」であり、「設計」フェーズで決めたことが正しく実装されているかを検証するのが「単体/結合テスト」となる（図6.3）。

一方、最近のシステム開発では**アジャイル開発**[4]も取り入れられている。アジャイル開発というのは、顧客の要求に応じた試作品を作って提示し、顧客と対話を重ねながら修正し、新たな試作品を作って行く方式の総称である。もし、最初から作るべきものが明らかな場合には、ウォーターフォールのほうが効率的である。しかし、最初にゴールがわからないものは、まずは何かを作り、ユーザーの評価をフィードバックし、さらに改良を加えて作り直すということを繰り返す方が効率的である。例えば、「若い人に支持されるSNSの機能を開発して欲しい」と依頼されても、その答えはすぐには見つからない。だからと言って、インタビューやアンケートで、対象となるような若い人にどんな機能があればいいと思うか、と聞いても正しい答えは出てこない。回答者が潜在的なニーズを認識していないことが多いからである。このような場合、まずは3つくらいの案を考えて試作品（ソフトウェア）を作り、ユーザーとなる人に使ってもらって、評価が良かったものをさらに改良していく。実際に試作品を使ってみると、こんな機能があれば良いとか、具体的な様々なアイデアが出てくる。そして、また改良を重ねる、ということを繰り返す。このように、アジャイル開発というのは**試行錯誤を繰り返す**開発方法である。

2010年頃までは、現在ほどネットワークが発達していなかったので、ソフトウェアはCD-ROMやDVD-ROMなどのメディアで販売しており、100%完成された製品を販売する必要があった。従って、順番に工程を進めていくウォーターフォールモデルでの開発が多かった。ところが、インターネットが普及すると、最初にリリースした後も軽微な不具合をネットワーク経由で修正

4　Agileとは「素早い」「機敏な」「頭の回転が速い」という意味。

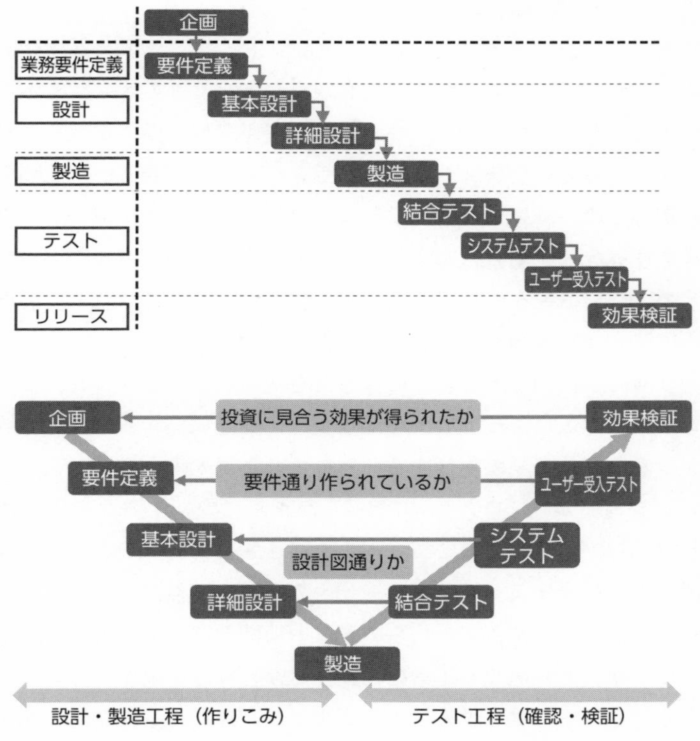

図6.3　ウォーターフォールモデル（上）とV字モデル（下）

したり、順次機能を追加したりすることが可能になった。

事後的な修正が可能になると、ソフトウェアは主要な機能が完成すればリリースし、機能を追加変更するということが前提となり、開発方法もおのずと変わることになる。すなわち、大きな単位でシステム構築するのではなく、短期間に小さい単位でソフトウェアの開発とリリースを繰り返し、ビジネス環境の変化やユーザーのニーズに柔軟に対応するアジャイル型の開発モデルが多用されるようになっている。

ウォーターフォール型開発の実際

ウォーターフォールモデルは1970年頃に誕生した。システム開発では、動員できる人数が限られているため、開発規模が大きくなるとスケジュール管理の難易度が高くなる。ウォーターフォールモデルでは、要件定義、設計、プログラミング、単体／結合テスト、総合／受入テスト、運用という工程を順次行う。**要件定義**とは、システムやソフトウェア開発において、実装すべき機能や満たすべき性能などを明確にしていく作業のことである。開発者が依頼者に対して、どのような機能を求めているのかを聞き取りまとめられる。**設計**では、要件定義で決まった仕様をどのように実装するかを決める。さらに、システム開発を行う際に技術的にどのように作るかを決める。**プログラミング**では、プログラムを書くことによって設計を元にシステムを構築する。システムは数々のプログラムのかたまりが集合することにより実現する。**単体テスト**では、一つ一つのモジュール（プログラムの部品）が正常に機能するかを確かめる。**結合テスト**では、プログラムのモジュールを結合させてシステムとして作動するかを確認する。**総合テスト**では、ユーザーの求める要件がシステムで実現できているかどうかを確認する。これらのテストは開発者側の環境で行うが、**受入テスト**はユーザーの環境でも正常に作動するかどうかを確認する。

このように、ウォーターフォールモデルでは、最初の要件定義を元にシステムの仕様や設計が固められ、工程ごとに、仕様書やタスクが決まっているため、開発途中の**進捗管理や人的資源の管理がしやすい**。テストで問題がないことが確認できたシステムは依頼主であるユーザーに引き渡される。これを**リリース**と呼ぶ。ユーザーが納入されたシステムの利用を開始した後にも、システムトラブルが生じないようにシステムを監視するシステム**運用**と呼ばれる業務のほか、実際に生じたシステム障害に対応してシステムを復旧させるシステム**保守**の業務がある。

ウォーターフォールモデルのメリットは以下のようなものである。まず、ウォーターフォールモデルは昔からある開発手法であるので、経験者も多く、**人員の確保が比較的容易**であるとともに、多くの説明を要さずに理解してもらえる。また、上流工程から下流工程に順番に作業していくので、**計画を立てやすい**。各工程での成果が文書化され、それが承認されて次の工程に進むため、

成果物が確実に残る。さらに、プロジェクトの全体像が見えているため、**スケジュール管理がしやすい。**

一方、デメリットとしては、ウォーターフォールモデルでは、前工程へ戻ることを想定していないので、仕様変更や設計ミスがあった場合、大きなプログラムの修正やテストのやり直しが起きる可能性がある。また、ユーザー（委託者）はシステムを漠然としてしかイメージ出来ていないことが多く、テスト時など、実際にシステムがかなり完成した状態で、仕様のズレを認識することが生じうる。それにより、成果物やプログラミング修正を行わなくてはならず、スケジュール遅延が生じる可能性がある。

アジャイル開発の実際

アジャイルは開始時点で明確なゴールが定まっておらず、先が見えないプロジェクトであるが、どのように試行錯誤するのだろうか。**スクラム**という方式を例に説明しよう。

まず、最初の計画時点で、ソフトウェアで実現したい項目をポストイットで多数書き出しておく。次に、実現したい項目をその中からいくつか選び、**スプリント**と呼ばれる１週間から４週間ごとの繰り返しのサイクルにおいて、ソフトウェアを試作する。

スプリントはせいぜい１～４週間の作業なので、工数や必要な人員の見積もりを大きく誤ることが少ない。スプリントの中で作業が順調に進んでいるかを毎日チェックしながら行う。増加分のソフトウェアが完成すると、関係者に提示してフィードバックを貰う。ソフトウェアは実際に使ってみて、初めて利用者にイメージがつかめ、具体的なアイデアが出てくる。そして新たなアイデアを踏まえてソフトウェアの改良や開発が進められる。アジャイル方式ではこのように、最終的な完成までに何度もユーザーの意見と途中で聞くことができるため、作るものの方向性を間違えることがなくなり、ユーザーの要求変更にも応じやすい。

スクラムとは、アジャイル開発手法の一つで、チームが一丸となって仕事に取り組むための工程の枠組みを指す。少人数で迅速に開発を進めることができる。スクラム開発の枠組みでは、役割、会議、成果物のそれぞれについて定めている。

まず、役割についてみると、**プロダクトオーナー**は、要求・仕様、優先順位などプロダクトに関する最高責任者であり、プロジェクトで「ただ一人」の意思決定者である。**スクラムマスター**は、スクラムプロセスを順守させ、チームの生産性を最大化するリーダーである。従来型のような指示型リーダーではなく、サポート型リーダーとして振る舞うことが期待されている。**開発チーム**は、動作するソフトウェアをスプリント期間に開発する役割を担い、全開発作業をこなす技量と自律性を持つことが要求される。

次に、会議についてみると、**スプリント計画**は1〜4週間の期間で開発する要求を決定する会議である。全計画を初期に立案するのではなく、短期に繰り返し要求していくことに従来型との差異がある。**デイリースクラム**とは、毎日、一日の作業内容のチェックと次の日の作業の予測をする会議のことであり、日々、プロジェクトの作業状況をチェック、予測し、是正する。**スプリントレビュー**とは、スプリントで開発したソフトウェアへのフィードバックと新規要求の獲得のために行われ、動作するソフトウェアで早期にフィードバックを獲得する。**振り返り**は、スプリント期間における開発プロセスのチェックと是正（プロセス改善）のために行われ、これにより、プロジェクト期間中の絶え間ない継続的プロセス改善が図られる（図6.4）。

スクラムは、7人ないし11人程度の体制でしか対応できないため、大規模なソフトウェアの開発には向かない。大規模なソフトウェアをアジャイルで開発するためには、アジャイルのチームを束ねて125名まで対応が可能な**SAFe**（Scaled Agile Framework）などを適用する。

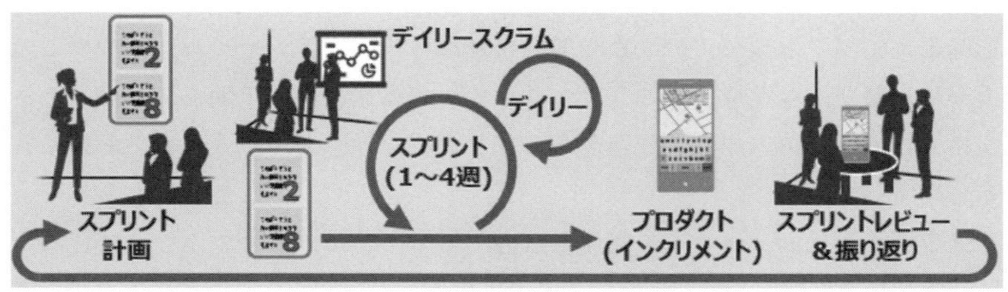

図6.4　スクラムにおける開発のプロセス

COLUMN　アジャイル開発の源流

アジャイル開発手法は、日本のトヨタ自動車によって1970年代に確立したリーン生産方式（TPS）が、1980年代後半から米国の製造業で普及し、その考え方が「アジャイル方式」に発展し、米国でこの考えがソフトウェアに導入され、日本に逆輸入されたものである。トヨタ生産方式にみられる、「チームによる継続的な改善」「顧客の需要に応じた生産（プル型生産）」「見える化による情報共有」などの特徴は、現代のアジャイル開発にもみられるものである。

（参考文献）黒岩惠「ソフトウェア技術者の為のトヨタ生産方式（TPS）」2013年3月

両者の比較

ウォーターフォール型開発とアジャイル開発は、それぞれに特徴があるので一概にどちらが良いとは言えない。ウォーターフォールモデルは、安定した品質・費用・納期を実現するには堅実なシステム開発の手法である。しかしながら、製造時点で100%の完成を目指すので、本当は使わないかもしれない機能を作ったり、完璧なシステムを作ろうとするあまり開発期間が長期化し、構想当時とリリース時点で必要な機能が異なってしまうという課題がある。これに対し、アジャイル開発は、スモールスタートでユーザーの反応を見ながらシステム開発を行うため、主要な機能から順次製造し、ユーザーに使ってもらいながら修正を加えるので、無駄な機能を作るリスクが少ない。一方で、アジャイル開発は、計画段階で厳密な仕様を決めていないため、開発の方向性がブレやすいというデメリットがある。

これらの特徴を踏まえれば、ウォーターフォールモデルは、「完成品を販売する場合や不具合が許されないシステム」に適している。たとえば、お金の勘定をする銀行系のシステムや、クレジットカードの決済のシステム、交通系ICカードの精算システムなどで採用されている。

一方で、WEB画面やスマホアプリなど、使ってみないと要件がわかりにくいシステムにはアジャイル開発が適している。たとえば、インターネットバンキングの画面などのユーザーインターフェイスの開発などである。

なお、わが国でのシステム開発におけるウォーターフォール開発の割合[5]は、新規開発で80％、再開発・改修で89％であり、ウォーターフォール開発での案件が圧倒的に多い。

既存ソフトの活用

企業から委託された情報システムを開発する場合、既存のソフトの活用の有無の観点から二通りの方法がある。一つは**スクラッチ開発**と呼ばれるもので、特定の雛形を使わずに一からシステムを開発することである。もう一つの方法は、**パッケージ開発**と呼ばれる方法である。パッケージソフトと呼ばれる出来合いのソフトウェアを、発注企業の業務に合わせて一部改変を加えて導入するものである（第5章Column「パッケージ開発とスクラッチ開発」参照）。

シンプルな要求に対応したソフトウェアはすでに多くのパッケージ製品が出揃っている。たとえば、ワープロや表計算、プレゼンテーション用ソフトなどは、多くの製品があり入手しやすい。企業においても、そのような一般的な用途には既成のパッケージ製品をそのまま利用することが多い。では、企業がわざわざIT企業にシステム開発を依頼するのはどのような場合だろうか。それは、システムが**複雑**であったり、**大規模**であったり、昔作った古いソフトウェアを新しくしたい（**更改**）とか、あるいは既存システムと**連携**したい、といったソフトウェアを買ってきてインストールしただけでは実現できないような場合である。

たとえば、銀行のATMはもともと銀行ごとにシステムを作っており、他の銀行のカードで取引はできなかったが、現在では、相互に利用取引可能である。さらに、コンビニATMからも入出金が可能であるし、インターネットバンキングで決済もできる。このように、今日の銀行取引では、様々なチャネルの利用が可能になっている。こうしたサービスの多様化に伴って、システムは複雑・大規模なものになっており、スクラッチ開発が必要とされる場面も増えているのである。

5　JUAS（日本情報システム・ユーザー協会）「ソフトウェアメトリックス調査2020」による。

COLUMN　日本とアメリカの開発体制の違い

日本では今日でもウォーターフォール型が主な開発方式であることは先に述べたが、これを反映してシステム開発を行う際のチームの組み方が日本とアメリカでは、大きく異なる。日本ではユーザー企業（発注企業）がシステムインテグレータ（SIer：エスアイア）と呼ばれる IT 企業にソフトウェア開発の管理を委託し、プログラミングやテストの工程は、システムインテグレータが契約するソフトウェア開発会社が実施するスタイルが取られることが多い。すなわち、全体の統括をシステムインテグレータが担い、プログラムの開発はソフトウェア開発会社が担う、という分業体制がとられる。

一方、米国ではユーザー企業がプロジェクト管理を直接行い、ソフトウェア開発会社はすべての工程をアジャイル開発（スクラム）で実施することもある。すなわち、日本は縦にスケール（拡大）する組織形態となるのに対して、米国では、自社内で完結する組織形態となる（図 6.5）。

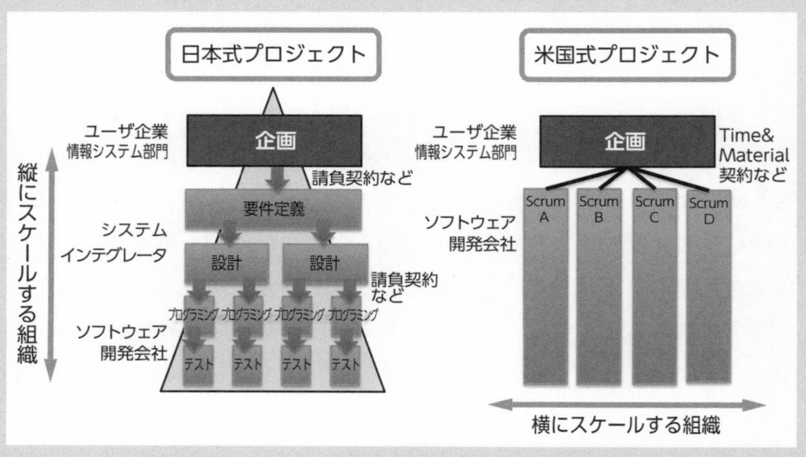

図 6.5　日本と米国におけるシステム開発体制の比較

このように大きく日本と米国でシステム開発の形態が異なるのは、両国でIT人材の所属先が大きく異なることが影響している。米国では、システム開発のためのIT人材の71%がユーザー企業に属するのに対して、日本では25%の人がシステムインテグレータやソフトウェア開発企業などのITベンダーに所属している[6]。ITシステムの仕事は開発時に労働集約的で多数の労働力を必要とするものの、ひとたび完成するとその運用や保守に必要な労働力は極めて少なくて良い。日本では労働者のレイオフ（雇止め）が米国ほど容易ではないことから、システム開発の人員をユーザー企業内で抱え込まず、ITベンダーに所属して、常にどこかのユーザー企業の開発プロジェクトに携わるようにして、開発人材を活用してきた。

逆に、米国では比較的多くのIT人材がユーザー企業に所属する。これは米国では、労働者のレイオフ（雇い止め）が比較的容易で、労働者の企業間の移動も容易であるため、ユーザー企業が自社に抱えるメリットが活かせるためである。要員が不足し、ソフトウェア開発会社に委託するにしても、人員を確保することも日本よりも容易ではない。そのため、早くから海外の人材を活用することが考えられた。このような多くの技術者を確保するため外国に委託することを「オフショア開発」と呼ぶ。米国では、時差が大きく、英語が母語で数学に強いインドを活用することが多い。米国側とインド側とで昼夜交代で開発を行うことができるため、スピーディに作業を進めることが可能になる。日本でも近年、中国の企業に開発を依頼することが多くなった。中国を選択するのは、中国の言語や文化が日本と近いことに加え、時差が小さく、相談しながら作業を進めることができるメリットが存在するからである。

6 情報処理推進機構「グローバル化を支えるIT人材確保・育成施策に関する調査」調査結果（2011年3月）

COLUMN　ソフトウェア工学知識体系

米国電気電子技術者協会（IEEE）および米国計算機学会（ACM）がソフトウェア工学（ソフトウェアエンジニアリング）に関する知識の分類体系であるスウェボック（SWEBOK：Software engineering body of knowledge）をまとめており、その内容は一冊の書籍に体系化されている。SWEBOKはソフトウェア工学の事実上の標準となっている。

ソフトウェア工学が生まれる以前は、ソフトウェア開発は個人の天賦の才能に委ねられていた。ソフトウェア工学の誕生によって、教育・訓練を積んだ専門家であれば誰でもソフトウェア開発が実現できるようになった。この学問は経済学や政治学などとは違い、約50年前から体系化が始まったもので、まだまだ新しく、随時改訂されている。このような知識体系を習得することで、ベストプラクティスに裏打ちされた能力への到達を「より良く、より速く」実現できる。

開発の知識体系

システム開発には多くの人がかかわるので、効率的な開発の知識とノウハウが重要になる。このような「目的とするソフトウェアをチームでより効率的に開発するための、知識とノウハウの体系」をまとめた「**ソフトウェア工学**」という学問が生まれている。大規模化、複雑化するソフトウェアを効率よく開発するためには、技術の組み合わせ方や使い方が重要である。ソフトウェア工学知識体系は、システム開発における理論や方法論、ノウハウなどを取りまとめ体系化したものである。

Case Study　業務要件定義の実践

業務要件定義の難しさ

135ページで説明した業務要件定義とはどのようなことをするのか、詳しく説明しよう。業務要件定義は、「何か欲しいものがあったとき、それを具体的にイメージして相手に伝えること」である。

たとえば、オーダーメイドの洋服を作るとして、色やデザインや形や大きさ、そして素材はどんなものか？ 洋服の機能はどんなものか？ など。見たことも、使ったこともないものに対して、要件をすべて書き出して伝えることは大変難しいことである。

具体的な方法としては、3つのポイントがある。第1は、**大まかな処理の流れを確認**することである（システムだけでなく、業務フロー全体の流れを確認する）。第2は、最初はメインの流れを考え、**特殊なケースやエラーケースは考えない**ことである。第3は、メインの流れが確認できたら、起こり得るケースを想定しながら**詳細化する**ことである。実はこれらは、システム開発に限らず、何か新しいことを取り組む際のポイントでもある。全体を把握したうえで、徐々に詳細化していく。最初は細かいところは考えず、大枠を捉える。大枠ができたら、初めて細かい部分を詰めていくのである。では、これらに注意して業務要件定義をやってみよう。

業務フローの解析

皆さんは、「システム開発者」になって、顧客である洋服店にクレジットカードシステムを導入しようとしているとしよう。さて、どのようなシステムを作れば良いだろうか。大まかには、クレジットカード（会員）番号、パスワード、商品情報（購入金額）を入力したときに、クレジットカードでの購入の諾否を出力するシステムであればよいと考えられる。では、このシステムは、どのようなものにすべきか、細部を考えてみよう。

まず、店頭でクレジットカードを使って商品を購入するまでの具体的な手順をみていくと表6.3のようになる。

COLUMN　顧客が本当に欲しいもの

システム開発の要件定義の難しさを示す際によく例として使われるのが図 6.6 である。顧客がシステム開発者に説明した内容（一番左上）が、プロジェクトリーダー、アナリスト、プログラマ、それぞれの立場で別の形で理解され、顧客への請求額は、とてつもない金額になる。しかし、本当に顧客が欲しいもの（一番右下）は、実は非常にシンプルなものだったというものである。

「顧客が説明した要件：木にぶらさがって、揺れて遊べるもの」

図 6.6　業務要件は各人各様

（資料）クリストファー・アレクサンダー著、宮本雅明訳『オレゴン大学の実験』

この例からもわかるように、システム開発を難しくしている大きな要因は、システムが目に見えないことである。顧客自身が何を実現したいのかがはっきりとわかっていない。それゆえ、顧客もうまく説明できず、システム開発者に伝えられない。したがって、顧客が説明した要件を鵜呑みにせず、本当に欲しいもの、すなわち、解決したいことは何か、をきっちりと聞き出す必要がある。口頭だけのやり取りや伝言での伝達は

避けて、ドキュメント化・見える化をしてコミュニケーションのギャップを解消し、要件を発注者（顧客）と受注者（システム開発企業）間で擦り合わせることが重要である。

表6.3　クレジットカードを使った商品購入の手順

①顧客が購入したい商品をレジの店員に見せる。
②店員は商品情報をバーコードで読み取る（金額をレジに打ち込む）。
③クレジットカードを端末に読み込ませる。
④顧客が暗証番号を入力する。
⑤商品情報（価格）、クレジットカード情報、暗証番号がクレジットカード会社に送られる。
⑥クレジットカード会社は上記情報を受信する。
⑦クレジットカード会社は様々な判定を行う。
⑧判定の結果、問題がなければ「承認」を送信する。
⑨店の端末が「承認」を受信する。

これを登場人物を明らかにしながら、流れを記述すると表6.4の通りになる。この業務フロー[7]を、一つの流れで示すと10個以上のステップになる（図6.7）。

アルゴリズムのシステム化

この業務フローについて、「どのタイミングで、誰が、何をするかを」もう少し明確にしてみよう。「登場人物」ごとに、ステップを分けて書いてみると、図6.8のようになる。

図6.8の手順のうち、システムで対応するのは太枠で囲んだ部分である。「どのタイミングで」「誰が」「何を」「どうする」を明確にしないと、コンピュー

7　業務フローとは、現場で行っている業務のプロセスを可視化するために作成するフロー図のこと。

表 6.4　登場人物を明示した業務フロー

- 顧客が、商品を店員に提示。
- 店員は、商品情報をレジに打ち込む。
- 端末は、打ち込まれた金額を表示し、
- 店員は、その表示された金額を確認する。
- 顧客は、商品金額と、表示された金額を確認し、
- 問題なければ、顧客が、クレジットカードを端末に挿入。
- 端末は、挿入されたカード情報を読み込むと
- 端末は、“暗証番号入力”を表示する。
- 顧客は、その表示を見て暗証番号を入力。
- 端末は入力された暗証番号含む、カード番号や購入商品の金額を、カード会社のシステムに送付。
- カード会社のシステムは、これらの情報を受信したうえで、【様々な判定】を行う。
- 問題なければ、カード会社が、「承認」を端末宛てに、送信。
- 端末は、「承認」を表示すると、
- 店員が、その表示をみて、顧客に商品を渡す。
- 顧客は、商品を受けとって、支払い終了。

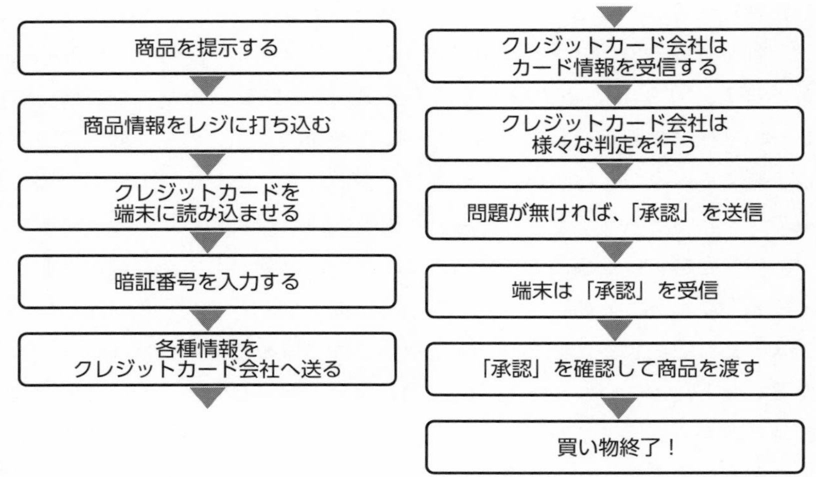

図 6.7　クレジットカードを使った商品購入の業務フローのステップ

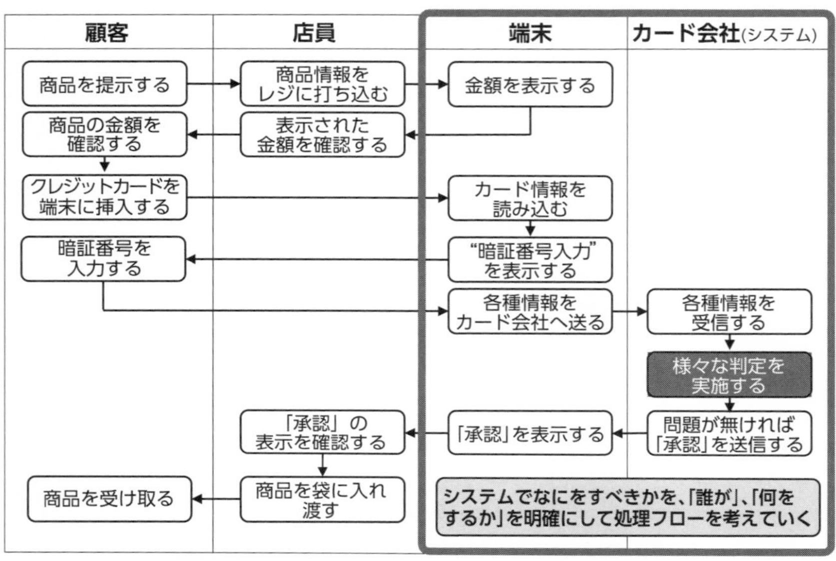

図6.8　クレジットカードを使った商品購入の業務フローチャート

タを作動させることはできない。コンピュータの動き方が、アルゴリズムであり、それを考えるのはコンピュータではなく人間（プログラマ）なのである。

ところで、「クレジットカードでの商品購入システム」のポイントは、濃いグレーの「様々な判定をして、問題ないことを確認する」という部分である。ここで考えるべきことは多い。たとえば、使われたクレジットカードが盗まれたものだったらどうするか、1カ月の利用限度額を超えていたらどうするか、など、ありとあらゆる事態を想定し、備えておく必要がある。詳細に記載すると、表6.5のようになる。

システムを開発するにあたり、上記以外にも、決めておかねばならないことがある。たとえば、いつからシステムの利用を開始するのか、サービスの提供時間は何時から何時までか。売上データを受け取ってから結果が返却されるまでの時間を最大何秒以内とするか等々、実は様々なことを顧客とあらかじめ認識を合わせる必要がある。

表 6.5　クレジットカードの利用判定

〈使用可能かのチェック〉

①カードの盗難・紛失届けが出ていないことを確認

②有効期限が切れていないか確認

③本来ありえない使用のされ方がされていないか確認

④支払い方法がサービスの対象か確認

〈限度額のチェック〉

⑤商品の金額を現在の利用残高に加えても、限度額をオーバーしないか確認

〈利用残高の更新〉

⑥もとの利用残高に今回の商品分を足し合わせて更新

〈エラーの処理〉

⑦上記の①から⑥で一つでもエラーとなった場合には、取扱いができないというメッセージを表示させる

これらのシステムの要件を業務要件として整理すると、最終的には表 6.6 の通りになる。

なお、実際のシステム開発では、決めなければならないことは上記説明よりもずっと多い。開発する前にしっかりと決めておかないと、顧客が欲しかったものとは全然違ったものが出来上がることになる。このように、業務要件定義では、細部がまだはっきりしていない顧客の考えを、見える化・言語化して、アルゴリズムとして具体化する。アルゴリズムとは、問題を解決したり目標を達成したりするための計算方法や処理方法のことであり、詳しくは第 12 章で説明する。これが要件定義段階の仕事の大変さであり、醍醐味でもある。業務要件定義を完遂するには、業務の裏側の仕組みを常に考えることが重要である。

表 6.6　クレジットカードシステムの業務要件定義

要件定義の項目	概要
開発する機能	・クレジットカードが使用可能なカードかチェックする機能 ・この商品を購入しても限度額を超えないかチェックする機能 ・これまでの利用額に今回の売上を足して更新する機能 ・カードが使えない場合は、メッセージを表示させる
処理の概要	〈使用可能かのチェック〉 ①カードの盗難・紛失届が出ていないことを確認 ②有効期限が切れていないか確認 ③本来ありえない使用のされ方ではないか確認 ④支払い方法がサービスの対象か確認 〈限度額のチェック〉 ⑤商品の金額を足しても、限度額をオーバーしないか確認 〈限度額の更新〉 ⑥もとの限度額に今回の商品分を足し合わせて更新 〈エラーの処理〉 ⑦上記の①から⑥で一つでもエラーとなった場合には、 取扱いができないというメッセージを表示させる
システム開発の対象範囲	①から⑦の機能を全て開発する
システム導入日	2020年10月1日から利用開始とする
サービス提供時間	開店している9時から22時までを取扱い時間とする
求める性能	売上データを受け取ってから結果が返却されるまで3秒以内とする

Process　システム開発の実際（2）

基本設計（外部設計）

要件定義が文書化された要件定義書、現行システムの文書、ユーザーへのヒアリング結果などをもとに、開発するシステムの基本設計を行う。基本設計では、①要件定義書の確認、②システム構成の検討、③機能一覧・機能説明の作成、④画面遷移図・画面設計、⑤データモデルの作成、⑥追加ヒアリング・調査、⑦基本設計書のレビュー、の順に行う。基本設計書は、システム構成、機能設計、画面設計、ERD（Entity Relationship Diagram：データの構造や関係を記述した構造モデル）などを記載する。基本設計書はそのシステムによって業務目的を達成できるかどうかを確認する書類であるため、高度なシステムの知識がなくても業務知識を持っていれば、システムの基本的な仕様や動きを読み取れるように記載する（画面レイアウトや画面遷移、機能の概要など）。

詳細設計（内部設計）

詳細設計では、基本設計書をもとに、システムに実装する機能をプログラムの仕様に変換する。すなわち、①基本設計書の確認、②処理詳細の作成、③クラスの設計、④インターフェイスの設計、⑤ SQL の作成などを行う。詳細設計書には、処理詳細、インターフェイス設計、メッセージ設計などを記載するが、読み手が高度なシステムの知識を持っていることを前提に作成し、開発者が見てすぐにシステムを構築できるように、より具体的な内容（クラス図や変数の定義、処理内容など）を記載する。

製造

製造プロセスでは、詳細設計をもとにプログラムを作成する。具体的には、①詳細設計書をもとにコーディングする[8]、②コンパイル[9]、③テストケースを作成して、④単体テストとデバッグ[10]を行い、⑤テスト結果を記録する。個別のプログラム（機能単体）ごとに動作を確認する「単体テスト」も製造プロセスで実施する。

単体テストでは、あらかじめ「テスト仕様書（動作を確認するためのテストケース）」を作成し、テスト仕様書に基づいて、「プログラム内の手続きが詳細設計書通りの処理をしているか」や「意図しないエラーが発生しないか」などをテストする。テスト結果が正しくない場合は、プログラムを修正し、再度テストを行う。

製造プロセスでは、ソースコード、テスト仕様書、テスト結果報告書が作成される。

8　コーディングとはプログラミング言語を使ってコードを記述すること。プログラミングはコーディングに加えてその前後のプログラミング設計やテスト、デバッグ、修正を含む概念である。

9　プログラミング言語で書かれたコンピュータプログラム（ソースコード）を解析し、コンピュータが直接実行可能な形式のプログラム（オブジェクトコード）に変換すること。

10　コンピュータプログラムに潜む欠陥を探し出して取り除くこと。

COLUMN　工程により変わるテスト環境

開発したシステムのテストはどのような環境で行うのだろうか。実は工程によりその環境は異なる（図 6.9）。製造段階の単体テストは開発環境で、すなわち開発者の手元のパソコンで行うことが多い。結合テストやシステムテストは、開発者の社内に用意された検証環境で行う。開発環境と検証環境を分けて置くことで、テスト中のシステムの状態を変更することなく、平行して別の開発を進めることができる。ユーザー受け入れテストは、主に顧客企業の社内に用意されたステージング環境[11]で行う。ステージング環境は基本的には本番とほぼ同一の状態を擬似的に再現する事が意図されている。ステージング環境の構築は、近年は仮想化やクラウド環境への以降が一般化し、同一の環境を用意することが、かなり容易になっている。リリースは本番環境で行う。本番環境ではエンドユーザーが利用を始めるので、本番環境へのデプロイ（開発した機能やサービスを利用できる状態にすること）をスムーズに達成することが重要である。

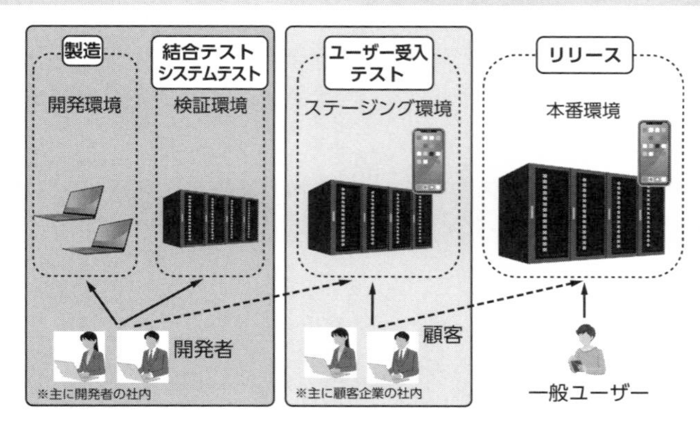

図 6.9　工程とテスト環境

11　ステージング環境とは、本番環境と同じようなテスト環境のことを指し、いわゆる最終テストを行う環境のこと。

テスト

テストのプロセスでは、単体機能（プログラム）を結合させて動作を確認する。具体的には、ソースコード、詳細設計書、基本設計書、テスト仕様書（結合テスト仕様書）をもとに、①テスト環境の整備、②テストケースの作成、③テストの実施と結果記録、④必要に応じてデバッグの順に行う。テストのプロセスでは、「プログラム間のデータの受け渡しが正しく行えるか」や、「機能（単体プログラム）を組みあわせることによって、１つのサブシステムとして動作するか」などをテストする。テスト結果が正しくない場合は、プログラムを修正し、再度テストを行う。

テストプロセスではテスト結果報告書を作成する。

リリース

リリースとは、出来上がったシステムを顧客に納品することである。それを実際に使い始めることは**「カットオーバー」「サービスイン」**という。

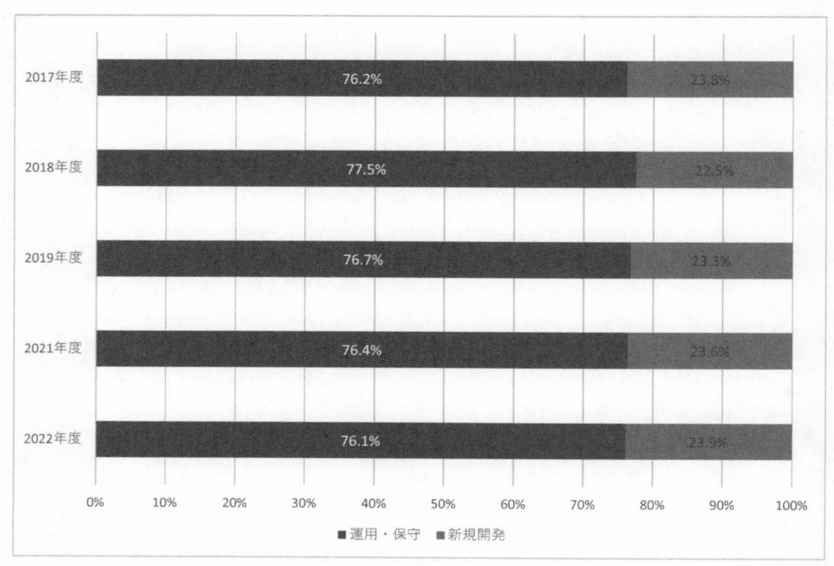

図 6.10　企業の IT 予算配分

（資料）日本情報システムユーザー協会（JUAS）「企業 IT 動向調査報告 2023」データをもとに筆者作成

ところで、プログラムが完成し、テストが完成して、リリースすればシステム開発の終わりなのだろうか。システムは「生き物」であり、運用・保守が続く限りその仕事はなくならない。実際、企業のITに関する予算配分は、運用・保守の割合が多く、新規開発が中心ではない（図6.10）。

まとめ POINT

- 情報システムは、INPUTをもとに、データに何らかの加工をおこない、OUTPUTを得るための仕組み。ソフトウェア、ハードウェア、ネットワークなどで構成される。
- 企業におけるシステム開発は、作り手と使い手（ユーザー部門や発注企業）が別人であることが多いので、適切なプロジェクトマネジメントのもとで、開発チームが組織的に作業をすることが求められる。
- ソフトウェア開発の手法は主に「ウォーターフォール」と「アジャイル」の2つがあり、システムの規模や性質に応じて使い分けて開発する。
- 業務要件定義では、どのようなシステムを作るのかを「見える化」する。業務フローを洗い出し、業務フローチャートで分析してシステム要件を決定する。
- システムは完成・納品して終わりではなく、そこから運用・保守が始まる。

郵 便 は が き

料金受取人払郵便

左京局
承 認

3174

差出有効期限
2024年 3 月31日
ま で

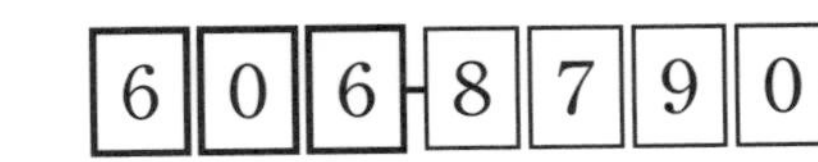

（受 取 人）

京都市左京区吉田近衛町69
京都大学吉田南構内

京都大学学術出版会
読者カード係 行

▶ご購入申込書

書　　名	定　価	冊　数
		冊
		冊

1．下記書店での受け取りを希望する。

都道　　市区　店
府県　　町　　名

2．直接裏面住所へ届けて下さい。

お支払い方法：郵便振替／代引　　公費書類（　　）通　宛名：

送料 ご注文 本体価格合計額　2500円未満:380円／1万円未満:480円／1万円以上:無料
代引でお支払いの場合　税込価格合計額　2500円未満:800円／2500円以上:300円

京都大学学術出版会
TEL 075-761-6182　学内内線2589 / FAX 075-761-6190
URL http://www.kyoto-up.or.jp/　E-MAIL sales@kyoto-up.or.jp

お手数ですがお買い上げいただいた本のタイトルをお書き下さい。

（書名）

■本書についてのご感想・ご質問、その他ご意見など、ご自由にお書き下さい。

■お名前

（　　歳）

■ご住所

〒

TEL

■ご職業

■ご勤務先・学校名

■所属学会・研究団体

■E-MAIL

●ご購入の動機

A.店頭で現物をみて　B.新聞・雑誌広告（雑誌名　　　）

C.メルマガ・ML（　　　）

D.小会図書目録　E.小会からの新刊案内（DM）

F.書評（　　　）

G.人にすすめられた　H.テキスト　I.その他

●日常的に参考にされている専門書（含 欧文書）の情報媒体は何ですか。

●ご購入書店名

都道府県　市区町　店名

※ご購読ありがとうございます。このカードは小会の図書およびブックフェア等催事ご案内のお届けのほか、広告・編集上の資料とさせていただきます。お手数ですがご記入の上、切手を貼らずにご投函下さい。

各種案内の受け取りを希望されない方は右に○印をおつけ下さい。　案内不要

第7章 プロジェクトマネジメント

学習POINT

- プロジェクトマネジメントとは何か
- プロジェクトマネジメントで最も重要な部分は何か
- プロジェクトマネジメントはどのように行えばよいのだろうか
- プロジェクトマネジメントは知識として勉強すれば対応できるのだろうか

基礎知識　プロジェクトマネジメントとは

プロジェクトとは

プロジェクトという言葉は、事業や業務に関連してよく使われる言葉であるので、おそらく聞いたことがあるだろう。では、以下の4つはプロジェクトに該当するだろうか。

①学校へ来て授業を受ける
②友人と海外旅行へ行く
③サークルで夏季合宿を開催する
④ダムを作る

プロジェクトマネジメント協会によれば、プロジェクトとは「独自のプロダクト」やサービス、所産（プロジェクトの成果）を「創造するため」の「有期性」のある業務、と定義されている。**「独自性」**と**「有期性」**という2つの特徴を備えていることがポイントで、1回限りの業務である。「期限がない」「日々の業務である」定常業務は、プロジェクトに該当しない。従って、上記の例では、①以外がプロジェクトに該当する。情報システム開発も「独自性」で「有期性」があるものは、プロジェクトと呼ぶことができる。一方、反復性、継続性のある業務は定常業務である。たとえば、毎回、同じシステムを作る仕事はプロジェクトではなく、業務プロセスとして行うべきである。

マネジメントの必要性

第6章で説明したように、プログラミングを個人の趣味で行う場合には、実行者が、自分の視点でプログラミングをして、動作確認して動けば問題がない。関与するのも自分一人だけなので、作業が見えやすく、一人で作業が完結する。一方、システム開発を会社の仕事として行う場合には、大規模なプロジェクトの場合、数百人から数千人もの多数の関係者がかかわり、開発期間も長期にわたるとともに、テストを繰り返して品質を保証する必要がある。そのため、進捗状況を管理する必要がある。この「うまく進捗しているか」を管理することが、「プロジェクト」を「マネジメント」すること、である。

Story　プロジェクトマネジメントの意義

プロジェクトマネジメントの重要性

プロジェクトマネジメントはなぜ重要なのだろうか。もし、誰もマネジメントをする人がいなければ、そのプロジェクトはどうなるだろうか。そもそもプロジェクトが定義されていなければ、何をする活動なのかもわからない状態になる。そのため計画も存在しない、計画がないので、進捗しているのか遅延しているのかも分からない。もし遅延していても、誰も何も対応できなくなる。とりわけ、同じプロジェクトに関わる人数が多くなるほど、そのコミュニケーションチャネル数は劇的に増加するため、その管理が難しくなる。

もちろん、これでは困るので、企業は計画を立てて、その妥当性を確認し、成功の確率を高めるようにリスクを排除・低減する必要がある。「段取り八分」という言葉がある。事前にきちんとした段取りさえしておけば、仕事の8割は完了したという意味である。プロジェクトマネジメントが重要なのは、この考え方に通じるものがある。PDCAのサイクルのなかで、計画を立てて（PLAN）、しっかりと準備した後に実行（DO）し、振り返りをして（CHECK）、次回に向けた行動（ACTION）を行うべきである。

プロジェクトには、**「作業範囲」「期限」「費用」**の3つの制約が存在する。この3つは相互に影響を与える関係にあり、1つを変更すると他にも影響が生じる。たとえば、顧客から機能追加の要求があり、作業範囲が増えた場合、期限を延ばすか、作業人員を増やす（費用増加）か、の対応が必要になる。

プロジェクトの構成要員

プロジェクトを成功に導くことを専門の業務とする人を**「プロジェクトマネージャ」**と呼ぶ。プロジェクトマネージャの役割は「プロジェクトを定義し」「計画を定め」「計画が進んでいるか監視し」「計画を逸脱したら修正する」ことである。プロジェクトを成功させるために集められた専門知識を持った人員で、実際にプロジェクトを遂行する人々をプロジェクトメンバーといい、プロジェクトマネージャとプロジェクトメンバーをあわせてプロジェクトチームという。

Process　プロジェクトマネジメントのプロセス

5つのプロセス

プロジェクトマネジメントは5つの**プロセス**に分かれる。すなわち、①**立ち上げ**→②**計画**→③**実行**→④**監視・コントロール**→⑤**終結**というプロセスである（表7.1）。①立ち上げでは、なぜそのプロジェクトをやるのか明確化する。②計画では、プロジェクト実行の基準となる計画書を作成する。③実行では、計

COLUMN　プロジェクトの規模と体制

プロジェクトチームは、小規模なものではメンバーが5～8名で、プロジェクトマネージャが全体を管理する。ところが、1人のプロジェクトマネージャで管理できる人員はせいぜい8名程度であるため、数十名、数百名の中規模・大規模プロジェクトでは、それぞれ10人程度となるようにチームを分割し、分割した各チームにリーダーを設置し、プロジェクトマネージャはリーダーを管理する。さらに500名を超えるような超大規模プロジェクトの場合は、プロジェクトマネージャが複数設置され、プログラムマネージャが複数のプロジェクトマネージャのまとめ役となる。

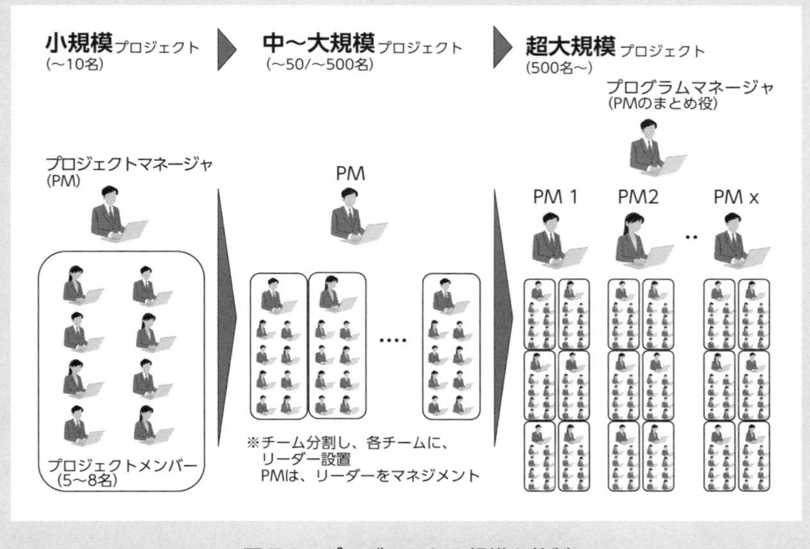

図7.1　プロジェクトの規模と体制

表7.1　プロジェクトマネジメントの5つのプロセス

プロセス	システム開発	旅行
①立ち上げ	なぜそのプロジェクトを実行するのかを明確化	家族に「よし、みんなで旅行に行こう！」と宣言し同意を得る
②計画	プロジェクト実行の基準となる計画書を作成	どこに行きたいか、何をしたいか、「スコープ」を決め、計画を立てる（やることがとても多い）
③実行	計画に従って作業を推進	計画に従って旅行行程を進める
④監視・コントロール	計画と実績の差を監視し、必要あれば対応	計画通りに旅行が進んでいるか随時確認し、トラブル発生の際のリカバリを行う
⑤終結	必要作業が完了していることを確認し、プロジェクト終了を確定	旅行から無事帰宅（また今度行くなら、旅行での出来事を振り返り）

画に従い、作業を推進する。④監視コントロールでは、計画と実績の差を監視し、必要に応じて軌道修正する。⑤終結では、必要作業が完了していることを確認し、プロジェクト終了を確定する。

システム開発でのプロジェクトマネジメントは、実際にやってみないとイメージが掴みにくいと思われるので、家族で旅行に行くことを例に説明してみよう（表7.1）。

家族旅行を例に考えると、読者の皆さんが中学生か高校生だったと仮定して、「大好きな祖父母から旅行に行きたいといわれた」「大変お世話になったので喜ばせてあげたい」という話が出たとする。

まず「①立ち上げ」で、家族の同意を得る。皆で旅行に行って祖父母を喜ばせてあげようと同意を得る。これが、プロジェクトを立ち上げることに該当する。次に「②計画」を立てる。どこに行きたいか、何をしたいかの計画を立てる。計画後に出発日が来たら、「③実行」となり、旅行に行く。旅行中に計画通りに進んでいるかチェックするのが「④監視・コントロール」のプロセスである。予定通りになっていなかったら、その対策を講じる。③と④を繰り返して、旅行日程を進め、「⑤終結」で無事帰宅すれば終了となる。また次の機会に旅行に行くのであれば、次はこんなことに気を付けようという振り返りも「終結」で行う。これが家族旅行の場合のプロジェクトマネジメントである。

システム開発をこの5つのプロセスに当てはめると、まず「①立ち上げ」段階で、IT化するサービスを決定し、「②計画」段階では、品質、納期、投入人員、予算などの大枠を決定する。ここまでが、第5章で説明したIT企画で行うことである。次に、「③実行」と「④監視・コントロール」では、より具体的に要件を決め、設計・製造・テストを行い、想定通りのものができていない場合は作り直す。問題がなければリリース（業務での使用を開始）する。つまり、③、④の段階では、業務要件定義、設計、製造、テスト、リリースが行われる。そして、リリースが終われば「⑤終結」のプロセスで、プロジェクト全体の振り返りを行う。以下では、それぞれのプロセスについて詳しく説明する。

立ち上げ

まず、「①立ち上げ」の段階では、いつ、誰が、何を行うか、といった、「プロジェクトの企画」を行う。そして、プロジェクトを開始するための「承認」を得る。このために、「①立ち上げ」で行うことは大きく2つある。「プロジェクト憲章」の作成と、「ステークホルダ」の特定である。

プロジェクト憲章とは、何を目的・目標とするのか、プロジェクト成功の条件を洗い出して明らかにする文書である。プロジェクト憲章はプロジェクトの創始者やスポンサなどが作成する。そして、「いつまでに」「何を」「どこまでやるのか」「誰の協力を要請するのか」「制約事項はなにか」について大枠を決める。その作成には、組織内で公式に承認してもらうことが必要である。また、プロジェクト憲章によって「プロジェクトマネージャ」を決定し、権限・責任を明確化することができるほか、プロジェクトに期待される結果やコストを明確化できる。

ステークホルダとはプロジェクトから利益や損害を受ける可能性のあるすべての人であり、それを特定して明確にすることが重要である。例えば、プロジェクトの成否に責任を負う人、プロジェクトにお金を出す人、プロジェクトに参加する人、などである。プロジェクトマネージャとしては、ステークホルダから継続的に支援を得るために、適切なタイミングでステークホルダに報告・連絡・相談することが重要である。そうしておけば、万が一何かあったとしても、ステークホルダは状況を理解しているので、彼らからの協力を得やすい。

計画〈1〉スコープマネジメント

「計画」段階では、「立ち上げ」フェーズで作ったプロジェクト憲章に従って計画を立案し、「プロジェクトマネジメント計画書」を作成する。具体的には、以下の 8 つの観点からプロジェクトを可視化する。8 つの観点とは、「①スコープ」「②タイム」「③コスト」「④品質」「⑤人的資源」「⑥コミュニケーション」「⑦リスク」「⑧調達」である。

以下では、これら 8 つの観点について、詳しく説明する。まず「スコープ」の観点について説明する。

スコープとは、「プロジェクトの対象範囲」のことであり、計画段階で対象範囲を決めることが重要である。要するに、プロジェクトに何が含まれるのか、何が含まれないのかを明らかにすることである。スコープには、「**成果物スコープ**」と「**プロジェクトスコープ**」の 2 種類がある。成果物スコープは「製品の性質や機能」をどうするかというものである。たとえば、機能、形状、色、素材、サイズなどである。プロジェクトスコープは「作業の範囲」を示すものである。例えば、システムのリリース後の修正をやるかどうか、サービスのプロモーションをやるかどうか、などである。「スコープ」のフェーズでは、「決まっていない」状態を残すことは絶対に避けるべきである。不確定事項が残ってしまうと、ゆくゆくトラブルに発展することが必定だからである。

計画〈2〉タイムマネジメント

計画段階の第 2 の観点はスケジューリングと進捗管理である。タイムマネジメントでは、**WBS**：Work Breakdown Structure を使って考えることが多い（図 7.2）。WBS とは、文字通り作業を分解して、構造化したものである。プロジェクトで管理されるべき作業を洗い出し、「誰が」「いつまでに」「何をや

WBS	作業成果物	主担当者	進捗率	計画(入力用)		実績	
				開始日	終了日	開始日	終了日
プロジェクト1		鈴木　一郎	3 %	2022/06/06	2022/09/25	2022/06/06	
要件定義		鈴木　一郎	50 %	2022/06/19	2022/08/02	2022/06/19	
業務要件		山田　花子	100 %	2022/06/19	2022/06/30	2022/06/19	2022/06/30
業務要件_チームレビュー		鈴木　一郎	100 %	2022/07/01	2022/07/01	2022/07/01	2022/07/01
システム要件		佐藤　幸子	10 %	2022/07/01	2022/08/01	2022/07/01	
システム要件_チームレビュー		鈴木　一郎	0 %	2022/07/02	2022/08/02		
基本設計		鈴木　一郎	0 %	2022/07/03	2022/08/09		
アプリケーション設計		鈴木　一郎	0 %	2022/07/03	2022/08/08		
システム機能の設計		山田　花子	0 %	2022/07/03	2022/08/05		
システム機能の設計_チームレビュー		鈴木　一郎	0 %	2022/07/08	2022/08/08		
DB設計		鈴木　一郎	0 %	2022/07/03	2022/08/09		
論理データモデルの設計		佐藤　幸子	0 %	2022/07/03	2022/08/08		
論理データモデルの設計_チームレビュー		鈴木　一郎	0 %	2022/07/09	2022/08/09		
詳細設計		鈴木　一郎	0 %	2022/07/10	2022/08/16		
ソフトウェア詳細の設計		佐藤　幸子	0 %	2022/07/10	2022/08/15		
ソフトウェア詳細の設計_チームレビュー		鈴木　一郎	0 %	2022/07/16	2022/08/16		
製造		鈴木　一郎	0 %	2022/07/17	2022/08/26		
機能①のアプリケーション開発		鈴木　一郎	0 %	2022/07/17	2022/08/26		
プログラムの設計		山田　花子	0 %	2022/07/17	2022/08/19		
プログラムの作成		佐藤　幸子	0 %	2022/07/22	2022/08/23		
単体テストの実施・修正		佐藤　幸子	0 %	2022/07/24	2022/08/25		
単体テストの実施・修正_チームレビュー		鈴木　一郎	0 %	2022/07/26	2022/08/26		
機能②のアプリケーション開発		鈴木　一郎	0 %	2022/07/17	2022/08/26		
プログラムの設計		山田　花子	0 %	2022/07/17	2022/08/19		
プログラムの作成		佐藤　幸子	0 %	2022/07/22	2022/08/23		
単体テストの実施・修正		佐藤　幸子	0 %	2022/07/24	2022/08/25		
単体テストの実施・修正_チームレビュー		鈴木　一郎	0 %	2022/07/26	2022/08/26		
結合テスト		鈴木　一郎	0 %	2022/08/01	2022/09/08		
結合テストの実施計画		山田　花子	0 %	2022/08/01	2022/09/02		
結合テストの実施		佐藤　幸子	0 %	2022/08/03	2022/09/05		
結合テストの実施_チームレビュー		鈴木　一郎	0 %	2022/08/08	2022/09/08		
システムテスト		鈴木　一郎	0 %	2022/08/09	2022/09/16		
システムテストの実施計画		山田　花子	0 %	2022/08/09	2022/09/11		
システムテストの実施		佐藤　幸子	0 %	2022/08/12	2022/09/15		
システムテストの実施_チームレビュー		鈴木　一郎	0 %	2022/08/16	2022/09/16		
移行導入		鈴木　一郎	0 %	2022/08/17	2022/09/25		
本番準備		鈴木　一郎	0 %	2022/08/17	2022/09/19		
本番準備_チームレビュー		鈴木　一郎	0 %	2022/08/22	2022/09/23		
本番導入		鈴木　一郎	0 %	2022/08/24	2022/09/25		

図 7.2　WBS の一例

る」を明確にする。WBS 作成の目的は、正確な見積もりができるようにすることなので、最下位の詳細さは時間やコストが見積もることができる大きさになるまで分解する。

WBS を考える際に、「作業を分解してできた最小単位」を「**ワークパッケージ**」といい、スケジュール作成の基点となる。ワークパッケージは**タスク**と呼ばれることも多い。ワークパッケージをさらに細かくしたものは、「アクティビティ」と呼ばれる。

1 つのシステム開発では、50 とか 100 とかの「ワークパッケージ」から成り立っている。実務では数日から 1 週間の作業を「ワークパッケージ」とすることが多い。この WBS の作成が一番肝心である。WBS をしっかりと作成出来れば、計画通りに進められるように、進捗を管理していけば良い。逆に言えば、たとえば、システムのリリース時期が間違っていたり、仕事の前後関係が間違っていたりすると、作成した WBS は無意味である。したがって、作成し

COLUMN　ガントチャートとアローダイアグラム

WBS はプロジェクトの作業項目を洗い出し、構築するシステムや最終目標までの工程を明確にするために作成されるリストであるが、これに基づいて時間軸でスケジュールを管理する表がガントチャートである。ガントチャートは、横軸に時間、縦軸にタスクを取り、タスクの所要時間の長さで表す（図 7.3）。

図 7.3　ガントチャートの例

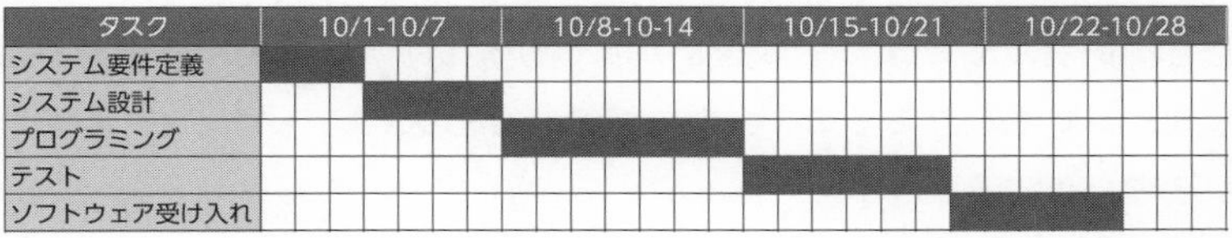

タスク	10/1-10/7	10/8-10/14	10/15-10/21	10/22-10/28
システム要件定義				
システム設計				
プログラミング				
テスト				
ソフトウェア受け入れ				

また、後の作業の依存関係を考慮に入れてスケジュールを立てる場合には、アローダイアグラムが便利である。アローダイアグラムでは、丸印は結合点であり、作業の開始や終了を示す。矢印の上部に作業名を記述し、下部に所要日数を記述する。実践の矢印は所要日数がある作業を示し、点線の矢印は所要日数がゼロの作業（ダミー作業）を示す。ダミー作業では作業は発生しないものの、依存関係を示すために記載する。図 7.4 では、作業 A, B, D が完了しなければ作業 E が開始できないことを示している。

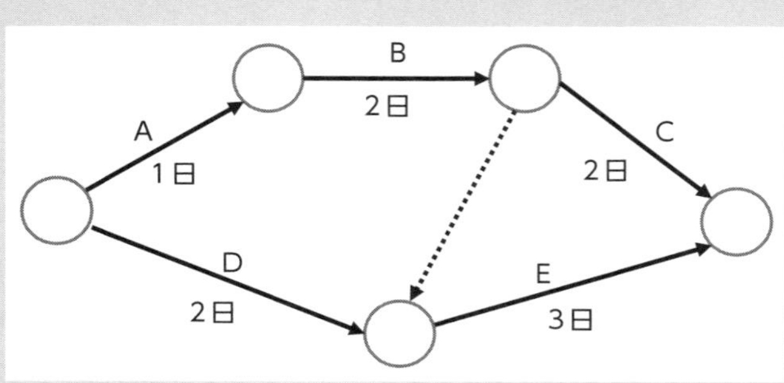

図7.4　アローダイアグラムの例

プロジェクトの全工程を最短時間で完了するために重要な作業経路はクリティカルパスと呼ばれ、全作業を完了に要する最短時間を示す。図7.4ではA，B，Eの合計6日間が必要となる。

た計画を関係者でしっかりと間違いがないか確認する。WBSの作成では、最初から細かい計画を立てるのではなくて、まずは大枠のスケジュールをつくり、そこから細分化する。

WBS作成にあたっては、「どんな工程が必要なのか？」「各タスクはいつから・いつまでに実施する必要があるのか？」「各タスクは、誰が担当するのか？」を意識しながら行うことが重要である。なお、WBSは一度作成すれば確定するのではなく、プロジェクトが進捗すれば随時更新して、新たなバージョンでプロジェクトの進捗を把握する。

計画〈3〉コストマネジメント

次に、スケジュールをもとに、必要な人件費や機材費、交通費などを算出し、予算を策定する。システム開発では、「人件費」とパソコン、サーバ、クラウド環境などの「機材費」が主な費用となる。一般的に、業種業態によって予算に占める人件費の割合は異なる。IT業界やサービス業界では予算に占める人件費の割合が、40 〜 50％と高い一方で、製造業や建築業では予算に対する人件費の割合が 10 〜 30％と低い傾向にある。

費用の計算にあたっては、各工程でシステム開発にかかわる人数が変化するので、きっちりと精緻化して予算を見積もる必要がある。要件定義は人数少なく、設計から開発と進むにつれて人数が増加し、開発とテストで相当多くの人がかかわり、リリース以降は人数が大幅に減少する、といったかたちになる（図 7.5）。

ちなみに、第 5 章で**1 人月**（いちにんげつ）という考え方を説明したが、その人件費はどれくらいかかるのだろうか。1 人が 1 カ月でできる作業量であるので、一般的に、新人で 50 万円、優秀な人だと 200 万円とか 300 万円といわれる。

計画〈4〉品質マネジメント

第 4 の観点は品質である。成果物の品質が、要求レベルを満たしているかを確認するために、品質基準を作成する。まず、品質保証と品質管理をどのように行うかを決定する**品質計画**を作成する。**品質保証**では、品質を確保するための活動を定義し、その活動が適切に行われているかを監査する。監査は組織の

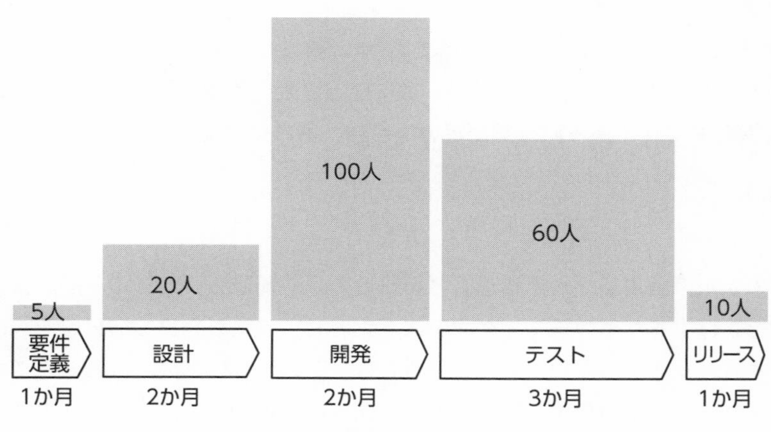

図 7.5　工程別の必要人員

COLUMN　組織体系を考える５つの原則

組織体系を考える上では５つの原則が知られている[1]。第１は、組織を細分化するときは同じ種類の業務内容で分類し、分類された組織である各部署に所属するメンバーは、その部署に割り当てられた役割についての専門家となれるようにするという「専門化の原則」である。第２は、ある職責に与えられる権限の大きさと、それに伴って発生する責任の大きさは同等のものでなければならない、とする「権限および責任一致の原則」である。第３は、１人の管理者が統率できる部下の数には上限があるので、組織編成においては管理者あたりの直接の部下数はその範囲にとどめる、とする「統制範囲の原則」である。第４は、１人のスタッフに対して指示や命令を行う上司は１人のみとして、複数の命令系統を存在させない、とする「命令統一性の原則」である。第５は、日常的なルーチン業務や判断が少ない仕事は部下に委譲をして、経営者やマネージャは戦略的な分析や検討、あるいは定型ではない例外業務や組織としての意思決定に専念する、とする「例外の原則」である。

メンバーを考える際には、どのようなスキルを持つ人が、何人必要かを考え、そのスキルを持つ人が、チーム内にいるか、いなければどのように解決すればよいかを考える。解決方法としては外部調達するか内部で育成するかである。外部調達の場合は、基本的に費用が発生する。

内部の人が実施する「内部監査」と第三者の「外部監査」がある。**品質管理**は、品質を確保するためのチェックやテスト実施し、欠陥を発見し結果を統計的に分析する。システム開発における品質とは、システムに求められる要件であるスコープを最大限確保する業務である。制限のある納期、開発費用とのバラン

1　Michael Goold, & Andrew Campbell, “Designing effective organizations: how to create structured networks”, Jossey-Bass, 2002

スを取りながら、システム要件（スコープ）を最大限担保することが品質管理の目的であり、プロジェクトマネジメントにおいて重要である。

計画〈5〉人的資源マネジメント

第５の観点は人的資源である。ここでは、プロジェクトを成功させるために、どのようなメンバーが必要か、どのタイミングで必要かを決定する**「要員計画」**を作成する。あわせて、チームの組織体系も考える。ここで大切なことは、プロジェクトメンバ全員が各自の役割と責任を把握できるようにすること、参加時期を明確にすること、ポイントとなる重要な箇所に力量のある要員を配置することである。

計画〈6〉コミュニケーションマネジメント

第６の観点はコミュニケーションである。プロジェクト計画書には、ステークホルダとのコミュニケーション方法についても記載する。たとえば、いつ、誰と、どんなタイミングで、プロジェクトの状況を共有するのかを事前に決めておく。情報共有方法やタイミングを事前に決めていなければ、ステークホルダはいつ情報を共有してもらえるかわからず、もしかするとプロジェクトがうまく進捗していないのではないかと不安になるかもしれない。会議で双方向のコミュニケーションをとる（相互型）のか、それとも一方的に伝達するもの（プッシュ型）か、ウェブサイト等を利用して情報を配布する（プル型）のか、事前に情報共有の方法を決めておくことが重要である。また、コミュニケーションでは、「伝えた内容」ではなく、「伝わった内容」が重要である。

かつては、メールや電話、対面での打ち合わせが多かったが、LINEのようなチャットやグループウエア（MS Officeなどの仕事を効率化するツール）、情報共有ツール、プロジェクト管理ツールなど、多くのコミュニケーションツールが利用できるようになっている。これらのコミュニケーションツールのカテゴリーは、相互に機能を拡張しつつあり、その境目がなくなってきている。最近のコミュニケーションツールは手軽に利用できるため、高頻度に利用しがちになる。しかし、緊密に連絡を取り合おうとするとお互いの負荷が増大する。適切に状況が把握でき、メンバーの負荷にならないバランスを考えることが重要である。

計画〈7〉リスクマネジメント

第7の観点はリスクのマネジメントである。**リスク**とは、発生が不確実であり、それが発生すれば、プロジェクト目標に**プラスもしくはマイナス**の影響を与えるものをいう。「必ず発生するもの」や「すでに発生したもの」はリスクとはいわない。リスクマネジメントとは、プロジェクトに点在する「不確実な要素」を事前に洗い出し、それぞれに対処することである。リスクの対処には、「回避」「転嫁」「軽減」「受容」の4つの方法が存在する。

回避とは、リスク発生を避ける、またはリスクの発生原因そのものを除去することである。システム開発において、リスクのある作業をスコープ（作業範囲）から外すことはリスクの回避にあたる。

転嫁とは、リスクを他者に引き取ってもらい逃れることである。生命保険や損害保険はリスクの転嫁の典型例である。

軽減とは、リスクの発生確率を下げる施策を取る、もしくは、発生した際の損害を最小限に抑えることである。システム開発では、余裕を持たせて計画を立てることや、段階的にリリースすることがこれに該当する。

受容とは、リスク発生確率が著しく低い場合や、リスクが発生しても大きな損害がない場合などに、それを受け入れることである。例えば、隕石落下など、「発生確率が著しく低い場合」は、それに備えようとすると膨大な費用が掛かる。考えても仕方がないので、受容するという考え方が一般的であると思われる。

リスクマネジメントでは、洗い出したリスクの発生確率や影響度を考慮して、それぞれにそのように対処するかを適切に判断する。

計画〈8〉調達マネジメント

第8の観点は、外部資源活用の検討である。プロジェクトメンバだけで解決できない問題がある場合は、外部資源を活用することが必要である。もし自社のメンバーで、すべての仕事に対応しようとすると、多くの人員を動員する必要があり、プロジェクトが終わったときに人が余剰となる。専門的な職種の人もすべて自社で育成して揃えておくとなると、適切にその人材を活用しきれないことも生じる。したがって、適切に外部資源を活用することで、最小限の経営資源で最大の効果を得ることができる。

もっとも、外部資源の調達は一般的にコストが高いので、外部資源を活用する場合のコストと内部で人員を抱える場合の人件費を比較検討する必要がある。

たとえば、図7.6の例では、「開発」と「テスト」の点線より上の部分を、外部資源に頼るか、それともすべてを自社で対応するか、「費用」と「内部で人を抱える際のメリットやデメリット」を比較検討する。

ステークホルダとの調整

ステークホルダをまず特定し、適切な関与を促す。計画段階では、ステークホルダのニーズや期待を把握し、継続的かつ適切なコミュニケーションを行うことが重要である。課題が発生した場合には、それに対処し、相反する利害をマネジメントすることが必要である。ステークホルダの調整を終えるとようやくプロジェクトの「2. 計画」段階が終了する。

実行と監視・コントロール

「実行」段階では、計画で立てたプロジェクト計画書をもとに作業を進めていく。作業を進める過程で発生した課題への対処も実行段階で行う。実行

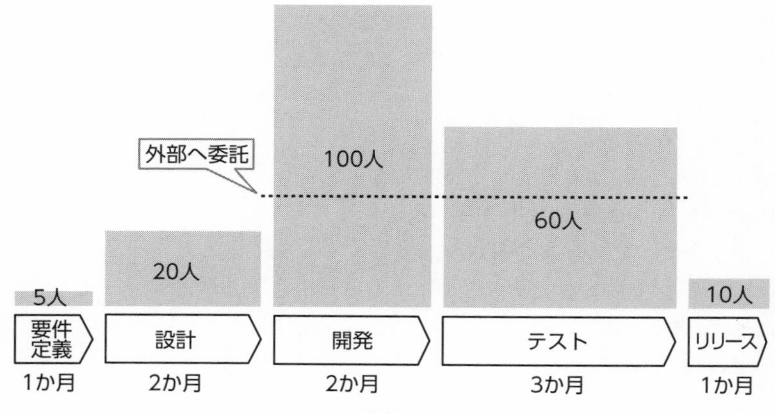

図7.6　工程別要員数と外部調達

COLUMN　パーキンソンの法則

ある物事に集中していくと、「今ある時間を最大限に使って、その解決に取り組む」ことが起こりやすい。これは、パーキンソンの法則として知られており、プロジェクトマネージャを悩みの種となる（表7.2）。パーキンソンの法則とは、人は何も考えなければ、与えられた制約をぎりぎりまでつかってしまうというものである。

表7.2　プロジェクトマネージャを悩ませるパーキンソンの法則

人は何も考えなければ与えられた制約をギリギリまで使ってしまう。 第一の法則：仕事の量は、完成のために与えられた時間をすべて満たすまで膨張する 第二の法則：支出の額は、収入の額に達するまで膨張する

表7.3　プロジェクト終結の主要な作業

- すべての課題が解決されていることを確認する
- 成果物の配布と顧客による正式な成果物の受け入れを確認する
- すべてのコストがプロジェクトに請求されていることを確認する
- プロジェクトの会計を閉じる
- 人員を配置転換する
- 納入者の仕事の正式な受け入れを確認する
- 未解決のクレームを終結処理する
- プロジェクトやフェーズの記録を収集する
- 成功または失敗を監査する
- 知識の共有と移転
- 教訓を特定する
- ステークホルダの満足度を測定する、など

フェーズの具体的なシステム開発のプロセスは、第６章で説明したので、プロジェクトマネジメントの観点から話を絞ると、この「実行」段階では、「プロジェクト計画書」をもとに、作業が計画通り進捗しているか、成果物の品質は低下していないか、コストは超過していないか、などの状況把握が重要である。実行段階では、「監視・コントロール」と行き来しながらシステム開発を進めることになる。

一方、「監視・コントロール」では、プロジェクト計画と実績の差を把握し、ギャップがあれば対応が必要である。また、プロジェクトで発生する変更への対応や、プロジェクト進行中に発生する様々なインシデントに対応する。計画を立てても、実行時に遅延が生じることは実生活でも少なくないであろう。どのようにマネジメントをすれば良いのだろうか。

プロジェクトでは、多くの関係者がかかわって仕事をするので、一人の遅延が、全体のスケジュールに影響を与える。プロジェクトでは予期しないことが起こるものなので、そのリスクも考えて、与えられて日数すべてを使うのではなく、余裕をもって終われるように、作業を進捗させていくようにすることが重要である。

終結

無事システム開発が終わったら、最後の終結のプロセスを迎える。全ての課題に対応済であるか、プロジェクトに関する支払いが完了しているかなどを確認し、終結のプロセスを進める（表 7.3）。ここでのポイントは、**今後の教訓を残す**ことである。すなわち、プロジェクトから学んだことを、後世に残してプロジェクトは終結する。

これで一連のプロジェクトが終了となる。システム開発だと、短いものなら１カ月くらいのもあるし、長いものなら数年のプロジェクトもある。どんなプロジェクトであっても、これまで説明したプロセスを経て行われる。

Further Learning　プロジェクトマネジメントの極意

プロジェクトマネージャに求められる能力

では、本章で説明した「プロジェクトマネジメントのプロセス」での検討事項を踏まえれば、プロジェクトを牽引するプロジェクトマネージャにはどのような能力が求められるのだろうか。

結論から言えば、プロジェクトマネージャには、**「先見性」「計画力」「提案力」「課題解決力」**など多様な能力をバランスよく、高いレベルで発揮することが求められる。とりわけ、人の管理はとても難しい。人には感情があり、日によって生産性は変動する。また、人によってスキルが違う。やる気の源泉も違う。このように、システム開発は、「システム」というデジタルなものを扱

COLUMN　プロジェクトマネジメントの知識体系

システム開発におけるプロジェクトマネジメントについては、ソフトウェア工学の知識体系SWEBOK（スウェボック）と同様に、PMBOK（Project Management Body of Knowledge：ピンボック）という知識体系としてまとめられている。PMBOKは1996年に第1版が刊行されて以来4～5年ごとに改定を重ね、現在は第7版（2021年）が出版されている。

PMBOKには5つのプロセス群（立ち上げ、計画、実行、監視・コントロール、終結）と、10個の知識エリア（統合、スコープ、スケジュール、コスト、品質、資源、コミュニケーション、リスク、調達、ステークホルダ）が定義されている（図7.7）。本書は、基本的にこの知識体系に従って説明している。違いは、本書では、ステークホルダマネジメントとコミュニケーションをまとめて説明していることである。プロセスと知識エリアの関係は表7.4に示したようになる。

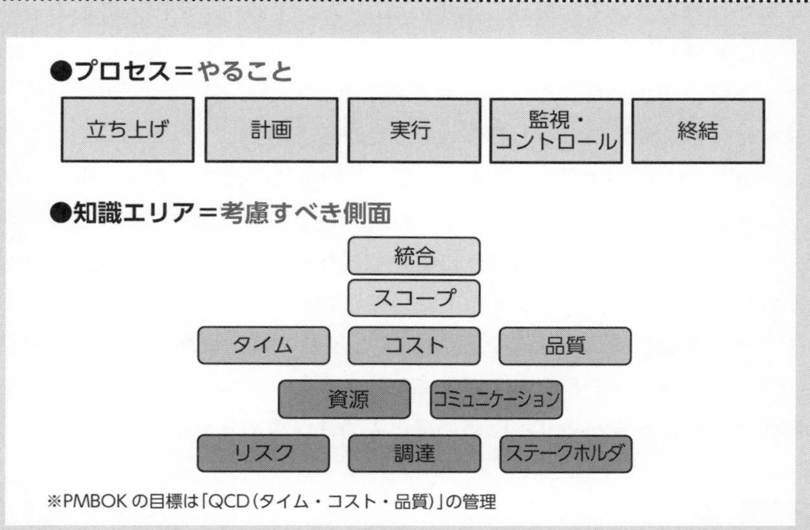

図 7.7　PMBOK の 5 個のプロセス群と 10 個の知識体系

表 7.4　プロセスと知識エリアの関係

	立上げフェーズ	計画フェーズ	実行フェーズ	監視・コントロールフェーズ	終結フェーズ
統合マネジメント	・プロジェクト憲章の作成	・プロジェクトマネジメント計画書の作成	・プロジェクト作業の指揮・マネジメント ・プロジェクト知識のマネジメント	・プロジェクト作業の監視・コントロール ・統合変更管理	・プロジェクトやフェーズの終結
スコープマネジメント		・スコープマネジメントの計画 ・要求事項の収集 ・スコープの定義 ・WBS の作成		・スコープの妥当性確認 ・スコープのコントロール	
スケジュールマネジメント		・スケジュールマネジメントの計画 ・アクティビティの定義 ・アクティビティの順序設定 ・アクティビティ所要期間の見積り ・スケジュールの作成		・スケジュールのコントロール	
コストマネジメント		・コストマネジメントの計画 ・コストの見積り ・予算の設定		・コストのコントロール	
品質マネジメント		・品質マネジメントの計画	・品質のマネジメント	・品質コントロール	
資源マネジメント		・資源マネジメントの計画 ・アクティビティ資源の見積り	・資源の獲得 ・チームの育成 ・チームのマネジメント	・資源のコントロール	
コミュニケーションマネジメント		・コミュニケーションマネジメントの計画	・コミュニケーションのマネジメント	・コミュニケーションの監視	
リスクマネジメント		・リスクマネジメントの計画 ・リスクの特性 ・リスクの定性的分析 ・リスクの定量的分析 ・リスク対応の計画	・リスク対応策の実行	・リスクの監視	
調達マネジメント		・調達マネジメントの計画	・調達の実行	・調達のコントロール	
ステークホルダーマネジメント		・ステークホルダーエンゲージメントの計画	・ステークホルダーエンゲージメントのマネジメント	・ステークホルダーエンゲージメントの監視	

うにもかかわらず、それを作り出すのは、「人」であり、その人の能力をいかに十分に発揮してもらうかが、プロジェクトマネジメントの成功の鍵となる。

たとえば、皆さんも次のように考えたことはないだろうか。「アルバイトでミスしたけど、今報告すると怒られそうだから、頑張ってリカバリをして何事もなかったことにしよう」「今日はなんだかやる気が出ないから、復習は明日にしよう」「期限内にできそうにないけど、1日2日なら遅れても問題ないか」など。人間なら誰しも、このように考える経験はあるだろう。しかし、もしこれが続いてしまうと、プロジェクトに、悪影響を及ぼしてしまう。プロジェクトマネージャは、ミスや品質、納期遅延などのプロジェクト成功の阻害原因（＝失敗の芽）が、なるべく早く報告されるように、プロジェクトメンバと良好な関係性を築く必要があり、極めて高い人間性が求められるのである。

COLUMN　リスクの発見

プロジェクトマネージャにはリスクを感知する能力が必要である。以下の状況で、読者の皆さんがプロジェクトマネージャであるとして、それぞれリスクを発見できるだろうか。

①最近メンバーからの報告がめっきり少なくなってきた。問題があれば報告するというルールにしており、最初の頃はたくさんの報告があったものの、ようやく順調に進み出したようである。厳しく指示した成果が表れてきたようで良かった。

一見すると、問題がないようにも見えるが、メンバーが問題を隠していないだろうか。本当に問題が発生していないのだろうか。

②プログラムのテストにおいて、50 件くらいの誤りが発見されると見込んでいたが、10 件程度と極めて誤りが少なかった。今回のプログラマーはとても優秀なようで安心した。

予期した状況と異なる結果が出た場合には、そもそもの前提条件を疑ってみることも大切である。プログラムのテストは適切に行われていたのだろうか、テスト項目が甘かったのではないか、テスト項目が少なかったのではないか、などである。

③ EC（電子商取引）サイトのチームにおいてプロジェクトＢは順調だが、それより先に始まった別のチームのプロジェクトＡは残念ながら問題が発生して炎上しているようだ。

プロジェクトＢについては順調だとしても、それとの前後関係が予定されているプロジェクトＡに問題が発生すると、当然ながら影響を受ける可能性がある。すなわち、システムのリリースの前後関係が変わって、影響がないか、というリスクを察知して対処する必要がある。

これらのリスクは、失敗の経験があると気付く部分も多い。もちろん自身の経験の蓄積もあるし、PMBOK などの知識体系で勉強する部分もある。いずれにせよ、プロジェクトマネージャには、「先を見通す視力」と「細かい違和感を見逃さない深い洞察力」が求められる。優れたプロジェクトマネージャは望遠鏡（遠くを見る力）と虫眼鏡（深い洞察力）を使い分けるのである。

まとめ POINT

- プロジェクトマネジメントとは、「独自性」かつ「有期性」のあるプロジェクトを成功に導くために、計画・管理する一連の活動である。
- プロジェクトマネジメントのプロセスのなかでも「計画・準備」は極めて重要であり、ここでプロジェクト成否の大部分が決定する。
- プロジェクトマネジメントには、プロセスと考慮すべきこと（知識エリア）が記載されたPMBOKという知識体系を活用することが有用である。
- プロジェクトマネジメントのポイントを「知っている」だけでは、プロジェクトを成功に導くことは難しい。人をマネジメントするための「高い人間力」やリスクをいち早く察知するための「豊富な経験」が重要である。

第8章 ITガバナンス

- ► ITガバナンスとは何のためにどのようなことを行うことだろうか
- ► 近年、ITガバナンスの重要性が高まってきたのはどのような背景だろうか
- ► ITガバナンスはどのように実装すればよいのだろうか
- ► ITガバナンスでは、どのようなことを考慮すべきなのだろうか

基礎知識　ガバナンスとは何か

経営者と株主の関係

組織がしっかりと整っているはずの大企業であっても、学校法人などの営利を目的としない組織においても、組織的不正と言われる事件が繰り返し起こっている。なぜこのようなことが繰り返し生じるのだろうか。

株式会社において、経営者は株主の利益の最大化を目指して経営することを株主から委託された関係にある。このような関係を**エージェンシー（依頼人・代理人）関係**と呼ぶ。エージェンシー関係においては、依頼人は代理人に対して自己の目的を実現することを求める。しかし、代理人は必ずしも依頼人の利益を実現することが最適とは言えない場合がある。このような依頼人と代理人

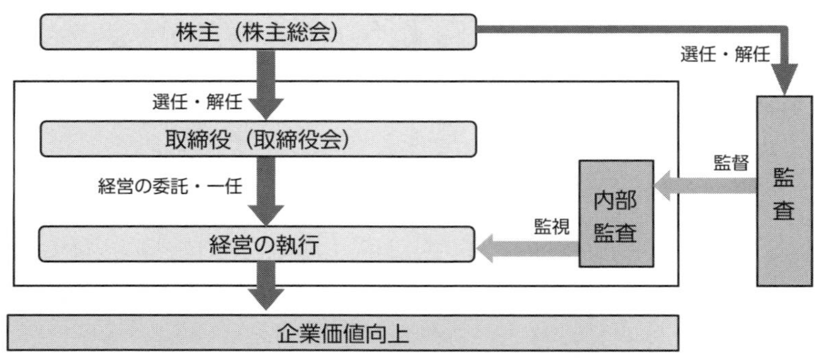

図8.1　株式会社における委託とモニタリングの仕組み

の利害の不一致が生じていないか、依頼人は代理人の行動や能力をモニターする必要がある。

株式会社では、このような考え方に立って、株主総会による取締役の選任、取締役会による代表取締役への経営の委託、といった**委託とモニタリング**の仕組みが整えられている（図8.1）。

コーポレートガバナンスの広がり

このような、受任者である経営者の義務懈怠（かいたい）を防止するために費やされるコストや、防止しきれず生じる損失（これらを**エージェンシー・コスト**と呼ぶ）はできるだけ小さいほうが良いはずである。1990年代のイギリスでは、株主の利益に沿わない経営が行われる事例が多発し問題となった。政府内に設置された**キャドバリー委員会**が調査を進め、1992年に「コーポレートガバナンスの財務的側面」という報告書を発表した。そこでは、「取締役会および会計監査人の説明責任の強化」「非業務執行取締役の役割強化による取締役会の実効性確保」など、経営者の監督を強化する仕組みが提言された。これが、「**コーポレートガバナンス**」という言葉が広がる端緒となった。

以来、さまざまな報告書やガイダンスが発表され、株主の利益のために経営者を監督する手法であるコーポレートガバナンスが拡充されてきた。コーポレートガバナンスは、このように企業経営において、**公正な判断・運営がなされるよう、監視・統制する仕組み**として発展してきた。コーポレートガバナンスの目的は、①企業経営の透明性の確保、②株主の権利と平等性の確保、③ステークホルダの権利・立場の尊重、であり、その効果としては、①一部経営陣による経営の暴走防止、②利益偏重にならない健全な経営の実現、③長期的な企業価値の向上、が期待されている。

わが国では、金融庁と東京証券取引所により、2015年６月に**「コーポレートガバナンス・コード」**が制定され、その後３年ごとに改訂されている。2021

COLUMN　ガバナンス、コンプライアンス、リスクマネジメント、内部統制

ガバナンスと類似した言葉に、「コンプライアンス」「リスクマネジメント」「内部統制」がある。ここでその違いを説明しておこう。

コンプライアンスとは、企業活動における法令遵守を意味し、ここでの法令は法律や政令などの「法令」に加えて、業務規程や社内ルールなどの「社内規範」、社会常識や良識などの「社会規範」、企業理念や社会的責任などの「企業倫理」も含まれる。コンプライアンスを維持・改善するための管理体制がガバナンスであり、ガバナンスの強化はコンプライアンスの強化につながる関係にある。

リスクマネジメントとは、想定される経営リスクを事前に把握するための管理手法であり、コーポレートガバナンスの重要な機能の一つである。

内部統制とは、「企業不祥事を防ぎ、業務の適正を確保するための社内体制」のことであり、内部統制を整備することは、コーポレートガバナンスの一つの要素であるという関係にある。

年6月の再改訂版では、①株主の権利・平等性の確保、②株主以外のステークホルダー（利害関係者）との適切な協働、③適切な情報開示と透明性の確保、④取締役会等の責務、⑤株主との対話、といった基本原則が示されたほか、「守りのガバナンス」から一段視野を広げて、「攻めのガバナンス」と呼ばれる、**成長と企業価値向上に重きを置く**ガバナンス強化に取り組むことが求められている。

「ガバナンス」という言葉は、日本語では「統治」と訳されることが多いが、語源はギリシャ語の動詞kubernao（舵を取る）であり、必ずしも上から下へ押さえつけるような語感はない。**ガバナンス**とは、**組織や社会において、そこに関係する利害関係者やメンバーが主体的に関与を行う、意思決定、合意形成のシステム**を指すものである。ガバナンスと同語源の言葉に「ガバメント（政府）」がある。こちらは、16世紀以降の近代主権国家の成立以降に、公的な領域で使われ、「国家や地方自治体などによる統治」の意味として使われる。

Story　ITガバナンスとは何か

ITガバナンスの定義

本章の基礎知識で説明した「ガバナンス」という言葉が、近年ITの分野でも使われるようになっており、「ITガバナンス」と呼ばれる。**ITガバナンス**とは「経営陣がステークホルダのニーズに基づき、組織の価値を高めるために実践する行動であり、情報システムのあるべき姿を示す情報システム戦略の策定及び実現に必要となる組織能力」と定義される[1]。すなわち、ITガバナンスとは、**経営者自ら**が**経営目標を達成するため**に、**IT戦略の策定と実行を舵取りする**こと、と言い換えることができる。

ITガバナンスは、IT戦略をビジネス戦略に合わせるためのフレームワーク（枠組み）として機能し、フレームワークをフォローすることにより、組織は戦略や目的の達成に向けて、測定可能な成果を生み出すことが可能になる。大

1　経済産業省「システム管理基準」（2018年）

COLUMN　IT ガバナンスと IT マネジメント

IT ガバナンスは、経営（取締役会）が関与する全社的な取り組みであり、部門レベルの取り組みである IT マネジメントと区別される（図 8.2)。経営戦略と連携した「IT 戦略」、そしてその実現を支える「IT 組織」「IT リソース」「IT 投資管理」「IT リスク」という 4 つの要素が重要である。

IT ガバナンスにおいては、バランスの取れた合意された事業体の目的を決定するために、ステークホルダ（利害関係者)[2] のニーズ、条件及び選択肢の評価を行い、優先順位付けと方向性を設定し、合意された方向性と目的に対して、パフォーマンスとコンプライアンスをモニタリングする。

一方、IT マネジメントでは、マネジメント層が、事業体の目的を達成するために、ガバナンス組織によって設定された方向性に沿って、活動を計画、構築、実行およびモニタリングを行う。

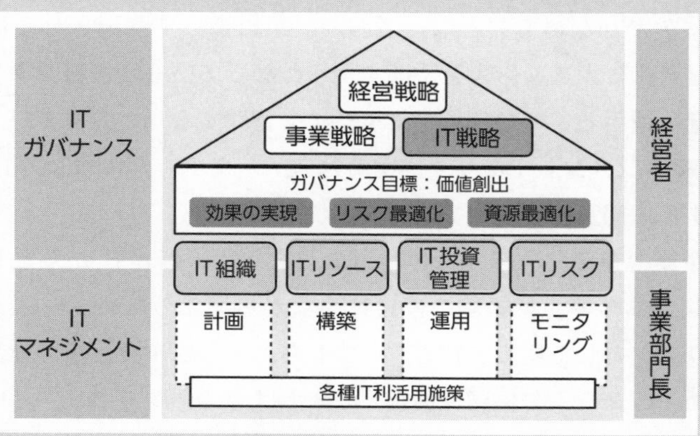

図 8.2　IT ガバナンスと IT マネジメント

きく捉えれば、IT ガバナンスは組織全体のコーポレートガバナンスの一部であ

2　ステークホルダとは利害関係者を指す。ここでは、内部的には、取締役会、経営幹部、業務部門

るといえる。実践的には、ITガバナンスとは、ITに関する企画・導入・運営にかかわるすべての活動や成果、および関係者を**適正に統制できる仕組みやルールを組織内に整備**することであり、そして**ITへの投資効果・リスクを常に最適化**できるように組織的に取り組むことを指す。

戦略とはあるべき姿に現在地点からどのように進んでいくのか、という道筋を決めることであるが、その描いた道筋をうまく進むように舵取りするのがガバナンスである。多数の人間が集まる組織や企業を一つの方向へ進めるためには、単に戦略を描いただけでは十分ではなく、その組織の活動を最適にコントロールすることが必要である。近年、業務におけるITの重要性の高まりとともに、IT戦略やその実効性を担保するITガバナンスが経営の問題として認識されるようになっているのである。

経営におけるITガバナンスの重要性

あらゆる組織は、顧客、従業員、取引先、投資家その他を含む、**ステークホルダに対して価値を創出**することが求められている。一方、IT（情報技術）は事業戦略に欠かせないものとなっており、ITによって実現される情報システムの巧拙が経営に大きな影響を及ぼすようになっている。情報システムの企画、開発、保守、運用といったライフサイクルを管理するためのマネジメントプロセスが**ITマネジメント**であり、経営陣はステークホルダに対してITマネジメントに関する説明責任を負っている。

現代の企業の業務は、ITがなければ成り立たないほどITが浸透しているので、ITシステムの停止は業務の停止につながる。このため、システムリスクは経営のリスクとして認識される。すなわち、トラブル発生時の社会的影響が大きいため、システムの信頼性品質[3]の向上は必達課題であり、このため経営者が積極的にITに関与していくことが求められている。

さらに、近年はITの発展によりビジネスモデルや産業構造が急速に変化し

長、IT部門長、リスク管理部門長を、外部的には、監督機関、ビジネスパートナー、ITベンダーなどを指す。

3　ソフトウェアの品質には、大きく分けて機能性品質、信頼性品質、性能品質、製造技術品質がある。信頼性品質とは、ユーザーの要求にどれだけ応えることが出来ているかということである。

ており、環境変化への迅速な対応が求められている。中長期的な企業価値の向上や競争力の強化に結びつく戦略的な IT 投資の重要性が高まっている。

ガバナンスの重点目的

第 1 章で説明したように、IT の利活用目的は時代とともに変化してきた。IT ガバナンスの目的もこれに応じて変化してきた。ここで、その変遷を確認しておこう。

1990 年代前半には、情報システム導入の主目的は業務の効率化やコスト削減を図ることであった。この時期には、情報システムの導入や運用について、経営者が直接関与することは少なく、情報システム部門が主導することが一般的であった。IT ガバナンスについてはまだ仕組みが十分に整備されておらず、情報システムの目的やビジョン（自社における将来構想）と、経営戦略との整合性が不十分であるという課題があった。

1990 年代後半には、情報システムが企業のビジネス戦略に直結していることが認識され、IT ガバナンスの主な目的は、情報システムを戦略的資産として捉えて、経営戦略との整合性を確保することになった。具体的には、情報システムを適切に管理・運用することで、企業価値の向上や競争優位性の獲得を目指すようになった。

2000 年代に入ると、情報システムの運用管理やセキュリティ管理などに対するリスクが顕在化し、情報システムの安定性や信頼性の確保が重要な課題となった。このため、情報システム部門は、情報システムの安定性や信頼性を確保するためのガバナンス体制を整備することが求められるようになった。わが国の主要企業で IT ガバナンスが経営における重要な問題だという認識が広まったのはこの頃である。

現在では、IT ガバナンスは、企業の業績向上やリスク管理、コンプライアンスの徹底などを目的として整備されている。具体的には、情報システムの目的やビジョンを経営戦略と整合させ、情報システム部門が経営者との連携を強化すること、情報システムの安定性や信頼性の確保、セキュリティ管理、内部統制の強化、IT 投資の合理化などが求められている。

近年では、IT の利活用領域の拡大を背景として、デジタル変革につながる

IT による価値創造が重視され、IT システムを企業価値創造につなげることが積極的に推奨されている。この流れを受けて、近年の IT ガバナンスの目的は**価値創出**へと重心を移しており、そこで期待されている結果は次の 3 つである。

第 1 は、**効果の実現**である。具体的には、IT を通じて事業に価値を創造すること、既存の IT 投資から得られる価値を維持および向上させること、そして十分に価値を生み出さない IT の計画や資産を排除することである。

第 2 は、**リスクの最適化**である。具体的には、事業体内での IT の使用、所有、運用、関与、影響、採用に関連する業務上のリスクに対処することである。IT 関連リスクの管理は、事業体のリスクマネジメントアプローチに統合して行われるべきものである。

第 3 は、**資源の最適化**である。具体的には、業務の要求に応じて新しい技術を導入し、古いシステムを更新または置き換える。ハードウェアとソフトウェアに加えて、要員の能力の確保、データと情報の活用も重要な要素に含まれる。

以上述べたように、IT ガバナンスの目的も統制から企業価値創造に向けた全社的な最適化に重点が置かれるように変化している[4]。

Process　ITガバナンスの導入

経営者の役割

IT ガバナンスを組織や企業に導入する上で経営者の役割はどのようなものだろうか。ISO38500 という国際標準規格では、組織のガバナンスを実施する経営者層に対し、①現在と将来の IT の利用について行う「評価（Evaluate）」、② IT の利用が組織のビジネス目標に合致するよう、計画とポリシーを策定し、実施する「指示（Direct）」、③ポリシーへの準拠と計画に対する達成度を確認する「モニタ（Monitor）」の 3 つを実践することが経営者としての役割であると定義している。これを EDM モデルといい、このモデルをもとに、3 つのフェーズにおいて経営者には以下の行動が求められている。

4　経済産業省「システム管理基準」（2018 年）、金融庁「平成 29 事務年度金融行政方針」（2017 年）

①評価（Evaluate）

評価フェーズでは、経営者は IT ガバナンスに関する現状の評価を行い、問題点を洗い出し、改善すべきポイントを発見する。具体的には、IT ガバナンスの評価指標の設定や評価方法の確立（適切なフレームワークの選定）、IT ガバナンスの現状分析の実施、IT ガバナンスに関する問題点やリスクの洗い出しなどである。

②指示（Direct）

指示フェーズでは、経営者は IT ガバナンスに関する方針や目標を設定し、戦略的な方向性を示す。具体的な役割は、IT ガバナンス方針の策定と周知（IT ガバナンスに関するポリシーや手順、指針の策定、IT ガバナンスを導入するための教育やトレーニングの実施）、IT ガバナンスに関する目標の設定と達成のための方針や戦略の決定、IT ガバナンスに関する経営資源の割り当てや運用方針の決定（IT ガバナンスを導入するための組織体制の確立）、である。

③モニタ（Monitor）

指示に基づいて、IT ガバナンスを実施する施策が開始されると、経営者はそれが適切に実施されているかをモニタリングする。モニタフェーズでは、経営者は IT ガバナンスの実施状況を監視し、改善や修正が必要な点を発見する。具体的な役割は、IT ガバナンスの遵守状況の監視と評価、IT ガバナンスの適切性や有効性の評価、IT ガバナンスの改善点の洗い出しと修正である。

経営者は、マネジメントのフィードバックをもとに、IT ガバナンスの実施状況を定期的にモニタリングし、問題点や課題を特定する。そして、その改善策を検討し、継続的な改善を行う。このように、IT ガバナンスの導入およびその実行には経営者の役割が極めて重要なのである。

ITガバナンスを成功に導く6つの原則

IT ガバナンスを成功に導くためには、経営陣は以下の 6 つの原則を採用することが望ましいと言われている[5]。第 1 は、**責任と権限の原則**である。役割に責

5　経済産業省「システム管理基準」2018 年 4 月

任を負う人は、その役割を遂行する権限を持つべきである。第 2 は、**戦略策定における将来考慮の原則**である。IT 戦略は、情報システムの現在及び将来の能力を考慮して策定する必要がある。第 3 は、**中長期を視野に入れた意思決定の原則**である。情報システムの導入は、短期・長期の両面で効果、リスク、資源のバランスが取れた意思決定に基づく必要がある。第 4 は、**将来ニーズ考慮の原則**である。情報システムは、現在及び将来のニーズを満たすサービスを提供する必要がある。第 5 は、**適合性の原則**である。情報システムは、関連する全ての法律及び規制に適合する必要がある。第 6 は、**人間行動尊重の原則**である。情報システムのパフォーマンスの維持に関わる人間の行動を尊重する必要がある。

ITガバナンスの構成要素

IT ガバナンス導入の実践には後述するさまざまな**フレームワーク**[6]が用いられるが、一般的には次の 8 つの構成要素について対処する必要があると考えられている（表 8.1）。すなわち、①戦略の方向性と情報システムの整合性、②組織、③業務、④コスト、⑤運用、⑥ルール遵守、⑦リスク管理、⑧調達、である。

ITガバナンスのフレームワーク

IT ガバナンスを実装するには、既存のフレームワークを活用する。フレームワークは世界中のベストプラクティスから知識が集約され、多数の項目が整理されているため、項目ごとにガバナンスの成熟度・達成度を測定することが可能になる。また、フレームワークの導入によって、ガバナンス体制を構築するためにどのような目標を定めたらよいかも明らかになる。IT ガバナンスに関しては、さまざまな分野から発展して複数のフレームワークが存在する（図 8.3)。わが国では、IT ガバナンスのフレームワークとして COBIT（コビット）が用いられることが多い。

6　ビジネスにおけるフレームワークとは共通して用いることが出来る考え方、意思決定、分析、問題解決、戦略立案などの枠組みのことを指す。

表 8.1　IT ガバナンスの構成要素

IT ガバナンスには 8 つの構成要素がある

構成要素	内容
戦略の方向性と情報システムの整合性	事業の方向性とシステムの整合性を高め、かつそれらを企業全体として共有することで、効果的な仕組みづくりを目指す
組織	会社内における情報システムを統括する組織体制の確立と、新しい業務の分担を徹底
業務	それぞれの業務を十分に把握し、適切に情報やシステムを活用するための応用力
コスト	費用対効果のあるコスト配分と投資効果の正しい測定と評価
運用	会社を全体として見たときの効率のよい運用体系ができているか、またはネットワーク運用体系とその運用が実施できているかどうかのチェック
ルール遵守	法や制度、社内ルールを十分に守るために、ガイドラインの設定
リスク管理	物理的なセキュリティとサイバーセキュリティ対策、適切な内部統制の確実な実施
調達	適切な調達を行う上での仕様書や調達方法の選定と評価

（資料）BOX Japan ホームページをもとに筆者作成

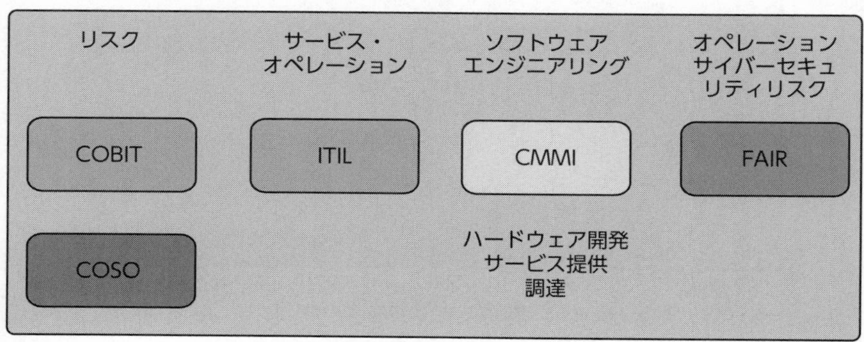

図 8.3　IT ガバナンスのフレームワーク

（資料）IDG TECTalk, "What is IT governance?" をもとに筆者作成

COLUMN　COBITについて

COBITとは、Control Objectives for Information and Related Technologiesの頭文字であり、米国の情報システムコントロール協会（ISACA：Information Systems Audit and Control Association）が策定しているITガバナンスとITマネジメントのフレームワークである。COBITは1996年にIT監査を対象としたCOBIT1から順次、バージョンアップとともに対象を拡大してきた（図8.4）。2005年のCOBIT4.0でITガバナンスを対象としたがこれは主にIT部門を同フレームワークの利用者として想定していた。2012年のCOBIT5では事業体ITガバナンスに対象を広げた。企業ではなく事業体となっているのは、営利企業だけではなく、政府や地方自治体などの非営利組織・団体も含まれるということである。また、COBIT5では、ITガバナンスはIT部門だけではなく、経営の問題として位置付けられるようになった。最新のCOBIT2019では、事業体の情報（Information）と技術（Technology）のガバナンスを対象としており、情報

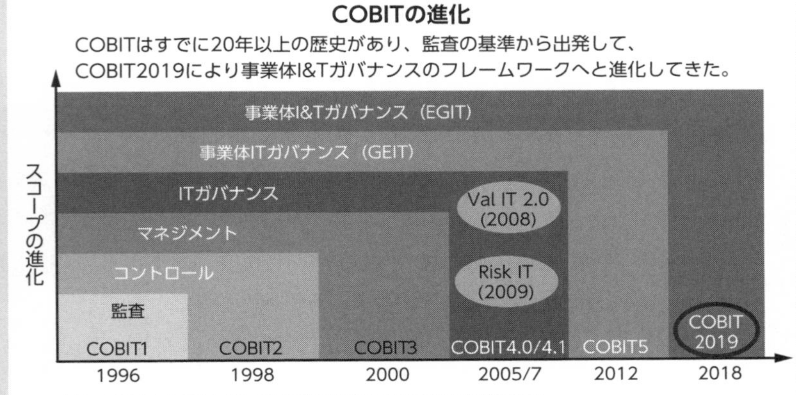

図8.4　COBITのスコープ（対象範囲）の進化

（資料）「COBIT 2019概要」（2019年2月）ISACA勉強会資料

技術（IT）だけではなく、データの活用などにも対象が広がっている。

COBIT では、ガバナンスには評価・方向付け・モニタリングを行う 5 つの監督目標、マネジメントには、14 の計画、11 の構築、6 つの運用、4 つのモニタリングに関するマネジメント目標が定められている（図 8.5）。COBIT においては、事業体の IT に関する活動を大きく IT ガバナンスと IT マネジメントとに分け、後者をさらに「計画と組織」「調達と導入」「デリバリとサポート」「モニタリングと評価」の 4 領域に分類している。それぞれの領域に対して、CFS（重要成功要因）・KGI（重要目標達成指標）・KPI（重要業績達成指標）を定義し、さらにその達成レベルを「0（不在）～ 5（最適化）」の 6 段階設定し、成熟度を測定する。

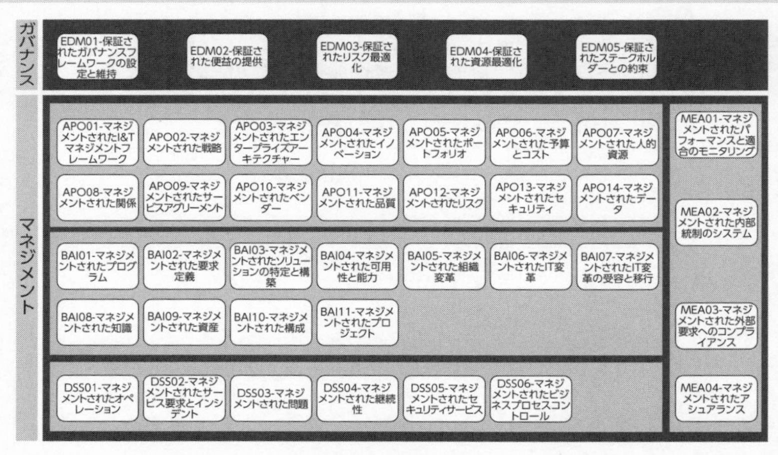

図 8.5　COBIT2019 のガバナンスとマネジメント目標

（出典）「COBIT 2019 フレームワーク：ガバナンスとマネジメント目標」（2019 年）ISACA

COBIT2019 の直前バージョン（COBIT5、2012 年）では IT（情報テクノロジー）を対象としていたが、COBIT2019 では「Information & Technology」という表現になっており、組織が事業の目的と目標を達成するために生成・処理・利用するすべての「情報」は、「テクノロジー」とは異なる観点でマネジメントする必要があることを明示している。

Further Learning　ITガバナンスの極意

IT ガバナンスでは、システムを安全・安定的に運営させることに加え、IT と経営戦略・事業戦略を連携させ、企業の価値を創出することが求められる。IT ガバナンスは経営者が関わる問題であり、主体的に取り組むことが求められている。第 3 章第 4 節「IT ガバナンスのポイント」で学んだこと（表 8.2）をおさらいしながら、「IT ガバナンスを成功に導く 6 つの原則」「IT ガバナンスの構成要素」とあわせて再度整理しておこう。

表 8.2　IT ガバナンスのポイント

ポイント 1	経営者の IT の重要性認識
ポイント 2	IT 部門の経営者やユーザー部門との関係性
ポイント 3	経営における IT の可視化
ポイント 4	ユーザー部門の当事者意識
ポイント 5	投資判断の検証
ポイント 6	IT 部門の経営資源
ポイント 7	開発の担い手
ポイント 8	危機管理体制

経営者のリーダーシップ

まず、経営者が IT を重要だと認識していること、経営戦略の一部として認識していることが必要である（ポイント 1）。IT ガバナンスの構築にあたり、経営陣がリーダーシップを発揮し、主体的に取り組んでいることが重要である。戦略に基づき IT を利活用した経営手法である IT 経営においても、経営者のリーダーシップは重要であるとされており（Column 参照）、IT を利活用する企業において経営者のリーダーシップが大きな差をもたらす時代となっている。

COLUMN　IT 経営

IT 経営とは、経営環境の変化を洞察し、戦略に基づいた IT の利活用による経営変革により、企業の健全で持続的な成長を導く経営手法である。IT コーディネータ協会は、IT 経営推進プロセスガイドラインのなかで、「経営者が IT 経営を成功に導く 7 つの原則」を示している（表 8.3）。その 1 番目の原則は「経営者牽引の原則」であり、そこでも経営者のリーダーシップの重要性が示されている。

表 8.3　IT 経営を成功に導く 7 つの基本原則

1	経営者牽引の原則	経営者の「思い」を伝え組織を動かす	経営者の事業への「思い」をステークホルダと共有し、経営者自ら率先して組織を動かす。
2	環境変化洞察の原則	環境変化に敏感になる	常に変化へのアンテナを張り、変化の先にある本質を見逃さない。
3	IT 徹底利活用の原則	IT を常に念頭に入れる	IT を徹底的に利活用することを前提に考える習慣を持つ。
4	戦略実行整合の原則	戦略と実行を合わせる	経営戦略で策定した経営ビジョンや目標と整合しているかを、常に確認しながら活動する。
5	全体最適の原則	全体視点で考える	社内外のリソースやサービスを有機的に結合し全体最適を目指す。
6	学習と成長の原則	持続的な成長を目指す	現状の成熟度を知り、次の成長に向けた継続的な改善、改革を行う。
7	価値創造の原則	提供価値を問い続ける	最終ユーザーを意識した提供価値を問い続ける。

（資料）IT コーディネータ協会「IT 経営推進プロセスガイドライン Ver.3.1」、2018 年

COLUMN　CIO・CDOの設置

経営層においてITを専門的に担当するCIO（Chief Information Officer）やCDO（Chief Digital Officer）を設置している企業の割合をみると、日本はCIO、CDOともに主要国に比べて非常に低い（図8.6）。加えて、日本企業のなかにはCIOは任命したものの、実質的な権限が伴っていない「名ばかりCIO」となっている例も少なくないと言われる[7]。企業においてITガバナンスのリーダーシップが求められるなかで、企業経営者の意識を高めるとともに、適切なITガバナンスの態勢を構築することが急務であると考えられる。

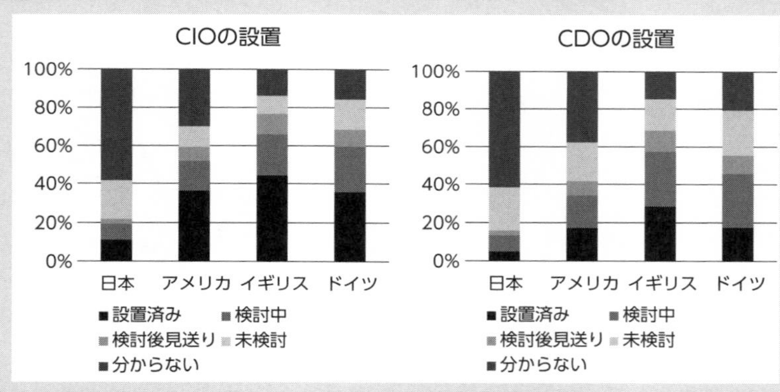

図8.6　CIO・CDOの設置状況（左図：CIO、右図：CDO）

（資料）総務省『平成30年版情報通信白書』

経営戦略との連携性

2つ目はIT戦略が経営戦略・事業戦略と連携して策定されていることである。IT戦略がない企業では、経営、業務およびITの各領域が有機的に連携してお

7　日本経済新聞2021年7月13日「名ばかりCIO、場当たりDX」

らず、目的もなく、単なる業務の IT 化にとどまることになる。自社のビジネスモデルを確認し、経営の視点で、業務と IT の橋渡し行い、経営戦略と連携した IT 戦略を策定することが重要である。

構成要素についてITガバナンスを考える

以下では、「IT ガバナンスの構成要素」のそれぞれの構成要素ついて、「成功に導く 6 つの原則」と照らし合わせながら考えてみよう。

①戦略の方向性とシステムの整合性

第 5 章で学んだように、IT 戦略が経営戦略・事業戦略と連携して策定されていることが重要である。ここでは、「将来考慮の原則」で考えることが必要である。すなわち、現時点での経営環境、技術環境、経営資源からのみ将来の戦略を考えるのではなく、情報システムの現在及び将来の能力を考慮して経営戦略や IT 戦略を策定する必要がある。このとき、経営者は自社の IT がどのようなパフォーマンスを発揮しているのかを把握して判断する必要がある。

そのために必要なのが「経営における IT の可視化」（ポイント 3）である。

②組織

組織についてあるべき姿は、経営層および全従業員が、IT に対し一定のリテラシーを保有し、明確な役割分担のもと、全社一体となって IT 化を推進することである。ユーザー部門の役割は、システム開発の当事者意識を持って案件を企画し、業務要件定義を行い、出来上がったシステムのテスト結果を確認し、効果を検証することである。一方、IT 部門は、IT 資源管理を行い、システム構築方針を策定し、IT コストを見積もり、開発とプロジェクト管理を行い、リリースすることに責任を負う。ここでは、第 1 の「責任と権限の原則」を考えて、役割に責任を負う人に、その役割を遂行する権限を持たせることが必要である。

IT 部門は、他の事業部とは異なる仕事をしており、IT 部門は専門部隊として扱われるため、社内で孤立しがちである。経営者やユーザー部門との円滑なコミュニケーションを図り、良好な関係を維持することも重要である（ポイント2)。そして、IT部門に十分な経営資源（予算・人材）を割り当てること（ポイント6）が、社内での良好な関係性を確保することに資する。昨今は必要とされるIT人材の質も変化しており、バランスよく育成・配置することが求められている（Column参照)。

COLUMN　IT人材に求められる特性

IT活用の巧拙が、企業競争力を左右するようになっており、ITを使いこなす人材が必要である。このような時代には、課題解決型のITに加え、価値創造型のITもこなせる人材が必要である。課題解決型のITの目的は、既存業務の効率化やコスト削減であるため、そのITの特性は、要件定義が明確で、確実性が重視されることであり、「守りのIT」と呼ばれている。一方、価値創造型のITの目的は新たな事業価値の創造である。そのITの特性は要件が不確実で、スピードが重視され、「攻めのIT」と呼ばれる。

IT人材が目指すべき姿は、図8.7に示したように、課題解決型のIT、価値創造型のITに必要な人材像は相当異なる。これからのIT人材には双方の特性が求められる様になるだろう。すなわち、マインド面では、業務の着実さ・正確さに加え、新技術への好奇心、問題意識、自発的に動く力、スピードが求められる。知識面では、従来から重視されていた基本的なITの知見、IT業務の全般的な知識に加え、AIやデータ分析技術等の理論と応用を習得することが必要である。創造的解決力では、ビジネス課題をITで解決する力に加え、先端技術でビジネスをデザインする力も求められるであろう。

一人の人が、両方の特性を持つのが目指すべき姿であるが、そのような人はなかなかいないので、課題解決型のITの人材と、価値創造型のITの人材を、組織としてバランスよく育成することが必要である。

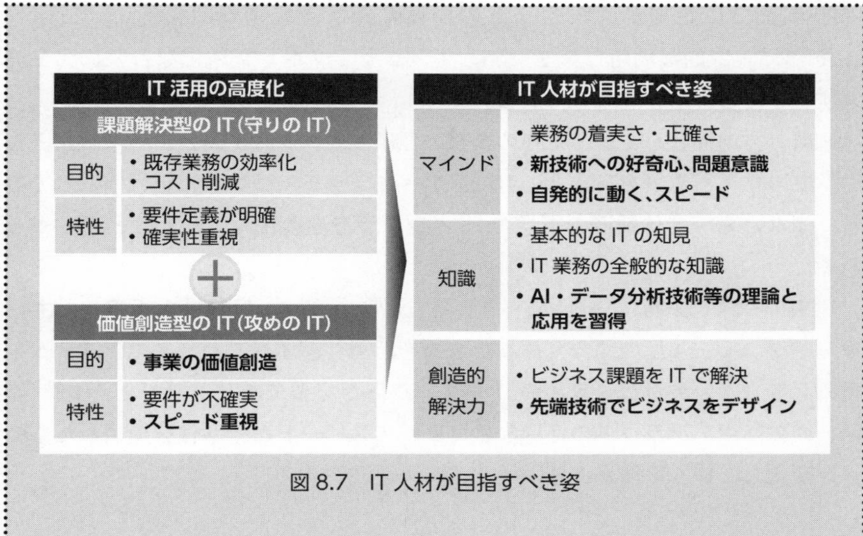

図 8.7　IT 人材が目指すべき姿

③業務

業務については、それぞれの業務を十分に把握し、適切に情報やシステムを活用するための応用力を備えることが求められている。ここでは、「将来ニーズの考慮」「人間行動尊重の原則」に基づいて考えることが必要である。わが国が情報システムの構築に取り組んだのは、世界的に見ても、非常に早い時期だった。また、非常に効率的なシステムを、各産業で構築してきた。この結果、それぞれのシステムが古い技術を使って作られており、さまざまな課題を抱えている。

わが国における情報システムの課題は、①データを活用しきれず、デジタル化を実現できない、②今後、維持管理費が高騰し、技術的負債が増大する、③保守運用者の不足等で、セキュリティリスク等が高まる、などが指摘されている。これを 2025 年まで放置すると、年間 12 兆円の経済損失が生じると、経済産業省は試算している[8]。これは「2025 年の崖」と呼ばれる。そこでは、

8　経済産業省「DX（デジタルトランスフォーメーション）レポート」（2018 年 9 月）

2020年までに企業がITシステムの刷新に関する経営判断を行い、2021～2025年に集中的な刷新作業を実施して、ブラックボックス化などの状況を解消すべきだと警鐘を鳴らしている。

刷新の方向性としては、既存の業務の仕組みや、システムとデータを見直し、シンプル化・再構築を行うとともに、アーキテクチャの最適化を行うことである。すなわち、**全体最適の視点**で**ITインフラを高度化**していくことが求められる。

従来のシステムは、守りのITであるため、安定性と信頼性を重視し、主にウォータフォール型の開発、枯れた技術を活用し、オンプレミスでシステムを構築してきた。今後は、攻めのITへのシフトが必要であり、アジャイル開発、新技術の活用、クラウドの活用などによって**スピードと効率性を重視**したものへと変化していく必要がある。

④コスト

費用対効果のあるコスト配分と投資効果の正しい測定と評価は、IT投資の計画、実行、監視、評価を行う上で重要な要素である。そして適切な投資を考える上では、第3の「中長期を視野に入れた意思決定原則」を考慮に入れる必要がある。

IT投資には、先述したように「守りのIT」と「攻めのIT」があり、近年は後者の重要性が高まっている。しかし、だからといって守りのITを疎かにしてはならない。経営には両者を俯瞰する視野が必要である。先端技術を活用したビジネス展開も、各産業の既存の基幹（コア）事業を担うシステムの維持・向上・効率化の上に成立しているからである。先端技術を過大評価すると、その導入を無評価に優先することとなり、既存の基幹事業を支える技術力の強化の軽視につながることになる。一方、先端技術を過小評価すると、その可能性を軽視し、結果としてその後の主流となるイノベーションに対する取り組みに遅延することになる。このような「**先端技術の真逆の罠**」に陥らないように俯瞰的な視野を持つことが必要である。

さらに、過去の投資が今もきちんと効果が出ているかどうかを常に検証すること（ポイント5）が、投資判断の適切性を確保する上で極めて重要である。

COLUMN　両利きの経営――攻めと守りのバランス

攻めの IT と守りの IT への投資のバランスを見る際に、RGT モデルというものが知られている。IT 投資を、既存事業の維持・継続（Run）、既存事業の成長、効率化（Grow）、新規事業や事業の変革（Transform）の 3 つに区分し、その比率を見るものである。

ある調査によると[9]、2018 年の企業の IT 予算のうち、新規事業や事業の変革（Transform）に向けられるのは 10%、既存事業の成長、効率化（Grow）に向けられるものが 19%、既存事業の維持・継続（Run）に向けられるものが 71% という割合であった。すなわち、攻めの IT に該当する Grow、Transform と守りの IT に該当する Run との比率はおよそ 3：7 である。このような投資のポートフォリオをどのように運営するかが IT ガバナンス上の重要な考慮点となる。

経営学においては、既存企業のイノベーションを成功させるためには、新規事業と成熟事業を完全には分離させず、既存事業の効率化と漸進型改善を追求する「知の深化」と新規事業の実験を行う「知の探索」をバランスよく推進する「両利きの経営」が重要であることが知られているが、RGT モデルはこれを IT 投資の側面から実行する方法論と位置づけられる。

⑤運用

運用については、会社を全体として見たときに、効率の良いシステム運用体系ができているか、またはネットワーク運用体系とその運用が実施できているかどうかのチェックを行うことが必要である。ここでは、第 3 の「中長期を視野に入れた意思決定原則」に加えて、「人間行動尊重の原則」も併せて考慮に

9　Gartner, “IT Key Metrics Data 2019: Executive Summary”

入れる必要がある。

運用でのチェックにおいては、企業価値の創出に繋がる戦略的なIT投資が行われているか。また、IT投資に対する効果評価を含むPDCAサイクルが回っているか、について中長期的に検証される必要がある。すなわち、IT投資の案件別の効果検証に加えて、システムごとの有効性の検証が必要である。システムをリリース後、案件別効果検証では、プロジェクトのIT効果であるROIを継続的（5年程度）に検証する。ROIが未達の場合は、対策を講じる。また、システム別効果検証では、充足度（ユーザーアンケート）、効率性（保守費用比率）、安定性（障害発生件数）、活用度（トランザクション処理件数）等を検証する。どのような項目を測定し、評価するかは、経営の視点から決定する。このように、運用に関するITガバナンスでは、事後的な投資効果検証という側面（ポイント5）も含まれている。

⑥ルールの遵守

企業も社会の一員である限り、法や制度を遵守することが要請されていることは言うまでもないが、ITガバナンスにおいては、そうした法制度や社内ルールを十分に守るために、ガイドラインの設定を行うことが極めて重要である。

ここでは、第5の「適合性の原則」に加えて「人間行動尊重の原則」を意識しながら行うことが求められている。

⑦リスク管理

ITリスク管理は、近年のITガバナンスの主な目的の一つである。

ここでは、第6の「人間行動尊重の原則」を考慮した体制構築が重要である。システム障害、天災、セキュリティなど全ての脅威に対し、完全に防御するシステムを作ることは、不可能ではないものの非常に困難である。リスクへの対処は、回避、低減、転嫁、受容のいずれかの方法による。リスクを低下させるには、コストを上げるか、利便性を低下させるしかない。リスク、コスト、利便性は、トレードオフの関係にある（図8.8）ため、回避すべきリスク、許容するリスクを見極め、適切な対応を行うことが重要になる。とりわけ、危機管理体制の構築（ポイント8）は現代のITガバナンスにおいて極めて重要な問題

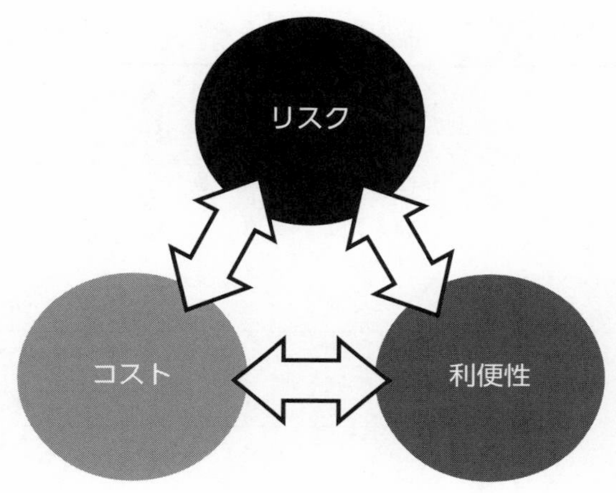

図 8.8　リスク、コスト、利便性のトレードオフの関係

になっている。

⑧調達

調達に関する IT ガバナンスおいては、適切な調達を行う上での仕様書や調達方法の選定と評価が重要である。ここでは、第 3 の「中長期を視野に入れた意思決定の原則」で考える必要がある。とりわけ、開発の担い手（ポイント 7）を自社（内製開発）とするか外部ベンダー（委託開発）とするかは、その得失を慎重に考慮して決定すべきである。

以上を表にまとめれば表 8.4 の通りになる。

表 8.4　IT ガバナンスの構成要素、6 原則とポイントの関係

	責任と権限の原則	将来考慮の原則	中長期視野の原則	将来ニーズの原則	適合性の原則	人間行動の原則	押さえるべきポイント
戦略の方向性とシステムの整合性		✓					経営における IT の可視化
組織	✓						IT 部門との関係性 IT 部門の経営資源
業務				✓		✓	
コスト			✓				投資判断の検証
運用			✓				投資判断の検証
ルール遵守					✓		
リスク管理						✓	危機管理体制
調達			✓				開発の担い手

まとめ POINT

► IT ガバナンスとは、IT 投資の効果を最適化することを目的として、IT に関する企画・導入・運営にかかわるすべての活動や成果、および関係者を適正に統制できる仕組みやルールを組織内に整備することである。

► 近年、IT は事業戦略に不可欠となっており、情報システムの巧拙が経営に大きな影響を与える。また、IT の発展で急速に経営環境が変化するなかで、中長期的な企業価値の向上や競争力の強化に結びつく戦略的な IT 投資の重要性が高まっている。このため、IT 投資の最適化が一段と重要性を増している。

► IT ガバナンスを実装するには、既存のフレームワークを活用する。フレームワークは世界中のベストプラクティスから知識が集約され、多数の項目が整理されているため、項目ごとにガバナンスの成熟度・達成度を測定することが可能になる。

► IT ガバナンスでは、①経営者の IT の重要性認識、② IT 部門の経営者やユーザー部門との関係性、③経営における IT の可視化、④ユーザー部門の当事者意識、⑤投資判断の検証、⑥ IT 部門の経営資源、⑦開発の担い手、⑧危機管理体制、を押さえることが極意である。

◉参考文献

◎ 経済産業省「システム管理基準」2018 年 4 月

◎ IT コーディネータ協会「IT 経営推進プロセスガイドライン　Ver.3.1」2018 年

◎ 金融庁「金融機関の IT ガバナンスに関する実態把握結果（事例集）」2019 年 3 月

◎ 経済産業省「Governance Innovation Ver.2　アジャイル・ガバナンスのデザインと実装に向けて」https://www.meti.go.jp/press/2020/02/20210219003/20210219003-1.pdf

◎ 経済産業省「「攻めの IT 投資」について」ITC Conference 2014 講演用資料 https://www.itc.or.jp/news/dlfiles/itcc20

◎ Charles A.O'Reilly & Michael L.Tushmanb, "Ambidexterity as a dynamic capability: Resolving the innovator's dilemma," Research in Organizational Behavior, Volume 28, 2008, pp. 185-206.

III

ITを取り巻く環境を学ぶ

第9章 情報セキュリティ

学習POINT

- 情報セキュリティとは何か、セキュリティリスクとは何か
- セキュリティリスクはどのように管理するのか
- サイバー攻撃の代表的な手口はどのようなものがあるか
- サイバー攻撃に対してどのように対策を講ずればよいのだろうか
- 政府は情報セキュリティにどのように取り組んでいるのだろうか

基礎知識　情報セキュリティとは

情報セキュリティとは、情報の機密性、完全性、可用性を維持することである。これを**情報セキュリティの３要素**という。**機密性**（Confidentiality）とは、ある情報へのアクセスを認められた人だけが、その情報にアクセスできる状態を確保することである。**完全性**（Integrity）とは、情報が破壊、改ざん又は消去されていない状態を確保することである。**可用性**（Availability）とは、必要時に中断することなく、情報にアクセスできる状態を確保することである。以下では具体的な事例を紹介してみよう。

①機密性の侵害

2019年7月、ある大手コンビニエンスストアが独自に開発したQRコードを利用したスマートフォン決済サービスの提供を開始した。しかし、サービス開始直後から顧客より「身に覚えのない取引があった」との問い合わせがあり、調査の結果、1,574人、計約3,240万円の不正利用が判明した。すなわち、第三者が同決済サービス利用者のIDやパスワードを入手して不正にログインし、登録されたクレジットカードなどから勝手にチャージし、店舗で換金性の高い商品を大量に購入していたのである。この結果、同年9月末、開始からわずか3カ月でサービス廃止に追い込まれることになった。機密性の侵害とは、情報のアクセス権がない者がアクセス可能になることで、本事案は利用者情報の機密性が侵害された事案である。

②完全性の侵害

2022年2月、ロシアはウクライナに侵攻し、ウクライナのゼレンスキー大統領は多くの動画メッセージで国民に徹底抗戦を呼びかけていた。ところが、同年3月にSNSに投稿されたゼレンスキー大統領の動画は、動きが乏しく、いつもの口調とは異なる声でウクライナ兵にロシア軍への投降を呼びかけるものであった。実は、これは偽動画であり、人工知能（AI）で本物のようにみせかける「ディープフェイク」という技術を使って巧妙に偽装されていた。同動画は、サイバー攻撃を受けたとみられるウクライナのテレビ局のウェブサイトなどから拡散し、SNSでも共有されたものとみられている。完全性の侵害とは、情報が破壊、改ざんまたは消去されることで、本事案はディープフェイクという技術を用いて情報操作が行われ、情報の完全性が侵害された事案である。

③可用性の侵害

米国コロニアル社のコロニアル・パイプラインは、米国テキサス州で生産された石油を東海岸へと輸送し、東海岸の燃料需要の45%を供給している。

2021年5月、コロニアル社がサイバー攻撃を受け、石油の流通が一部停止した。米国最大規模のパイプラインが停止したことにより、ガソリン、ディーゼル、ジェット燃料などの貯蔵庫が大きな影響を受け、一般市民から燃料が必要不可欠な機関までパニックに陥った。この事態に対して、米国連邦自動車運送業者安全局（FMCSA）は米国18州に緊急事態を宣言した。コロニアル社は、約100GBのデータを窃取されたほか、約5億円の身代金を払い事件を解決した。石油流通の復旧には約1週間を要した。可用性の侵害とは、必要時に情報へのアクセスができなくなることをいうが、本事案は米国で利用されている石油パイプラインの可用性が侵害された事案である。

Story　情報セキュリティの管理

情報セキュリティの必要性

企業がITを活用することで、様々な先進的なサービスを次々と世の中に生み出し、人々の生活は便利になった。しかし、便利にはなったものの、情報セ

COLUMN　情報セキュリティとサイバーセキュリティ

近年、情報と社会が密接にかかわりあうデジタル社会となったことで、情報だけでなくデジタル社会を守るサイバーセキュリティを考える必要性が高まっている。世界各国の政財界のリーダーが集う世界経済フォーラム（ダボス会議）のレポート[1]では、デジタル社会に関するリスク認識は、環境問題の次に大きいと評価されている。わが国では、2014（平成26）年にサイバーセキュリティ基本法が制定されている。同法第1条の「目的」には、「サイバーセキュリティに関する施策を総合的かつ効果的に推進し、もって経済社会の活力の向上及び持続的発展並びに国民が安全で安心して暮らせる社会の実現を図るとともに、国際社会の平和及び安全の確保並びに我が国の安全保障に寄与すること」が明記されている。

1　世界経済フォーラム「2020グローバルリスクレポート」2020年1月

キュリティの 3 要素が守られなければ、そのサービス提供が中止に追い込まれたり、大きな損害が発生したりする事例が多くみられるようになってきた。

このような情報セキュリティの重要性の認識は高まっており、多くの企業で相当な資源を投入して、情報セキュリティの確保に注力している。にもかかわらず、セキュリティの侵害事件が発生するのは、サイバー攻撃の進化のスピードが、防御の対応スピードを上回っているからである。したがって、情報セキュリティについては、基本的な対応を学ぶだけではなく、常に最新の動向を把握しながら対応する必要がある。

脅威とその対応

サイバー攻撃等によりシステム障害や金銭的な損害が生じる可能性がある。このような情報セキュリティを損ねる可能性がある要因を**セキュリティリスク**という。IT を安全に活用していくためには、セキュリティリスクを理解し、適切に管理する必要がある。

ここで、リスクとは、**あるイベントが起こる確率とその結果の組み合わせ**と説明されることが多い[2]。結果がマイナスになることもあれば、プラスになることもある。不確実であることを指しているので、すでに起こってしまった事象についてはリスクとは呼ばない。セキュリティリスクについていえば、損害や障害を発生させる確率と結果のことである。

セキュリティリスクを引き起こす構成要素が 3 つある。1 つ目は、**資産**である。守るべきデジタル社会の資産のことであり、情報資産やサービス機能を指す。2 つ目は、**脅威**である。脅威とはセキュリティリスクを顕在化させる要因のことであり、サイバー攻撃などがこれに該当する。3 つ目は、**脆弱性**である。脆弱性とは脅威によって利用される可能性のある弱点のことをいう。たとえば、ある企業のサーバから機密情報を窃取しようとする攻撃者がいた場合、サーバに保存された機密情報が「資産」、攻撃者が使うウイルス・攻撃手法または攻撃者そのものが「脅威」、サーバで利用しているソフトウェアの欠陥が「脆弱性」にあたる。

2　ISO/IEC Guide73

脅威とは、情報システムに対して不正アクセス、破壊攻撃、改ざん攻撃、サービス妨害攻撃を仕掛けることで、個人や組織のオペレーション、機能、名声、資産に負のダメージを与えるようなイベントや状況を指す[3]。

COLUMN　情報セキュリティの脅威

情報セキュリティに関する脅威は、その発生源によって大きく（1）人的脅威、（2）技術的脅威、（3）物理的脅威の3つに分類できる。

（1）人的脅威とは人によって引き起こされる脅威である。例えば社員が誤操作でデータを消去してしまうことや、悪意を持った人がコンピュータに不正アクセスすることである。（2）技術的脅威とは、技術的手段により引き起こされる脅威である。例えば、コンピュータウイルスなどである。（3）物理的脅威とは、施設や機器などが物理的手段により直接的に損害を受ける脅威である。たとえば、災害、停電、盗難、破壊などである。

本文で説明した「脅威」の定義は、NIST（National Institute of Standards and Technology）と呼ばれる米国国立標準技術研究所が発行するコンピュータセキュリティ関係のレポートのSP800シリーズに記載されているものである。国の機関である独立行政法人情報処理推進機構（IPA）が個人・組織別に情報セキュリティ脅威ランキングを毎年発表している（表9.1）。

表9.1　情報セキュリティ脅威ランキング（2021年）

個人	順位	組織
スマホ決済の不正利用	1	ランサムウェアによる被害

3　NIST SP 800-39

個人	順位	組織
フィッシングによる個人情報等の詐取	2	標的型攻撃による機密情報の窃取
ネット上の誹謗・中傷・デマ	3	テレワーク等のニューノーマルな働き方を狙った攻撃
メールやSNS等を使った脅迫・詐欺の手口による金銭要求	4	サプライチェーンの弱点を悪用した攻撃
クレジットカード情報等の不正利用	5	ビジネスメール詐欺による金銭被害

（資料）「情報セキュリティ 10 大脅威 2021」IPA（独立行政法人情報処理推進機構）

脅威に適切に対応を行うためには、脅威について正しく理解することが重要である。セキュリティリスクを分析するためには脅威を調査すること、セキュリティリスクのコントロールを検討するためには脅威を研究することが必要である。適切な対策をするためには、なぜ起こるのかといった因果の理解が必要である。

脆弱性とその対応

脆弱性とは、攻撃者が侵入したり、コンピュータウイルスを感染させたりすることが可能なシステムや製品の不具合・弱点のことである。たとえて言うと、バケツがシステムや製品で中に水（機密情報）が入っている状態だとすると、バケツの表面に空いた穴が脆弱性（セキュリティホール）になる。対策をしなければ水（機密情報）はどんどん外に流出する。脆弱性の対応として一番有効なものは**セキュリティパッチ** と呼ばれる修正プログラムを適用し弱点を塞ぐことである。ビニールテープ（パッチ）をバケツの表面に貼る事により、水（機密情報）が流れ出すことを防止する。

では、どれくらいの数の脆弱性が発見されているのだろうか。昨今の IT 技術の進展に伴い、脆弱性を発見する技術も進化しており、年間 28,000 件以上という膨大な脆弱性が発見されており、その影響を分析しきれない組織が多いのも事実である。

そもそもシステムに脆弱性を作り込まないためには、**ベストプラクティスの活用**と**ペネトレーションテストの実施**が有効である。ここでは自分達でシステムを作る場合をイメージしてみよう。先ほどのバケツの例で説明すれば、ベストプラクティスとは、業界団体や国が出している業界標準のガイドライン等に従って、バケツを設計・製造することである。システムや製品開発の場合には、技術標準化団体等が定める基準に沿ってシステムを開発・運用する事により、一定のセキュリティ基準が満たされる。次にペネトレーションテストとは、実際にバケツに水を入れて水漏れがないか確認することである。システムや製品開発の場合には、実際にシステムや製品に対してサイバー攻撃を行って、セキュリティ上の弱点を発見する。

これらの脆弱性を作り込まない対策を施したとしても、実際には脆弱性をゼロにすることは難しく、発見時に素早くパッチを適用することも大切である。

リスク認識とコントロール

リスクをコントロールする際には、正しくリスクを認識していることが前提となる。たとえば、豚コレラが大流行したとしても、ヒトには感染しないので、人体にとってリスクはない。一方、人コレラが大流行した場合には、ヒトに感染するので、人体にはリスクがあるということになる。この場合にはリスクのコントロールが必要で、予防接種を受けるなどのリスクコントロールの手段を検討する必要がある。

システムにおける事例で考えてみよう。グーグル社が提供しているChromeブラウザを狙ったウイルスが流行った場合に、マイクロソフト社のEdgeブラウザを使っていたとしたら、リスクはない。しかし、Chromeブラウザを使っていた場合にはリスクがあり、パッチを当てるなどのコントロールが必要になる。

では、リスクがある場合には、いかなる場合でも対策をする必要があるかと言えばそうではなく、費用と影響を考慮して判断する。リスクコントロールの課題として、対策費用の大きさとリスクの大きさの比べ方や、リスクが顕在化する確率とその影響の見積もりが難しい、という点が挙げられる。

セキュリティリスクの定量評価と管理

それでは、セキュリティリスクをどのように定量評価するのだろうか。合理的な意思決定をするためには、セキュリティリスクの定量的な分析が必要になる。いくつかの定量評価の手法があるが、ここでは代表的なものを紹介する。

ある情報資産について、サイバー攻撃により発生する損失予測金額は、

予測損失 ＝ 資産価値 × サイバー攻撃の発生確率

で計算される。

経済合理性の観点からは、セキュリティ対策に掛けられる費用は、算出された予測損失の金額以下に抑える必要がある。たとえば、10万円のパソコンの故障が発生する確率が1%だとすると、パソコン購入時の補償として掛けられる経済合理的な金額は千円未満となる。

セキュリティリスクを管理する際に、リスク・コスト・利便性はトレードオフの関係となる。すなわち、リスクを下げるためには、コストをかけるか利便性を低下させて対処する必要がある。そのため、リスクを正しく認識して、適切な対応を行うことが重要になる。

たとえば、現金10万円を保管するために100万円の金庫を購入する人はほぼいないであろう。セキュリティ対策を厳重にすればコストは上がり、緩やかに対処すればコストは下がる。利便性とはセキュリティの為であればどの程度不便でもよいかということで、10万円の現金を守るために金庫に10個鍵をつける人はほぼいないであろう。セキュリティ対策を厳重にすれば利便性は下がり、緩やかに対処すれば利便性は上がる。このように、リスクを下げるためには、コストを上げるか、利便性を低下させるしかなく、トレードオフの関係を理解し、リスクを受容するか、回避するかを見極め、適切な対策をすることが重要である。

COLUMN　フレームワークを用いたリスク管理

セキュリティリスクはどのようにすれば発見できるだろうか。実際には、フレームワークが利用されている。フレームワークは、考慮漏れがなくなる（網羅性）、重複がなくなる（効率性）、認知バイアスを低減する（客観性）、繰り返し使える（再現性）といったメリットがある。もっとも、フレームワークで定義されていないものは認識できないので過信は禁物である。

一つの例は、代表的な脅威を並べたフレームワーク（ここでは、STRIDE）を発想の起点につかって、複数名でブレインストーミングする方法である。

STRIDEとは、Spoofing（なりすまし）、Tampering（改ざん）、Repudiation（否認）、Information Disclosure（情報漏洩）、Denial of Service（サービス拒否）、Elevation of Privilege（権限昇格）の頭文字をとったもの。

また、リスクが顕在化した場合の「影響」から資産価値を見積もるフレームワークも存在する（表9.2）。

表9.2　資産価値を見積もるフレームワークの例

影響から見積もる資産価値（例）		取り得る値（例）
影響範囲	利用者 連携システム	顧客100,000人 社員50人・○○○部署 ○○○中継システム
	決済性有無	送金・決済・出金・市場取引等の有無
	時限性有無	影響相手、時限
	自社業務	資金繰り・ポジション管理
損失推定	サービス停止許容	数分、数時間、数日
	リカバリ時限	当日中、翌日可
	損失特性（補填）	元本以上、一定割合、なし
	取引数・保有口座	100万口座、200億円
	顧客情報種類・数	個人情報100万件、与信情報5万社
システム特性	インターネット接続あり、USBメモリ利用	

リスク（不確実であるさま）は、時々刻々と変化するので、ライフサイクルを通じて管理することが重要である。IT ガバナンスのフレームワークである COBIT（第8章参照）には、リスク特定→リスクアセスメント→リスク対応と緩和→リスク・対策、モニタリングと報告→リスク特定、のサイクルを循環させていくことが示されている。

COLUMN　サービス中止に追い込まれた電子マネー

数年前、わが国の大手コンビニエントストアが発行した電子マネーで不正利用事件が発生し、サービスは中止に追い込まれた。このような不正利用が起きた背景には何が足りなかったのだろうか。リスク・コスト・利便性の観点から考えてみよう。

まず、犯罪者に不正利用されるリスクの認識とその対策が十分ではなかった。その原因としては、第1に、多要素認証[4]が未導入であった。おそらく多要素認証という仕組みは認識していても、開発コストと比較した場合に必要だという判断に至らなかったものと推測される。第2に、海外からのアクセスが無制限であったことが挙げられる。利用ユーザーが国内からのアクセスを想定していたのであれば、海外からのアクセスを制限した方が良く、本件ではリスクに対する認識が低かったものと推測される。第3は、脆弱なパスワード再設定の仕組みが挙げられる。今回の不正利用事件では、通知先のメールアドレスを自由に変更できる仕組みであったため、被害者が気づかずに犯人に勝手にパスワード変更され、結果的に不正利用されてしまった。利用者側の利便性を重視したがために、セキュリティ対策のレベルが低下してしまったものと推測される。

4　多要素認証とは、認証の3要素である「知識情報」「所持情報」「生体情報」のうち、2つ以上を組み合わせて認証すること。

Process　サイバー攻撃

サイバー攻撃の脅威

近年、サイバー空間における個人の買物や振込、企業における売買取引や資金移動が盛んになるにつれて、社会は「サイバー攻撃の脅威」に晒されるようになった。サイバー攻撃による被害件数は年々増加している。不正アクセス、標的型攻撃、DDoS攻撃については、年々攻撃の手口も巧妙になってきており、件数としても増加傾向にある。また、不正利用による不正送金に関しては、2015（平成27）年をピークに減少傾向にあったが、2019（令和元）年頃からフィッシングと呼ばれる手法（詳細はp.226）による被害が急増している（図9.1）。

サイバー攻撃手口の類型

サイバー攻撃には様々な手口が存在するが、代表的なものについて説明する。

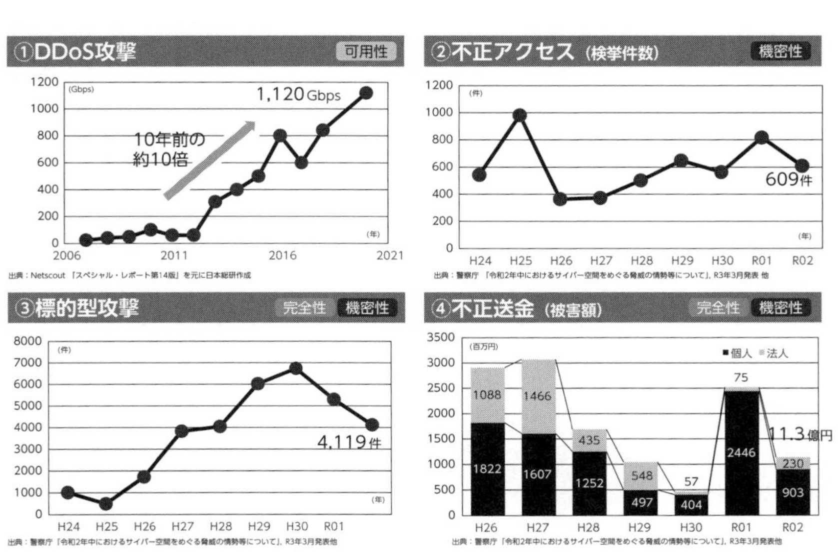

図9.1　サイバー攻撃の件数推移

①DDoS攻撃

DDoS（ディードス）攻撃は、複数のコンピュータを使って標的サーバに大量の処理要求を送りリソースを消費させ、サービス停止させる攻撃の手口である。DDoS とは Distributed Denial of Service の頭文字をとった略語で、分散型サービス妨害という意味である。DDoS 攻撃では、攻撃者と標的となる「標的サーバ」のほか、標的サーバを攻撃するために乗っ取る中継サーバである「踏み台サーバ」、サイバー攻撃にために乗っ取られた多数の端末で構成されるネットワークである「BOT ネットワーク（ボットネット）[5]」が用意される。最初に攻撃者が、踏み台サーバ及び BOT ネットワークに対して、攻撃命令を出す。攻撃命令を受けた踏み台サーバ及び BOT ネットワークは、標的サーバに対して、大量アクセスを実行する。1 台の通信量は大きな影響を与えないものの、BOT ネットワークが数百万台、数千万台規模になることにより、大量の処理要求を送ることで攻撃が可能となる。これにより、標的サーバは正常に応答できなくなり、可用性が侵害される（図 9.2）。

DDoS 攻撃のセキュリティリスクの構成要素を整理してみると、資産は標的

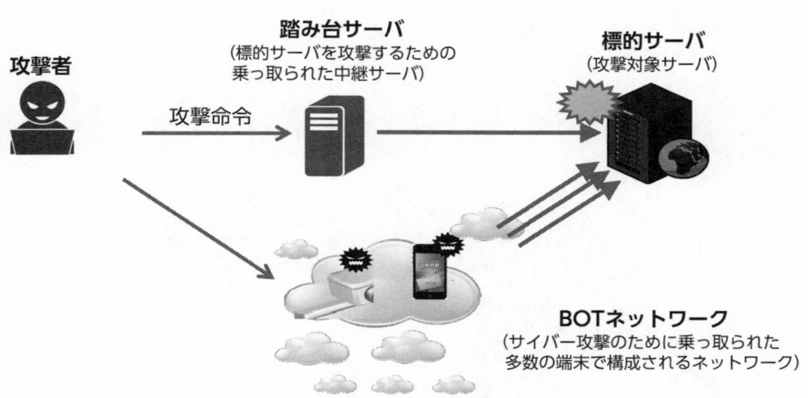

図 9.2　DDoS 攻撃の概要

5　BOT（ボット）とは多数の PC に感染し、攻撃者から指令を受けると、一斉攻撃などの動作を行うプログラムのこと。Bot は Robot の略称であり、感染させたコンピュータをロボットのように操ることからこのように呼ばれるようになった。

サーバ、もしくはそれが提供するサービス、脅威は攻撃者の攻撃命令、踏み台サーバ、BOTネットワーク、脆弱性は標的サーバの有限な処理性能となる。

②不正アクセス

不正アクセスとは、ソフトウェアの脆弱性を見つけて侵入し、情報窃取や改ざんを行う手法である。ここでは、3つの例を説明する。1つ目の例はゼロデイ攻撃である。図9.3では、脆弱性が発見されてから、ソフトウェアのメーカーが脆弱性を修正する更新プログラムを作成、ユーザーが適用するまでの流れを示している。一方で攻撃者は、脆弱性を発見するとすぐに脆弱性を悪用する不正プログラムを作成・配布する。脆弱性が発見されてから、更新プログラムが適用されて、攻撃を防御できる状態になるまでの期間をゼロデイと呼び、ゼロデイ期間中に行う攻撃は「ゼロデイ攻撃」と呼ばれる。不正アクセスは機密性の侵害にあたる。

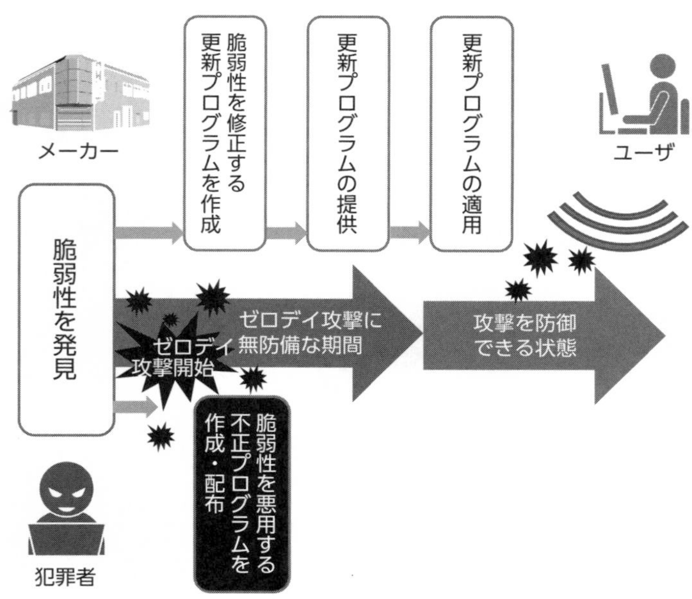

図9.3　ゼロデイ攻撃の概要

2つ目の例はテレワーク環境への侵入である。コロナ禍により普及したテレワーク環境の不備を狙い、社内ネットワークに侵入し、ウイルス拡散や情報盗取を狙うものである。テレワークではネットワークを暗号化して仮想的な独立回線を作る技術であるVPN（Virtual Private Network）が利用されることが多い。このVPN装置の脆弱性情報を収集・ターゲット選定し、VPN装置の脆弱性をついて認証情報等を盗取し、社内ネットワークに侵入し、ウイルス拡散や情報盗取するものである。わが国でもテレワークの急速な拡大にともない被害事案も増加した。テレワーク環境のセキュリティリスクの構成要素についてみると、資産は社内ネットワークの機密情報、脅威が認証迂回、脆弱性がVPN装置の不具合である。

3つ目の例はサプライチェーンへの不正アクセスである。ソフトウェア更新機能（ソフトウェアベンダー）の脆弱性を悪用して、ソフトウェア利用企業まで侵入する手口である。想定される攻撃プロセスは、①攻撃者がソフトウェアベンダーのネットワークに侵入し、②開発環境に置かれたソースコードにウイ

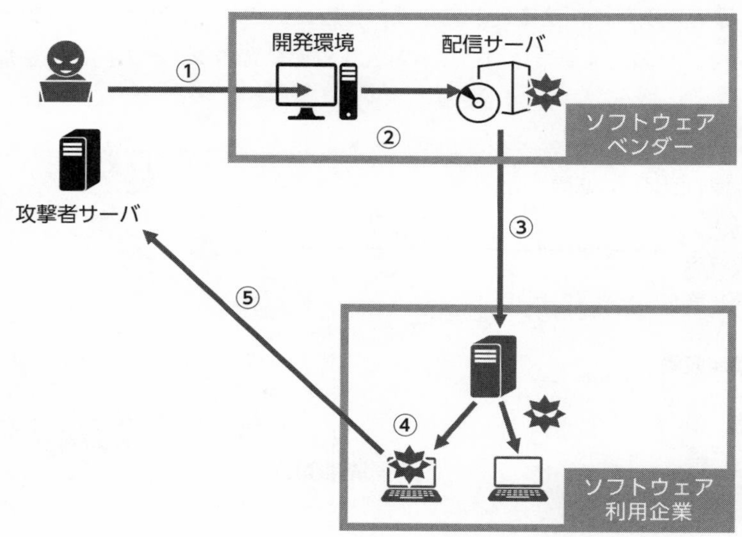

図9.4　サプライチェーンへの不正アクセス攻撃の概要

ルスを埋込む。③ソフトウェアベンダーは改ざんに気づかずリリースし、④ユーザーがソフトウェアを実行しウイルスに感染し、⑤ウイルスによる不正通信が行われる（図9.4）。サプライチェーンへの不正アクセスのセキュリティリスクの構成要素についてみると、資産はソフトウェア利用企業の情報、脅威はウイルス、脆弱性はソフトウェアベンダーの開発環境である。

③標的型攻撃

標的型攻撃とは、標的を絞り長期間にわたって執拗に行う攻撃である。まず、標的とする企業の従業員について、SNSから出身大学や所属部署、趣味等の個人情報を詳細に調査する。次に標的となる従業員のメールアドレスに、取引先の企業の従業員等を装いメールを送る。何度かメールによるやり取りをして信頼させた上で、ウイルスを仕込んだExcelファイル等を送信し、開封させる。攻撃者を信頼した従業員は添付ファイルを開封するが、バックグラウンドで動くためウイルスに感染したことに気づかないケースが大半である。一度ウイルスに感染してしまうと、標的となった従業員の端末は攻撃者に乗っ取られた状態になり、社内システムにある機密情報を窃取され、攻撃者に送信される（図9.5）。標的型攻撃は、機密性と完全性の侵害に該当する。標的型攻撃のセキュリティリスクの構成要素についてみると、資産は社内システム内の機密情報、

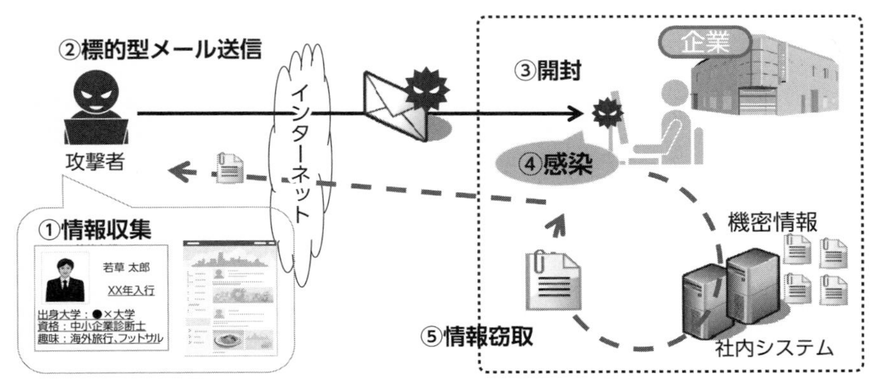

図9.5　標的型攻撃の概要

脅威はウイルス付きメール、脆弱性は社員の不注意である。

④不正利用

不正利用の多くは、「なりすまし」と「改ざん」により行われる（図9.6）。「なりすまし」による不正利用は、IDとパスワードをフィッシング等により盗用し、正規のユーザーとしてログインした上で、不正な宛先に送金する。不正アクセスと同様、パスワードが推測されやすい単純なものを利用している場合や、ウイルス感染により情報を窃取され、悪用されるケースもある。なりすましのセキュリティリスクの構成要素についてみると、資産はシステム内の情報、脅威は認証情報の盗用によるなりすまし、脆弱性は盗取／推測可能な認証情報である。

「改ざん」による不正利用では、ウイルスを感染させ、通信データを改ざんし、不正な宛先・金額で送金させる。インターネットバンキングのウェブサイトを構成しているソフトウェアが、最新のものではなく脆弱性を放置している場合や、システムの設定不備が存在するような場合に発生する。不正利用は、機密性と完全性の侵害に該当する。改ざんのセキュリティリスクの構成要素に

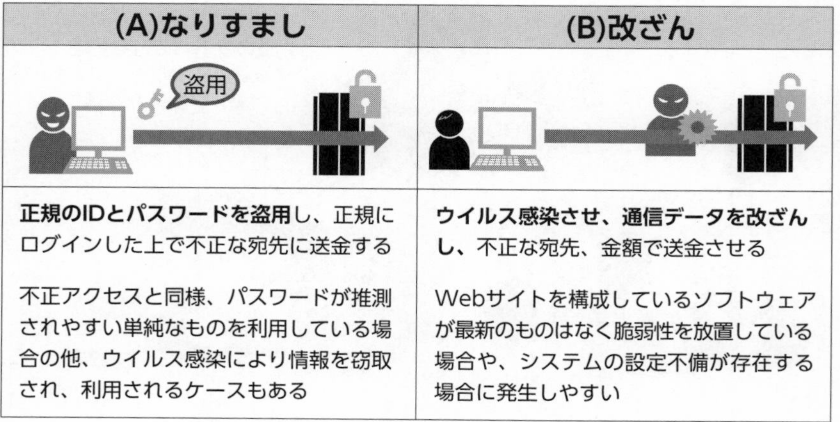

図9.6　なりすましと改ざん

ついてみると、資産はシステム内の情報、脅威は通信データの改ざん、脆弱性は改ざん耐性／検知機能の不備である。

サイバー攻撃への対策

①対策の考え方

サイバー攻撃に対しては、セキュリティリスクを構成する要素（資産・脅威・脆弱性）に応じて、対策のアプローチ（予防的対策または発見的対策）を変える。**予防的対策**とは、攻撃を出来ないようにすることであり、事前に定義可能なものに対してなされる。効果は強固であるが変化に弱い。**発見的対策**とは、攻撃に早く気づき対処することである。事前に定義が不可能なものに対して用いられる。柔軟な対応が可能だが未然に防げない場合がある。本節で紹介したサイバー攻撃に対しては、それぞれ攻撃の種類に応じた対策が存在する。

②DDoS攻撃の対策

昨今発生している大規模なDDoS攻撃に対しては、一番有効な対策がCDN（コンテンツ・デリバリ・ネットワーク）によって大量アクセスを防御すること

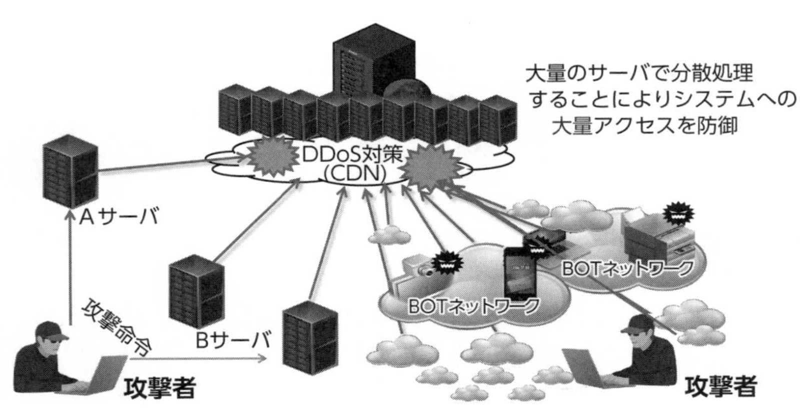

図9.7　CDNによる大量アクセス防御

が有効である（図 9.7）。CDN とは、ウェブコンテンツなどをインターネット経由で配信するために、最適化されたネットワークで、通常は企業のサーバや通信ネットワークへの負荷を軽減する目的で利用される。クラウド上にある CDN サービスが保有する大量のサーバ群により、BOT ネットワーク等からの大量アクセスを負荷分散し、企業サーバへの負荷を軽減させることになる。

④不正アクセスの対策

不正アクセスの対策は大きく言えば 2 つある。一つ目は**多要素認証**である。Web サイトのログイン時に、複数要素の本人確認手段を用いることで、各要素の弱点を補完することができるため、効果がある。認証には大きく 3 つの要素がある。1 つ目は “Something you KNOW” つまり**利用者が知っている事**で認証する方式で、例えばパスワード、暗証番号、秘密の質問等がこれにあたる。2 つ目は “Something you HAVE” つまり**利用者が持っているもの**による認証方式で、例えば IC カード、乱数表、ワンタイムパスワード発生器、SMS による認証がこれにあたる。3 つ目が “Something you ARE” つまり**利用者自身の情報**による認証方式で、指紋・虹彩・静脈等の生体認証がこれにあたる。

多要素認証とは、この 3 つの要素のうち 2 つ以上を組み合わせた認証方法で、例えば ATM でキャッシュカード出金するときの、IC カードと暗証番号による認証や、EC サイトで買い物をする際の、パスワードと SMS 認証などは多要素認証の例である。

多要素認証に似て非なる例としては、インターネットバンキング等のログイン時に、パスワードと秘密の質問を聞かれるような場合である。これは複数の認証手段を用いるものの、同一要素（この例では Something you KNOW）によるものであるので、**「多段階認証」**と呼び多要素認証と区別する。どちらの方式が一概に良いという事はなく、目的によって使い分けを行うが、多要素認証の方が複数要素を使って認証を行う分、より強固な認証方式であるといえる。

不正アクセスの対策の二つ目は**脆弱性対策**である。情報システムの脆弱性を克服する手法はいくつかあるが、一番確実な手法がソフトウェアの開発ベンダーから提供される**「セキュリティパッチ」**と呼ばれる更新プログラムを適用することである。OS やソフトウェアに脆弱性がある状態のパソコンに対して、セキュリティパッチを適用すると安全性を保った状態になるが、放置しているると不正アクセスやウイルスの被害にあう可能性がある。

④　標的型攻撃の対策

標的型攻撃の対策としては、攻撃の種類を知りセキュリティ意識を高めることが重要である。また組織内ルールや体制整備、システムでの対策も有効である。

具体的には、第1の対策として**セキュリティ教育**が挙げられる。怪しいファイルは開かない等のリテラシーに関する教育や、定期的な標的型メール訓練を実施する。

第2の対策は、組織内**ルールの策定**と体制整備が挙げられる。ウイルス感染時のネットワークケーブルの抜線、報告ルールの策定、対応組織の整備や組織内情報共有、といったウイルス感染時の対処ルールを策定し、徹底する。

第3の対策は、PC等の**システムへの対応**が挙げられる。例えばPCにウイルス対策ソフトを導入し、ウイルス定義ファイルを最新の状態に維持するほか、脆弱性があれば更新プログラムの適用を実施する。またID、パスワードを初期状態のわかりやすいパスワードから変更し、複雑なパスワードを設定する。

標的型攻撃の第4の対策は**啓発活動**である。組織のメンバーにはITリテラシーの高い人もいればそうでない人もいる。難しい専門用語を並べたメールで、注意喚起し通達等を発信しても、読んだ人が理解できない内容であれば何の効果もない。できるだけ多くの人に内容を正しく理解してもらい、注意喚起の効果を高めるためには、わかりやすく内容を伝える必要がある。たとえば、マンガで読む人の興味を引き付ける、動画等で被害にあったケースをストーリー仕立てで解説する等の工夫が必要になる。

⑤　不正利用の対策

不正利用の対策については、フィッシングを例に説明しよう。近年、フィッシングという不正利用の手口による被害が急増している。フィッシングとは、本物そっくりな偽のWebサイトを立ち上げ、偽のメールやショートメッセージにより誘導し、IDやパスワードを入力させてその情報を取得し、不正利用

COLUMN　標的型メールの特徴

近年の標的型攻撃では、過去に送受信された業務メールを盗聴し、件名・本文を流用されるケースもあるため、本物と見分けることが困難になってきている。しかし、よく見ると差出人、本文、添付ファイル等に一定の特徴があるので、見分けることができる場合が多い（表 9.3）。

第 1 の着眼点は、メールの通知内容の種類である。例えば、社内の人事情報等の組織全体への案内、また心当たりのない注文書、予約確認、荷物の配送通知等、がよく使われる。第 2 の着眼点は差出人のアドレスである。差出人を本物の組織のメールアドレスに偽装してくるケースも稀にあるが、多いのはフリーメールアドレスを使ったものである。自分の組織からのメールのはずなのに、自組織のドメイン（@以下の部分）と送信元のメールアドレスのドメインが不一致であれば、標的型メールの蓋然性が高い。第 3 の着眼点はメール本文の書き方である。日本語の

表 9.3　標的型メールの例と見分け方

着眼点	内容の例
メール全体	• 組織全体の案内：人事情報等 • 心あたりのない注文書、予約確認、荷物配送通知　等
差出人	• フリーメール • 組織ドメイン（@XXX.ac.jp 等）と送信元アドレスが不一致
本文	• 日本語の言い回しが不自然、日本語でない漢字の使用 • 怪しいＵＲＬへのクリックを誘導
添付ファイル	• 実行形式ファイル（exe 等）が添付 • アイコンが偽装されている （実行ファイルなのに文書ファイルとなっている等）

参考：IPA Technical Watch「標的型メールの例と見分け方」
https://www.ipa.go.jp/files/000043331.pdf

言い回しが不自然であるとか、日本語ではない漢字が使用されるケースがある。またやたらに長くランダムな英数の文字列が入っている、URLへのクリックを誘導する場合は要注意である。第4の着眼点は添付ファイルである。通常のビジネスや学内の連絡メールにもかかわらず、拡張子にexeが付いている実行形式ファイルが添付されていたり、実行ファイル形式なのに、ワード等の文書ファイルのアイコンに偽装されていたりするようなケースには要注意である。

する攻撃手口である。

従来、インターネットバンキングのセキュリティ対策といえば、ワンタイムパスワードと呼ばれる、1回限り有効なワンタイムパスワードを使う対策が有効とされてきた。もっとも、最近の不正送金の事例では、ワンタイムパスワードの安全神話が崩れ、犯罪者側が組織的に不正送金を実行し、ATMでの現金引き出しまでを短時間の間に実行する手口が増加している。

まず攻撃者は、「口座が不正利用された」等の本物そっくりで、緊急性を煽る内容のショートメッセージを被害者宛に送付する。被害者は、慌ててショートメッセージの中にあるURLをクリックしフィッシングサイトの画面に入る。そこで、口座停止を解除するために、入力欄に、ログイン用のID・パスワード、ワンタイムパスワードを入力する（図9.8）。

すると攻撃者は、被害者が騙されて入力するのをリアルタイムで待ち構えており、ログイン情報とワンタイムパスワードを窃取する。窃取と同時に、攻撃者は正規のサイトにアクセスし、先ほど窃取した情報でログインし、ワンタイムパスワードを使って不正送金を実行する。

昨今、ますます高度化する不正利用に対抗するためには、テクノロジー・プロセス・人の面での対策の高度化が必要であり、どれか一つが欠けても被害を減らす事は出来ない。

テクノロジー面では、現状、「ID・パスワードがある限りフィッシングの脅

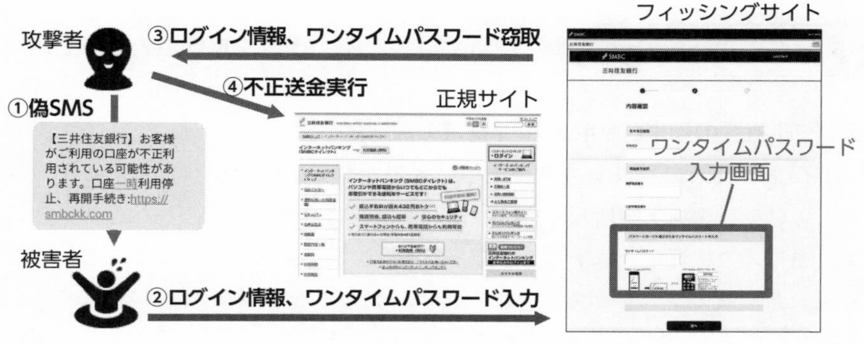

図 9.8　インターネットバンキングでのフィッシング

威は減らない」「認証は必ず突破される」という課題がある。今後は、生体認証や行動認証のようなパスワードレス認証の導入や端末情報やブラウザの言語設定等を蓄積して、その変化によって不正利用を検知するリスクベース認証の導入が必要になってくるであろう。

またプロセス面での課題は、犯人側も不正利用を検知されてから口座を停止させられるまでに、ATM で出金しようとするので、その時間をいかに短くできるかが重要で「犯人とのスピード勝負」になる。不正利用のモニタリングによる、即時検知と口座停止のプロセスを構築するとともに、単体の金融機関だけでは防ぎきれないので、振込先口座を保有する他の金融機関や、偽のショートメッセージを送受信する通信事業者、犯罪捜査のための警察等と、普段から緊密に連携・協力できる態勢構築が必要となろう。

人の面での課題は、フィッシングは振り込め詐欺や還付金詐欺と同様、人がやっていることなので「テクノロジーだけで止めるのが困難」という点が挙げられる。犯人側の攻撃の手口を観察しながら、検知ルールを変化させる等の、臨機応変で柔軟なモニタリングが必要である。そのためにはデータサイエンティスト等のデータ分析スキル保有者の採用・育成が重要になる。

Further Learning　デジタル社会とセキュリティ

デジタル社会の到来とセキュリティ脅威の深刻化

デジタル社会の到来と共に世の中は大変便利になったが、一方でセキュリティの脅威は深刻化を増している。たとえば、コネクテッドカーは信号や他の車、通行人の状況を計算することで、安心安全な自動運転が可能となる。また、原子力発電所のシステムでは、ネットワークにつながったAIを利用して自動制御が行われ安心安全に運行されている。ところが、もしこれらのシステムがサイバー攻撃に狙われたとしたら、どのような事態が発生するだろうか。今、世界中で政府や企業が強力にデジタル化を推進しているが、そのようなデジタル化の推進だけでは不十分で、同時に強固なセキュリティ対策の推進が不可欠である。これは、あたかも、F1のレーシングカーの世界で、各社が強力なエンジン開発に鎬を削るが、同時にドライバーの命を守ために、強力なブレーキの研究・開発に多額の投資をするがごとく、セキュリティ対策にも注力する必要がある。

わが国のサイバーセキュリティ体制

日本の最近のセキュリティに対する取り組みについて紹介しておこう。近年、製品同士がインターネットによってつながる「IoT社会」の到来により、セキュリティを脅かす懸念が増加している。独立行政法人 情報処理推進機構（IPA）は、様々なモノがつながって新たな価値を創出していく「つながる世界」の到来に向けて、安心安全に関して最低限考慮すべき事項をまとめた「つながる世界の開発指針」というガイドラインを2016年3月に策定した[6]。本ガイドラインでは、「安心安全」を対象機器のセーフティ、セキュリティ、リライアビリティが確保されていることと定義している。

また経済産業省では、サイバー空間とフィジカル空間を高度に融合させることにより実現される「Society 5.0」、様々なつながりによって新たな付加価値

6　2016年3月24日公開、2017年7月12日更新

を創出する「Connected Industries」における、バリュークリエーションプロセスと呼ばれる新たなサプライチェーン全体のサイバーセキュリティ確保を目的として、「サイバー・フィジカル・セキュリティ対策フレームワーク」を策定した。

COLUMN　プラットフォーマーの抱えるリスク

プラットフォーマーと呼ばれるIT事業者が抱える本質的なリスクについて説明しておこう。フェイスブックやグーグル、アマゾンのような世界を代表するプラットフォーマーは、提供するサービス内容が、個人情報やプライバシー情報に依存する部分が多く、そのセキュリティリスクは極めて大きい。

フェイスブックは、2019年に不正利用に使われた22億件の偽アカウントを削除したと発表した。また2020年1月に2億6千万件以上のフェイスブックユーザーの名前や電話番号がインターネット上に公開されているとの報告があった。さらに米国・イリノイ州では、フェイスブックの写真のタグ付けの提案機能が、顔認証技術に関する法律に違反したとして起訴され、訴訟で600億円を支払い和解した。また、グーグルは、2019年にフランスのデータ保護機関により欧州連合（EU）の一般データ保護規則（GDPR）に違反したとして約62億円の制裁金の支払いを命じている。

アマゾンでは、2019年に日本の約11万件のアカウントの個人情報が、別ユーザーに閲覧された可能性があることを個人情報保護委員会が明らかにした。また同年にブルームバーグ社は、アマゾンのAIスピーカーであるアレクサとユーザーのやり取りを、世界各国にいる何千人ものアマゾンの従業員が、コマンドへの応答改善のために実際に聞いていたと報道した。

セキュリティ関係者の間では毎年自動車のハッキング事例が発表され、またハッキングコンテストが開催されている。2015年7月にラスベガスで行われたセキュリティカンファレンス「ブラックハット」で、セキュリティ研究者がジープのハッキングについて発表し、自動車業界は騒然となった。またその2年前の2013年には同じくラスベガスで開催されたハッカーの祭典「デフコン」で、アメリカの国防高度研究計画局（DARPA）の助成を受けたツイッター社の研究者が、トヨタの自動車プリウスのハッキング事例を発表し、注意を呼びかけた。さらに、日本で開催されるセキュリティの国際会議であるコードブルーでは、2018年に車載ネットワークのハッキングコンテストが実施され、以降毎年開催されている。

次に国家によるサイバー攻撃と言われている事例について述べておこう。最初の事例は、2018年に発生した仮想通貨事業者のコインチェックにおいて、580億円相当の仮想通貨がサイバー攻撃により窃取された事例である。本事案は、朝鮮民主主義人民共和国（北朝鮮）が当時経済制裁等の深刻な状況を打破するために、外貨獲得手段として実行したといわれていたが、近年になってロシア系のグループが関与した、とも言われており真実は判明していない。

2つ目の事例は、2007年にエストニアが大規模なサイバー攻撃を受けて、インターネット基盤の一部の機能が麻痺した事例である。それまでの攻撃とは桁違いに大がかりでかつ組織的な攻撃で、当時関係が悪化していたロシアの関与を指摘する声もあり、世界初のサイバー戦争とも言われている。

3つ目の事例は、2018年に日本の外務省や内閣サイバーセキュリティセンター（NISC（ニスク）：National center of Incident readiness and Strategy for Cybersecurity）が注意を呼び掛けた、APT10と呼ばれる中国のハッカーグループの事例である。APT10は米国、日本、英国の企業を対象として、高度な標的型攻撃を行い、機密情報を窃取するグループで、米国司法省とFBIはAPT10の一員とみられる中国籍の2名を起訴したと発表した。

4つ目の事例は、2010年にイランの核燃料施設を破壊する目的で作成されたウイルスであるスタックスネットの事例である。スタックスネットを分析したセキュリティの専門家たちの間では、そのコードの複雑さから、米国国家安全保障局（NSA：National Security Agency）とイスラエルのサイバー軍である

8200 部隊が、共同開発したものであるとの見解で一致している。

次に、日本のサイバーセキュリティ体制について述べておこう。日本のサイバーセキュリティ体制は、内閣官房長官を本部長とするサイバーセキュリティ戦略本部を司令塔として、内閣サイバーセキュリティセンター（NISC）が政府機関に対するサイバー攻撃の監視や対応を行い、各省庁間の調整を担っている。また、政府として、重要インフラにおけるセキュリティ対策を推進・強化している。重要インフラとは、他に代替することが著しく困難なサービスを提供する事業が形成する国民生活及び社会経済活動の基盤であり、その機能が停止、低下または利用不可能な状態に陥った場合に、国民生活又は社会経済活動に多大なる影響を及ぼすおそれが生じるもの、をいう。現在は、情報通信、金融、航空、空港、鉄道、電力、ガス、行政、医療、水道、物流、化学、クレジット、石油の 14 分野が重要インフラに指定されている。

民間企業では、CSIRT（シーサート：Computer Security Incident Response Team）と呼ばれる緊急対応チームや、SOC（Security Operation Center）と呼ばれる監視チームを設置する動きが増えている。CSIRT では、緊急時にセキュリティ対応の意思決定を行い、SOC では異常検知から感染端末の切り離しや外部攻撃の遮断等のオペレーションを行う。具体的には、SOC では平常時のベースラインと異なるネットワークや端末上の振る舞いがないかを常時監視・分析を行い、異常があれば CSIRT に連携し専門的な見地から調査・対処を行う。CSIRT は、セキュリティインシデント対応の指揮や調整を行うものの、様々な予期しない事態が発生するので、常に柔軟な対応が必要になる。また、セキュリティインシデントが発生していない平時は、緊急時に連携良く動けるように社内外のコミュニケーションを図り、インシデント発生時の訓練や演習やシステムのセキュリティレベルの改善企画を行う。

SOC においてサイバー攻撃の監視と分析を行うためには、高度なセキュリティの知識と技術が必要になる。高度な IT に関する知識とスキルを、正義のために使うエキスパートを**ホワイトハットハッカー**と呼び、犯罪のために使う人を**ブラックハットハッカー**と呼ぶ。

COLUMN　セキュリティの倫理

UNIX[7]系OSのコマンドでrootユーザーとして振舞えるsudoコマンドを実行すると、「Respect the privacy of others.（他のユーザーのプライバシーを尊重すること）」「Think before you type.（入力する前に考えること）」「With great power comes great responsibility.（大いなる力には大いなる責任が伴うこと）」という3つのレクチャーが表示される。

セキュリティの高い技術や知識を保有することは、sudoコマンドを使うことと同様で、本人の思い一つで、ホワイトハットハッカーにもブラックハットハッカーにもなりうるものである。技術をどう使うかは、使う人の倫理にかかっており、人に目を向けて正しいことに力を使い、相互に信頼（トラスト）を大切にする事が重要である。ちなみに、第3のレクチャーは古くからの格言であるが、映画「スパイダーマン」にも使われて一層広く知られるようになった。

7　コンピュータOSの一つ。Unixオペレーティングシステムは、サーバやワークステーションだけでなく、携帯機器でも広く使われている。

まとめ
POINT

- 情報セキュリティとは情報資産の3要素である機密性、完全性、可用性を守ることである。情報セキュリティを損ねる可能性がある要因がセキュリティリスクであり、その構成要素は資産、脅威、脆弱性である。
- ITを安全に活用していくためには、セキュリティリスクを理解し、適切に管理する必要がある。セキュリティリスクは定量評価し、費用と影響を考慮して対策を決定する。
- サイバー攻撃の代表的な手口として、①DDoS、②不正アクセス、③標的型攻撃、④不正利用がある。
- サイバー攻撃に対しては、セキュリティリスクを構成する要素（資産・脅威・脆弱性）に応じて、攻撃を出来ないようにする予防的対策と、攻撃に早く気づき対処する発見的対策を使い分ける。
- デジタル社会の到来と共に世の中は大変便利になったが、一方でセキュリティの脅威は深刻化している。各国で重要インフラについて官民連携でセキュリティ対策が推進されている。

第10章 ITに関わる法的な課題

学習POINT

- システム開発に関する紛争はなぜ起こるのだろうか。紛争を回避し、システム開発を成功させるために開発者やユーザーにどのような責任があるのだろうか
- 情報システムはプライバシーにどのようなインパクトを与えるのだろうか。プライバシーに配慮しつつ大量のデータを利活用するにはどのような取り組みが必要だろうか
- 違法有害情報にはどのように対処すればよいだろうか
- AIは制約なしに開発に利用して良いだろうか。非倫理的用途に用いられないためにはどのような取り組みが有効だろうか

基礎知識 ITの発展と法対応

技術革新と法制度の変遷

デジタル化・IT化による技術革新は、法制度にも大きな変容を迫ってきた。現在の経済社会を規律する複雑な法制度の基本にある六法（憲法、民法、商法（会社法）、刑法、民事訴訟法、刑事訴訟法）を構成するあらゆる分野、すなわち私法、刑事法、訴訟法及び憲法の各領域でデジタル化・IT化の影響が生じている。

デジタル化・IT化以前は、情報や財を化体した有体物（図書、貨幣等）の存在を前提とした法制度だったが、デジタル化・IT化以後は、情報や財そのも

のを対象とした法制度を検討しなければならなくなった。すなわち、自由に伝播し、改ざんされやすく、際限なく増殖するというデジタルな「情報の特性」への配慮が必要になった。

私人間の権利関係を規律する私法領域では、新たな知的財産の保護と新たなその利用形態の取り扱い、IT を利用した取引の信頼性の確保、IT 関連紛争の処理、および消費者被害等への対応に「契約の自由」への一定の介入が必要であること等の課題を解決する法改正が行われた。また、刑事法領域では、IT を悪用した新たな犯罪類型への対応という課題を解決するための法改正が行われ、訴訟法の領域では、電磁的記録の証拠能力の位置づけ、IT を活用した訴訟手続のための法改正を進めるとともに、GPS 捜査などの新たな捜査方法の適法性[1]という問題が認識された。そして、憲法分野では、表現の自由と被害者救済を両立させるための制度のあり方に加え、技術革新に伴うプライバシー侵害懸念、個人情報に関する自己コントロール権、AI 倫理などが重要な課題として認識されるようになっている。

では、インターネットが商用化された 1992（平成 4）年以降、技術革新の光の陰に生じた問題に対して、どのような問題が顕在化し、法はどのように対応したのだろうか（図 10.1）。違法有害情報の拡散に対しては、削除等の措置を講じた場合の損害賠償責任の制限を定め、一定の場合にはすぐに削除できるような「プロバイダ責任制限法[2]」が制定された。サイバー犯罪の増加に対しては、刑法を改正したほか、不正アクセス禁止法[3]という新たな制度を設けた。個人情報の無断収集や流出に対しては、個人情報保護法の改正で対応した。プラットフォーマーのデータ独占に対しては、越境移転に対し国内法を域外適用するという動きが出てきた。そしてプロファイリングによる差別誘因に関しては、不適正な個人データ利用の禁止規定の追加といった動きにつながっている（図 10.1）。

1　平成 29（2017）年 3 月 15 日　最高裁大法廷判決

2　正式な法律名は「特定電気通信役務提供者の損害賠償責任の制限及び発信者情報の開示に関する法律」

3　正式な法律名は「不正アクセス行為の禁止等に関する法律」

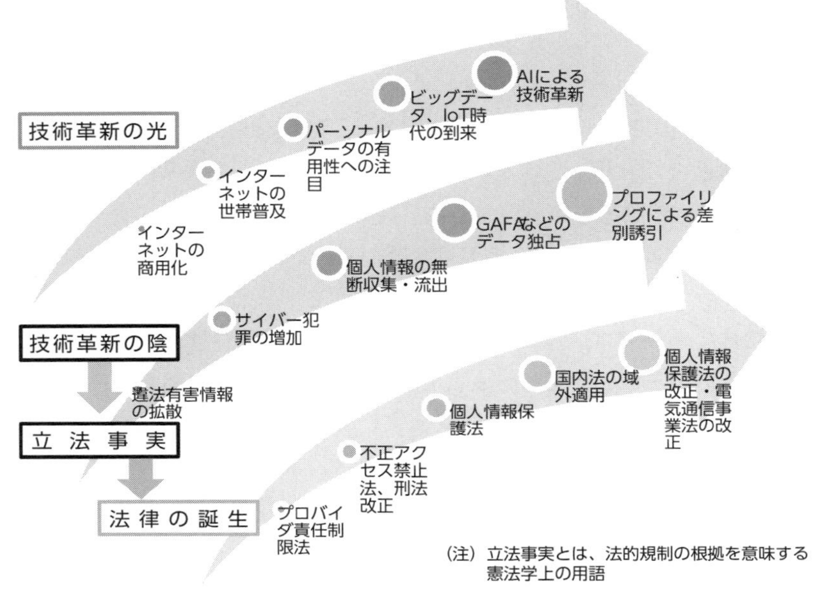

図 10.1　技術革新の光と陰と法対応

法制度と目指すべき社会

「法律は道徳の最小律」(G. イェリネック)と言われる。逆に法律を見ていくと、法治国家においては、その国がどんな社会をデザインしたいのかがわかる。すなわち、形式的な法律の条文だけではなく、その法律を用いてどのように執行するのかという行政の動き、さらには裁判所(司法)における法の解釈・適用を含めて、法律を見ることでその国の目指すものが理解できる。

一例として、**インターネット実名制度**を考えてみよう。実名制度とは、特定のインターネットサービスを利用する際に、実名確認の手続きを受けた人のみが利用できる制度である。中国では「インターネットの安全法(网络安全法)」といった法律が 2017 年から施行されている。同法ではインターネットのプロバイダに実名認証義務やインターネット通信のログを 6 カ月保存する義務を課している。それに対してわが国には実名制度がなく、匿名での表現を認めてい

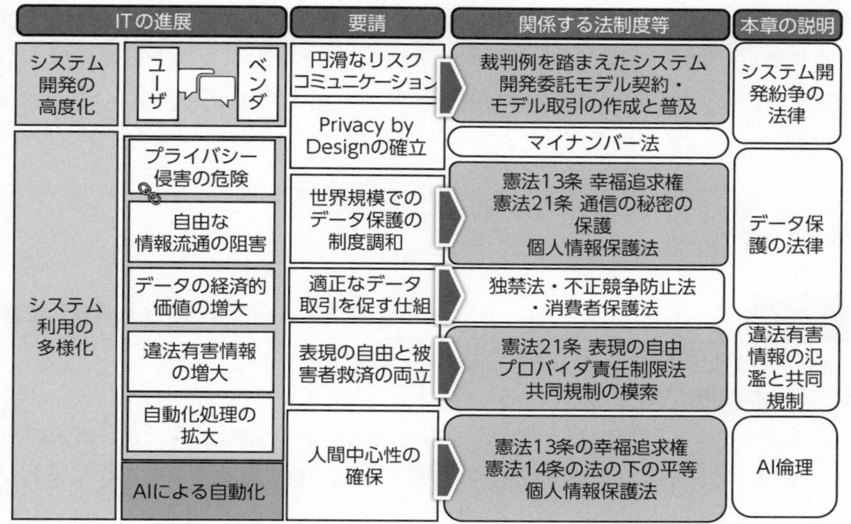

図 10.2　IT の進展と社会の要請

る。しかも通信ログは 6 カ月程度で消去するガイドライン[4]があり、全く異なる制度になっている。これは、それぞれの国が求める価値の違いが端的に現れたものといえる。

実名制度を考える上で、どのような価値を優先すべきだろうか。実名制度を採れば、問題の解決は素早く、迅速性が図られるかもしれない。またそれを使った技術を増やすことで生産性向上の可能性もある。加えて、誹謗中傷への抑止効果も大変強いものになるだろう。一方で、表現の自由、あるいはプライバシー、公平性といった価値が犠牲にされることも事実である。このバランスをどのように取るのかは、制度を見ることで目指す社会のありようが見える。

IT の進展と社会の要請、関連する法制度等の関係を図示すれば図 10.2 の通りである。IT が進展することでさまざまな要請が生まれ、法的規制の根拠となる**立法事実**が明らかになる。関連する法制度等に照らしてその要請に十分応

4　電気通信事業における個人情報保護に関するガイドライン

えることができない場合には、立法的な手当がなされる。本章では、そのすべてを網羅的に取り上げることはできないので、以下では「システム開発紛争の法律」「データ保護の法律」「違法有害情報の氾濫と共同規制」「AI倫理」の4つに焦点を絞って説明する。

Story　システム開発紛争の法律

システム開発紛争の土壌

企業がシステム開発を行う場合、社内で開発する（**内製開発型**）か、外部のITベンダーに委託する（**委託開発型**）があり、それぞれにメリットとデメリットがあることは第5章（図5.6）で述べた通りである。わが国の労働制度においては、いわゆる正規雇用の労働者を自由に解雇することはできない。このため、システム開発はピーク時に大量のSE・プログラマが参加する巨大プロジェクトになる半面、短期間（数カ月〜数年）で人員のピークが解消することから、ピークに合わせて短期間の雇い入れが難しく、外部委託先に依存せざるを得ないという事情がある。それもあって、わが国でのシステム開発は委託開発型が多用されてきた[5]。

委託開発型においては、ユーザーから委託を受けたプライムベンダーからさらに二次委託先、三次委託先へと外注が繰り返され、**多重下請構造**になることが多い。このため、ソフトウェア産業では最も大きな取引先産業は同業者であり、約4分の1が同業者取引である[6]。また、IT産業の費用の約3分の2は内部の人件費と外注費が占めているが、大規模事業者ほど外注費の割合が大きく、大規模事業者ほど**外注依存度が高い**。

このような外注依存と多重下請構造は紛争の誘因となりやすい。システム開

5　「ソフトウェア制作の取引においては、エンドユーザーのニーズの多様化、プログラム言語等から生じる専門性、1社だけでは必要な人員を確保できない等の理由から外注取引が積極的に利用されており、一定規模以上の開発では多重下請構造型のサプライチェーンが形成されている。」（公正取引委員会「ソフトウェア業の下請取引等に関する実態調査報告書」令和4（2022）年6月公表）

6　「平成26年特定サービス産業実態調査報告書」（2015（平成27）年9月）によれば、全産業合計10兆886億円のうち、同業者向けの売上高は23.4％の2兆3585億円である。

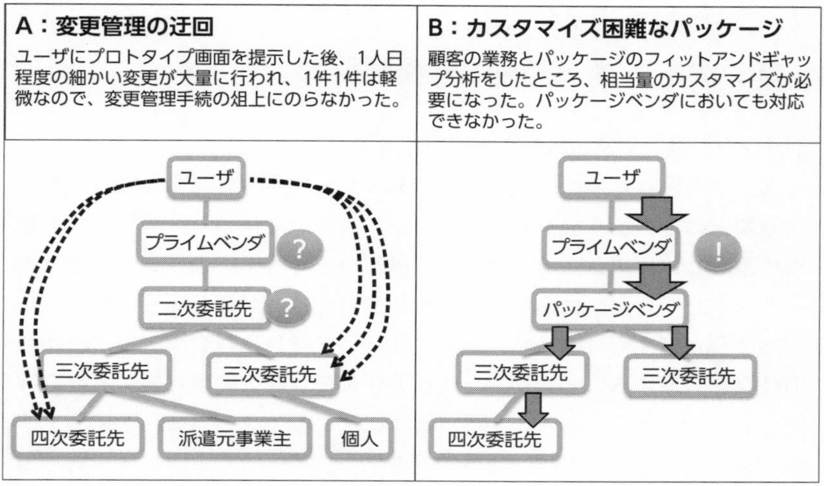

A：変更管理の迂回

ユーザにプロトタイプ画面を提示した後、1人日程度の細かい変更が大量に行われ、1件1件は軽微なので、変更管理手続の俎上にのらなかった。

ユーザ
プライムベンダ ?
二次委託先 ?
三次委託先
三次委託先
四次委託先
派遣元事業主
個人

B：カスタマイズ困難なパッケージ

顧客の業務とパッケージのフィットアンドギャップ分析をしたところ、相当量のカスタマイズが必要になった。パッケージベンダにおいても対応できなかった。

ユーザ
プライムベンダ !
パッケージベンダ
三次委託先
三次委託先
四次委託先

図 10.3　システム開発における下請構造とコミュニケーションの課題

発を委託する場合、本来は指揮命令系統の厳格なルール[7]に従わなければならないが、それでは、委託者であるユーザーと開発現場の担当者とのコミュニケーションが困難を来たすことが多い。そのため、ユーザーから開発作業を担っている三次委託先や四次委託先に直接指示がなされることも少なくない。このような指示により、プライムベンダーが知らない間にプロジェクトが大きく変更され、紛争に発展することもある。

たとえば、システム開発中に、試作した画面をユーザーに提示した後、ユーザー企業が実際の手を動かして作業している四次委託先と直接コミュニケーションを取って（変更管理の迂回）、プライムベンダーや二次委託先が知らないうちに変更がなされて工数が増えた場合、後から増加したコストを誰が負担するのか、が問題となることもある。

7　厚生労働省の労働者派遣事業と請負により行われる事業との区分に関する基準（昭和 61（1986）年労働省告示第 37 号）

COLUMN　請負契約と準委任契約

システム開発を外部委託した場合の法律関係

ユーザー企業からベンダー企業にシステム開発を委託した場合、その法律関係はどのようなものだろうか。ベンダー企業はユーザー企業の要求に適合した情報システムの完成を請負い、それを完成させて発注者であるユーザー企業に納品する。これは民法の請負契約という契約類型に該当すると考えられてきた。民法632条は「請負は、当事者の一方がある仕事を完成することを約し、相手方がその仕事の結果に対してその報酬を支払うことを約することによって、その効力を生ずる」と定めている。請負契約においては、仕事の完成によって初めて、請負人に報酬請求権が発生すると解されているので、情報システムが未完成に終わったときには、ベンダー企業がどれほど労力を投入しようとも、ユーザー企業に利益がない限り、ユーザー企業は原則として報酬を支払う必要がないとされている。このため、開発の遅れや要員追加に伴うコスト超過のリスクはベンダー企業が負担しなければならず、このリスクを織り込むために、ベンダーが提示する契約金額は相対的に高くなることが多い。

もうひとつの契約形態は、準委任契約と呼ばれるものである（民法656条）。準委任契約とは、当事者の一方が、法律行為以外の特定の業務を相手方に委託し、相手方がこれを承諾することによって、その効力を生じ、委任契約（民法第3編第2章第10節）の規定が準用される。システム開発においては、ユーザー企業が情報システムの設計等の上流工程をベンダー企業に委託する場合に準委任契約がよく利用される。改正民法（平成29（2017）年法律第44号による改正）では、委任契約の報酬請求について、2つの類型が規定された。

①履行割合型：委任事務の既履行の割合に応じて報酬を支払うもの。履行割合としては、投入した工数などの業務量に応じて報酬を支払うものとする契約条件とすることが一般的である。

②成果完成型：委任事務の成果に対して報酬を支払うもの。民法改正によって新設された類型である。仕事を受けた受任者は、成果の提供に応じて報酬の支払いが受けられる。成果が提供できなかった場合の報酬請求権については、請負契約の仕事が完成できなかった場合の考え方[8]が準用される。

準委任契約であれば、委任事務を履行すれば、仕事の完成を厳格に問われることなく、約定に従って認められた既履行の割合に応じた報酬請求が可能となり、検収後においても、契約不適合責任に基づく損害賠償、契約解除、報酬減額等の請求を受けないため、受託者たるベンダー企業の赤字リスクは相対的に軽くなるとみられている。もっとも、準委任契約としては、善良なる管理者の注意義務を果たすことを求められることから、その責任を過小評価することは望ましくない。

システム開発のプロセスにおいて、請負契約と準委任契約のどちらが、プロジェクトの円滑な推進、完成したシステムの品質・高信頼性の確保等に資するかは、情報システムの種類、対象となるプロジェクトの工程（要件定義などの上流工程なのか、確定したシステム仕様書に基づく製造工程なのか）、システムの用途、ベンダーの経験やユーザー業務に関する造詣の深さ、ユーザーのプロジェクト管理体制等によっても異なり、一概にどちらを選べば、プロジェクト頓挫等のリスク軽減につながるかは断定が難しい。

また、パッケージソフトを利用して開発を行う場合、実際に開発を始めたあとにユーザーの業務とパッケージのフィットアンドギャップ分析をしたところ、相当量のカスタマイズが必要であることが判明し、パッケージベンダーにおいても対応できず、紛争に発展したという例も少なくない（図 10.3）。

8　改正民法（平成 29（2017）年法律第 44 号による改正）では、仕事完成前の契約解除などの場合にみなし完成の概念を導入し、請負人が請求できる報酬が明文化された。ベンダーが作業したシステム開発の結果のうち可分な部分の提供によってユーザーに利益が生じるときは、その部分は仕事の完成とみなされ、ベンダーは、ユーザーが受ける利益の割合に応じて報酬を請求することができる（民法第 634 条）。

Case Study　システム開発紛争の事例

ここで、システム開発紛争の具体的な事例について考えてみよう。事例は第3章でも紹介した地銀S銀行対外資系ベンダーI社事件であるが、ここでは、法的な側面から触れておきたい。

地銀S銀行対外資系ベンダーI社事件（第3章第5節も参照）

S銀行（静岡県を本拠地とする地方銀行）は、基幹システムである勘定系システムの刷新を考えた。I社がアメリカのリテールバンキング用パッケージソフトを日本市場向けにカスタマイズする提案を行い、S銀行がその採用を決断してプロジェクトがスタートした。その後、要件定義段階でプロジェクトは難航し、数回のやり直しのあと、I社が開発のスコープ大幅削減提案や代替パッケージソフトの採用、追加費用の請求を行ったところ、S銀行が115億円の損害賠償を求めて訴訟に発展した（表10.1）。

この事件では最高裁の決定[9]まで出ているが、注目されるのは控訴審・東京高裁の判決[10]である。控訴審では、I社は42億円をS銀行に支払うことを命じる判決になった。第1審・東京地裁[11]ではI社が74億円をS銀行に支払うことが命じられており、東京高裁はI社の負担を32億円減額したことになる。その判断根拠はどこにあったのだろうか。この32億円というのは、システム開発の上流工程である企画提案段階の金額である。この企画提案フェーズにおける当事者の義務について東京高裁は、ベンダーには一定の義務があり、提案するシステムにどのような機能があるのか、それがユーザーのニーズにどの程度適うものなのか、といったことをユーザーに説明する義務があるとした。そして**ユーザーはこれらの提案を踏まえて、自らリスク分析をすることが求められる**とされる。提案されているシステムが、わが社で使えるものなのか、わが

9　平成27（2015）年7月8日　最高裁第二小法廷決定
10　平成25（2013）年9月26日　東京高裁判決
11　平成24（2012）年3月29日　東京地裁判決

表 10.1　S 銀行と I 社の交渉経緯の概要

時期	I 社	S 銀行
2004 年 9 月	要件定義開始	
2005 年 9 月	89 億 7080 万円で 2008 年 1 月に稼働させる最終合意書を交わす	
2006 年 5 月	要件定義方法に誤りあり、新たな要件定義の着手を提案	了承
2006 年 8 月	稼働予定 2008 年 1 月は無理であるとして 2009 年 5 月を提示	拒否
2006 年 11 月	最終稼働 2008 年 12 月を提示	了承
2006 年 12 月	このままでは開発無理。システム化対象範囲の大幅削減と追加 44 億円を要求	強い異議
2007 年 4 月	アメリカ製パッケージソフト採用を断念。スイス製パッケージソフトの採用を提案	今までの作業は無意味。強い不信感
2007 年 5 月	義務は果たしたと主張	プロジェクト中止判断
2008 年 3 月	S 銀行は、システム開発のために支払った金額などを含む 115 億円の損害賠償を求めて I 社を提訴	

社の多くの人に受け入れられるのか、これを使って仕事を進めることができるのか、ということについてのリスク分析をユーザー側が行うことが必要だということである。ベンダーのみならず、ユーザーにもプロジェクトマネジメント上の役割があることを示し、ベンダーにのみ一方的に企画提案段階での説明不足の責任を負わせるべきではないというのが東京高裁の考え方である。

この裏付けとなるのが、**「情報の非対称性」「能力の非対称性」**が双方に存在することである。システムに詳しいのはベンダーである一方で、銀行の業務に詳しいのはユーザーなので、それぞれの持つ専門性を生かして、**技術と業務内容についての知識を持ち寄り、コミュニケーションを図らなければならない**のである。従って、東京高裁判決では、企画提案の工程については、ベンダーにプロジェクトマネジメント義務違反はないとし、ユーザーがベンダーに支払った金額を賠償すべき損害とは認めなかった。ただし、それ以降の工程については、少し厳しい判断を行っている。

つまり、「当初の想定とは異なる要因が生じる等の状況の変化が明らかとなり、想定していた開発費用、開発スコープ、開発期間等について相当程度の修正を要すること、更にはその修正内容がユーザーの開発目的等に照らして許容限度を超える事態が生じることもあるから、ベンダーとしては、そのような局面に応じて、ユーザーのシステム開発に伴うメリット、リスク等を考慮し、適時適切に、開発状況の分析、開発計画の変更の要否とその内容、更には開発計画の中止の要否とその影響等についても説明することが求められ、そのような説明義務を負うもの」とし、このようなプロジェクトマネジメント義務が専門事業者であるベンダーに求められることを明らかにした。

SQLインジェクション事件[12]

原告はインテリア商材会社（ユーザー）であり、そのオンラインショッピングサイトのシステム開発を被告（ベンダー）に依頼した。被告（ベンダー）の製作したアプリケーションが脆弱であったことにより、SQLインジェクション[13]というサイバー攻撃を受けて、ウェブサイトで商品の注文をした顧客のクレジットカード情報等（1万6798件）が流出し、ユーザーがベンダーに対して債務不履行の損害賠償金1億913万円を請求した。判決では、ベンダーは2,262万円もの損害賠償を支払わなければならないとされた。

情報流失に関わる経緯を見ると、当初開発したシステムではクレジットカードの情報などを扱っていなかったが、稼働開始後にユーザーが顧客のクレジットカード情報を知りたいと言い出して、31万円という極めて少額で、クレジットカード情報（カード会社名、カード番号、有効期限、名義人、支払回数及びセキュリティコード）の取扱いをするシステムの開発・仕様追加に着手した。そしてその1年後に不正アクセスを受けて、顧客のクレジットカード情報が流出する事態となった。

12　東京地方裁判所判決　平成26（2014）年1月23日

13　SQLインジェクションとは、アプリケーションの脆弱性を攻撃し、個人情報漏洩事故につながる可能性があるサイバー攻撃のひとつ。

判決で示されたのは、システム開発者としては、**専門家としての高度な注意義務**としてセキュリティ対策が必要であることである。それは契約にこの SQL インジェクションに対応できる機能を設けることが明記されていなくとも、世の中の標準的な仕様や、国の指導等がある場合には、当然の注意義務があるとされた。そしてその注意義務に違反した場合、債務不履行責任（損害賠償責任）につながり、重大な過失が認定されると、契約上で賠償限度額を定めていたとしても（たとえば契約金額の 31 万円まで）、その取り決めは適用されないことになる。もっとも、この事件ではユーザーにも過失が認められた。すなわち、セキュリティ上はクレジットカード情報を自社のサーバ内に保持しない方が良いというアドバイスを受けていたにも関わらず、何ら指示もしなかったことにユーザー側に過失が認められた。これにより、過失相殺という形で請求額が 3 割控除されたものの、ベンダーの責任が消滅するわけではない、という結論となった。

システム開発に取り組むベンダーは、これを生業としている者としての**専門家**として、自らのプロジェクトを適切に進めるだけでは十分とはいえず、プロジェクトに不測の事態が生じないように**ユーザーを導く付随的義務**を負っていると考えられるからである。

COLUMN　専門家責任と二重の専門性

実は情報システム開発を巡る「専門家責任」が問題となる紛争においては、IT という専門性に加えて、注文者の業務上の専門性も問題となる。それぞれの専門性が交錯するところでトラブル起きやすいことを認識して、最近の裁判例では、ユーザーの協力義務にも着目した判決が出ている。すなわち、ベンダーに一方的な専門家責任を負わせるのではなく、ユーザー自身が「金融に詳しい」「特許システムに詳しい」あるいは「医療に詳しい」ということが認定され、その専門家としての知見を前提として、ベンダーに協力する義務があることが広く認識されることによって、潮目が変わったのである。

COLUMN　プライバシーをめぐる不幸な歴史

エドウィン・ブラック（Edwin Black）が2001年（初版）に書いた『IBMとホロコースト』（Crown Publishers）[14]という本がある。そこでは、パンチカードシステム（後のコンピュータ）は、それ自体は技術的・中立性が高いものではあるが、残念ながら非倫理的なソリューションに使われてしまったこと、我々はそのような場合の影響を認識しなければならないこと、が説かれている。具体的には、ナチスドイツがユダヤ人の絶滅計画でパンチカード機器「ホレリス」を使用した。ドイツはホレリスの使用により、国民の名前、住所、家系、銀行口座などの情報が素早く参照できるようになった。さらに、番号によって同性愛者をナンバー3, ユダヤ人をナンバー8, ロマ（ジプシー）をナンバー12などと区分していた。これが、ホロコーストにつながっていった。

このような不幸な歴史を繰り返さないために、現在の日本をはじめとして、各国の個人番号制度は、番号に社会的身分に関する意味を持たせることはなく、個人が推知されるような連番性を持たないように設計されている。個人番号の取り扱いが非常に厳格になっており、逆に使いにくいという声も挙がっているが、番号制度の制度的措置の背景には、このように歴史への反省があることを忘れてはならない。

欧州を中心として、データ保護制度、個人情報保護の政策が発展してきたことは、非倫理的ソリューションによってプライバシーが侵害された苦い記憶が欧州で広く共有されていることと無関係とは思われない。

14　翻訳版は同年、柏書房から出版されている。2012年に増補版が出版されている。

多くのユーザー企業は IT の専門家ではないため、ユーザー自身がプロジェクトの進行を阻害するような行為（時宜に遅れた変更の要請、セキュリティ要件の軽視等）を行ったとしても、それがプロジェクト全体の進捗や完成したシステムの安全性に影響を及ぼさないように配慮する役割がベンダーにあり、ベンダーがこのような役割を果たすことができなかったために損害が発生した場合には、一定の責任を負わなければならないことが「S 銀行対 I 社事件」や「SQL インジェクション事件」で示されていると考えてもよい。最近は注文発注者（ユーザー）の業務的な専門性からユーザーの協力義務を認める判決も出てきている（Column 参照）。

Process　データ保護の法律

個人情報保護制度の歴史

インターネットの普及により、世界中のいろいろな人とコミュニケーションが可能となり、世界の知の集積を一瞬で活用できる、など様々な良い点がもたらされた。しかし、ネット上のディスインフォメーション、フェイクニュース、プライバシー侵害、ネットリンチ、データ独占など、負の面もある。

ここで、個人情報保護制度の歴史を振り返っておこう。個人情報というのは最近の言葉であって、もとは「プライバシーを守る」という制度である。19 世紀では、Right to be let alone という**「一人にしておいて欲しい権利」**というのがプライバシーの理念であった。そして 20 世紀となり、高度情報社会のはしりに生まれてきた概念が「自分自身の情報は自分でコントロールできる権利」であり、**自己情報コントロール権**の考え方が生まれた。

欧州が先導して 1980 年に OECD で策定された**「プライバシー保護に関するガイドライン」**では、プライバシーの保護という理念を高らかに謳うと同時に、それと両立させたい価値として**「データ流通の自由**（Transborder Flows of Personal Data）」という価値を実現する取り組みが行われている。

また、1995年に出された**EUデータ保護指令**[15]も同じ考え方に立つ。個人を保護する（Protection of individuals）とともにデータ移動の自由（free movement of such data）を実現していこうとしている。もっとも、同指令を受けたEU各国の法律では、第三国が十分な保護措置を実施していない限り、その国にはデータ移転をしないという**「第三国条項」**が設けられていた。

1980年制定のOECDプライバシー保護に関するガイドラインでは、現在の日本の個人情報保護法の土台にもなっている**データ保護の8原則**が提唱されている（表10.2）。

この8原則の中で注目すべきは透明性という原則である。わが国では個人情報保護法が改正されて、大量のデータが抜き取られるような事故が発生した場合には、個人に伝える企業の義務が課せられている。それは裏を返せば、個人にその自分自身のデータを保護する個人参加を求める原則ということでもある。さらに説明責任のような基本的な原則が織り込まれている。これらの原則のもと、加盟国で同じような制度を持つため、データの自由な流通が可能である、という安心できる社会の実現を目指していると言える。

1990年代には、カナダ・オンタリオ州の情報・プライバシーコミッショナー[16]であったアン・カヴォーキアン（Ann Cavoukian）博士が**「プライバシー・バイ・デザイン**（PBD）の7原則」を提唱した（表10.3）。プライバシー・バイ・デザインとは、システムや制度の設計の段階で、プライバシーやセキュリティに関するリスクを考慮して、体制が十分であるように構築することが求められるということである。

15　正式名は「個人データ取扱いに係る個人の保護及び当該データの自由な移動に関する1995年10月24日の欧州議会及び理事会の95／46／EC指令」。

16　the Office of the Information and Privacy Commissioner

表 10.2　OECD データ保護の 8 原則

収集制限	Collection Limitation Principle
正確性	Data Quality Principle
目的の特定	Purpose Specification Principle
利用制限	Use Limitation Principle
安全	Security Safeguards Principle
透明性	Openness Principle
個人参加	Individual Participation Principle
説明可能性	Accountability Principle

表 10.3　プライバシー・バイ・デザインの 7 原則

プロアクティブ	事前にプライバシー侵害の発生を防ぐことを目的とする
デフォルト	システムにデフォルトでプライバシー保護策が組み込まれている
組み込み	IT システムとビジネス慣行の設計とアーキテクチャに組み込まれる
ポジティブサム	「Win-Win」の方法で受け入れることを目指す
ライフサイクル保護	情報のライフサイクル管理をエンドツーエンドで保証する
透明性	利用者と提供者の双方に可視的で透明性が保証される
利用者の尊重	設計者や運用者は何よりも個人の利益を最優先する

COLUMN　プライバシー侵害が問題になった事件

(1)スノーデン事件

2013年6月、アメリカ中央情報局（CIA）の元職員でもあるスノーデン容疑者は、英米紙に対して米国家安全保障局（NSA）の情報収集活動を相次いで暴露した。それまで、欧州と米国は同じような制度を持っているので、自由に情報流通させようという「セーフハーバー協定」を結んでいたが、この告発によって、一旦は第三国条項が発動されて、EUからアメリカには情報を流さないことになった。その後アメリカ側は、NSAの盗聴範囲を縮小させ、EUとの間で合法的に個人データ移転を可能にする「プライバシー・シールド」を発効させた。なお、2020年7月に欧州司法裁判所によって、プライバシー・シールドが無効であるとの判決が下されたため、EUから米国に個人データを移転する際にEUデータ保護要件を遵守するための有効なメカニズムではなくなった。

(2)ICカード乗車券の情報履歴利用

2013（平成25）年7月、大手鉄道会社が個人名等を削除した形でICカード乗車券・電子マネーの利用履歴データを大手ITベンダーに一括して販売し活用することを発表した。しかし、SNSでの「炎上」が生じ、オプトアウト[17]窓口等を改めて設けたが最終的に頓挫した。この事件は、その後のパーソナルデータの利活用に対する萎縮効果として作用したとも考えられる。

(3)個人情報の売却

2014（平成26）年、教育関連企業の業務委託先の元従業員が3,504万件分の情報を名簿事業者3社へ売却していたことについて、不正競争防止法違反により起訴された。東京高裁では、一審判決（懲役3年6カ月・

17　オプトアウトとは、個人情報の第三者提供に関し、個人データの第三者への提供を本人の求めに応じて停止すること。

罰金 300 万円）を破棄し、懲役 2 年 6 カ月、罰金 300 万円に減刑した。このような事件は、2017 年の個人情報保護法の大改正[18] の誘因ともなった。

AI時代のデータ覇権の動き

スマートフォン、クラウド、IoT などの普及を背景にデータ流通量が飛躍的に増大するなかで、AI を活用して大量のデータを分析し、デジタル時代の競争力を強化する動きが強まっている。データは「**21 世紀の石油**」ともいわれるほど貴重な資源だという認識が広がっており、データを積極的に活用するプラットフォーマーのビジネスが拡大している。**プラットフォームビジネス**とは、他のプレイヤーが提供する製品・サービス・情報と一緒になって、初めて価値を持つ製品・サービスを提供するビジネスである。それゆえ、サービス提供者や利用者など参加者が増加すればするほど、価値が高まるという**ネットワーク効果**が生じて規模を拡大することがプラットフォーマーに有利に働く。

プラットフォーマーに対する各国の姿勢はさまざまである。プラットフォーマー規制を強化する、国家プロジェクトでデータを大量に蓄積する、データ経済圏を構築してデータを囲い込む、あるいは、データ駆動社会を担う産業振興に税金を使う、など多様な政策が実践されている。各国が採用する制度は制度間競争の様相も呈している。EU は一般データ保護規則（**GDPR**：General Data Protection Regulation）[19] により域外へのデータ移転の原則禁止というルールを追求しているし、アメリカも連邦情報セキュリティマネジメント法（FISMA：Federal Information Security Management Act）でクラウドサービスの厳格な認証を求めている [20]。そして中国もサイバーセキュリティ法の中で、個人情報の国内保存義務、ローカリゼーションを要求している [21]。これらの政策に共通するのは、データを囲い込み、ビッグデータ経済圏を形成するということである。

18　同改正ではデータの第三者提供のトレーサビリティ確保が図られた。

19　https://edpb.europa.eu/

20　https://www.fcc.gov/general/privacy-act-information

21　http://www.npc.gov.cn/npc/xinwen/lfgz/flca/2015-07/06/content_1940614.htm

EU におけるプラットフォーマー規制では、競争政策という別の制度も出動させて 2018 年には、Google がインターネット総合検索サービス市場、モバイル OS 市場及び Android OS のアプリケーションストア市場における支配的地位を濫用し、Android 端末製造業者及び移動体通信事業者に対し制限を課していたとして、43 億ユーロの制裁金を賦課した事例もある。

2019 年 1 月、世界経済フォーラム（いわゆるダボス会議）において、わが国の総理大臣がデータフリーフローウィズトラスト（DFFT）という理念を提唱した。この理念は 2021 年 4 月の G7 デジタル・技術大臣会合大臣宣言にも、「我々は、開かれた民主主義社会の必要性を技術的な議論の中心に据え、信頼性のある、価値に基づいたデジタルエコシステムの実現のために協力していくことを決定した。我々は、そのようなエコシステムによって、持続可能で包摂的な、人間中心の繁栄が増大すると信じる。また、我々は、政府によるインターネット遮断やネットワーク制限といった民主主義的価値を損ねる可能性がある措置に断固として反対する」と盛り込まれた。

これを実現するための仕組みとして、内閣官房 IT 総合戦略室（当時）において、個人情報保護法の運用と制度の見直しなどが進められた。データの利活用を妨げる規制のグレーゾーンを解消するための制度の明確化などは、見直しの成果の一つであろう。

プロファイリング

「プロファイリング」とは、一定の個人的側面を評価するための、個人データの利用によって構成される、あらゆる形式の、個人データの自動的な取扱いをいう[22]。とりわけ、当該自然人の業務遂行能力、経済状態、健康、個人的嗜好、興味関心、信頼性、行動、位置及び移動に関する側面を分析又は予測するためのものが注目されている。以下に紹介する 2 つの事件から考えてみよう。

(1) 就職情報会社R社事件

SNS への投稿や閲覧履歴などから個人の嗜好や交友関係を分析するアルゴ

22　EU の一般データ保護規則（GDPR）第 4 条（4）に定める定義による。

リズムが作動し、好みに応じた商品・サービスのレコメンドが表示されることを気にする人はそれほど多くないかもしれない。しかし、就職活動中の学生の行動履歴が分析の対象となり、本人の同意なしに 5 段階の内定辞退率格付けを企業に販売することは眉を顰めることだろう。このような分析結果の販売のどのようなところに問題があるのだろうか。

【問題とされた行為】

①特定の個人を識別しない方式（氏名の代わりに Cookie で突合）で、内定辞退率を算出し、第三者提供に係る同意を得ずにこれを利用企業に提供していた。就職情報会社は、内定辞退率の提供を受けた企業側において特定の個人を識別できることを知りながら、就職情報会社の側では特定の個人を識別できないとして、個人データの第三者提供の同意取得を回避していた。

②突合率の向上のため、サービス利用企業から提供された氏名をハッシュ化（暗号化）して突合し内定辞退率を算出していた。ハッシュ化されていても、R 社において特定の個人を識別することができ、本人の同意を得ずに内定辞退率を利用企業に提供していた。

③就職情報のプレサイト開設時（2018（平成 30）年 6 月）のプライバシーポリシーには第三者提供の同意を求める記載はなく、2019（平成 31）年 3 月のプライバシーポリシー改定までの間、本人の同意を得ないまま内定辞退率をサービス利用企業に提供していた。

（資料）個人情報保護委員会 https://www.ppc.go.jp/news/press/2019/20191204/

「この人の内定辞退率が高い」という情報提供を受けた企業は、内定を辞退するつもりがない人に対しても、その誤った思い込みから、企業のその本人に対する接し方を変えてしまう恐れがある。

これについて日本の個人情報保護委員会[23]はこの行為の問題点を 3 つ指摘し

23　個人情報保護委員会は、個人情報の保護に関する法律（平成 15 年法律第 57 号。以下単に「法」という）に基づき設置された合議制の機関である。その使命は、独立した専門的見地から、同法の目的規定にあるとおり、行政機関等の事務及び事業の適正かつ円滑な運営を図り、並びに個人

ている。第1に、内定辞退率の提供を受けた企業にとっては、特定の個人を識別できることを知りながら、提供するR社側では特定の個人を識別できないとして、就活中の学生からの同意取得を回避して、法の趣旨を潜脱していたこと。第2に、突合率向上のために得られた暗号化されたデータについても、特定の個人の識別ができるのに、本人の同意を得ずに提供していたこと。第3に、2019（平成31）年3月のプライバシーポリシー改定までの間、本人の同意を得ないまま内定辞退率をサービス利用企業に提供していたこと、である。本件は、プロファイリングそのものを問題としたわけではないものの、このようなプロファイリングを行うことに大きな課題があることを明らかにした。本件では、内定辞退率データを提供した企業に対して行政指導が行われたが、その後の個人情報保護法改正（2022（令和4）年4月施行）によって、「個人関連情報」の規制へとつながった。

(2)ケンブリッジ・アナリティカ社事件

2018年3月にケンブリッジ・アナリティカ社の元従業員による内部告発により発覚した。ケンブリッジ大学教員のアレクサンダー・コーガン氏が開発した性格診断クイズをFacebookで利用した27万人とその米国在住の友人データ約5,000万人分のデータが収集された。これらのデータはケンブリッジ・アナリティカ社に売却され、親トランプ的な情報を表示するのに使われたという。これらのデータによって2016年の大統領選挙等に影響があった。Facebookの安全性が強化されたが、収集されたデータがどこに行ったのか（ケンブリッジ・アナリティカ社は消去と主張）などの真相は不明である。

GDPRで禁止されているプロファイリング等に用いられた可能性もあるとされる。

情報の適正かつ効果的な活用が新たな産業の創出並びに活力ある経済社会及び豊かな国民生活の実現に資するものであることその他の個人情報の有用性に配慮しつつ、個人の権利利益を保護するため、個人情報（特定個人情報を含む）の適正な取扱いの確保を図ることとされる。

GDPR22 条では、データ主体（本人一人ひとりの個人）は、プロファイリングを専ら自動化された取り扱いに基づいた決定の対象とされない権利を本来有すると述べている。また、EU の自動化された個人に対する意思決定とプロファイリングに関するガイドライン付録 1 では、個人が公正に取り扱われ、差別されないことを確保するために、プロファイリングをするような AI のシステムについては、定期的にチェックを行うことが勧告されている。そしてプロファイリングのコンテクストで匿名化、仮名化の技術を利用し、特定の個人を識別することがないようにということを述べている。

このように、IT によるプロファイリングが便利で効果的な手法であるとしても、個人の尊厳を損なわないかと考慮し、個人を不当に差別せず、公正に取り扱うことが重要である。わが国でも、ターゲット広告などに用いられる特定利用者情報を大量に保有する事業者に適正な取扱いを義務付ける電気通信事業法の改正案が可決成立した[24]。制度の検討段階から経済団体が鋭く反対し、国会でも保護の十分性について議論が集中した。

Further Learning　違法有害情報の氾濫と共同規制

氾濫する違法有害情報

民主主義社会を支える土台には、表現の自由、そして正確な情報や多様な意見に接して冷静に議論する環境が不可欠である。しかし、インターネットが発達し、情報過多の高度情報社会においては、情報の優劣よりも「人々の関心・注目」という希少性こそが経済的価値を持つようになり、それ自体が重要視・目的化・資源化・交換財化されるようになる。このような社会は**アテンション・エコノミー**と呼ばれる[25]。アテンション・エコノミーに飲み込まれるデジタル経済では、偽情報、違法有害情報が圧倒的な拡散力をもって伝播する。コロナ禍のもとでも、さまざまな社会を分断するような偽の情報が流されたこと

24　第 208 回国会閣法 48 号「電気通信事業法の一部を改正する法律案」2022（令和 4）年 6 月 13 日成立
25　Goldhaber, M. H., “The attention economy and the Net,” *First Monday*, 2(4). 1997

が報道されている。マサチューセッツ工科大学が2018年に発表した研究成果によれば、ツイッター上ではデマは真実より6倍の速さで伝わるという[26]。

最近では、**ディープフェイク**というAI技術を活用して作成された合成メディアが登場している。その人が実際に行っていない動作をしたり、実際口に出していないことを発言したりしているかのように描くことができる。この技術を悪用して、影響力のある人物の発言が捏造されることになれば、大きな問題を引き起こすことになる。

民主主義社会の成り立ちには、**思想の自由市場論**（Marketplace of Ideas）が基礎となっている。すなわち、「真実にとっての最善のテストは、自らを市場の競争において価値あるものと認めさせるための思想の力である」という考え方であり[27]、束縛されない自由闊達な議論により真実を見出すことができ、健全な輿論形成ができることが前提とされている。ところが、このような偽情報、違法有害情報が氾濫すると、民主主義の社会においてすら、偽情報、違法有害情報に対する対抗言論（カウンタースピーチ）に耳を傾けなくなり、社会の分断が加速する。アテンション・エコノミーのもとでは、広告収入を最大化するためのアルゴリズムなど構造的な要因によって、情報の偏食（**フィルターバブル、エコーチェンバー**）が生じ、そもそもカウンタースピーチに接することが難しくなる。このように、民主主義の維持にとって危機的な状況が生じており、プラットフォーマーがインターネット上の不適切なコンテンツを監視し、必要があれば削除すること（**コンテンツモデレーション**）が不可避となっている。

共同規制の模索

このような偽情報や違法有害情報に対してどのような問題解決方法が考えられるだろうか。一つは**臨床的な解決方法**で、違法有害情報の発信者を特定し、損害賠償請求等の司法救済を図るものである。わが国では、ネット上の誹謗中傷に対して、プロバイダに対して発信者情報開示を求める仕組みを通じて被害救済を促す仕組み（**プロバイダ責任制限法**）が2001（平成13）年に整えられた。

26　MIT News, “Study: On Twitter, false news travels faster than true stories,” March 8, 2018
27　Abrams v. United States (1919) における Oliver Wendell Holmes Jr. 判事の少数意見。

しかし、自由な言論への萎縮効果を最小にするため、発信者情報開示請求は、「権利侵害の明白性」等の要件を満たさなければ発信者の氏名等は明かされない。

発信者情報開示請求の訴訟手続は、①発信者が書き込みをしたSNSの提供者に対するIPアドレス等の開示請求（仮処分）、②発信者が契約しているプロバイダに発信者の氏名・住所等の開示請求訴訟、という2段階で行われることが一般的であり、一定の時間がかかる。しかし、ログの保存期間が短いなどの問題もあり、訴訟したとしても発信者にたどり着かない場合が多い。

このような場合に、違法に中傷された個人が迅速に自分自身の被害の救済を求める仕組みの検討が進められているが、濫用されると表現の自由を侵害する可能性もあるので、両者のバランスを考慮することが重要である。

もう一つの解決方法は、**構造的な問題の解決**である。プラットフォーマーがコンテンツモデレーションを行う義務を負っているとしても、それを適切に実行しているか透明性を確保する仕組みが必要である。その仕組みとして**「マルチステークホルダー・プロセス」**への期待が高まっている。マルチステークホルダー・プロセスとは、3者以上のステークホルダーが、対等な立場で参加・議論できる会議を通し、単体もしくは2者間では解決の難しい課題解決のために、合意形成などの意思疎通を図るプロセスをいう。その特徴としては、①信頼関係の醸成、②社会的な正当性、③全体最適の追求、④主体的行動の促進、⑤学習する会議、があげられる。

EUデジタルサービス法（2022年10月に欧州閣僚理事会にて採択のうえ、2022年11月施行、2024年2月完全施行）においては、月間平均45百万人以上に利用される大規模なオンライン・プラットフォーマーに対し、違法コンテンツの流通等に対するリスク評価を実施し、それに応じたコンテンツの修正や広告表示の制限など、合理的な範囲での効果的なリスク緩和措置を講じることを求めており、プラットフォーマーのコンテンツモデレーションに対するマルチステークホルダー・プロセスのモデルとして注目されている。

このように、プラットフォーマーに対する規制のあり方として共同規制アプローチの効果に期待が高まっており、欧州委員会では、欧州アルゴリズム透明性センター（ECAT）を新設するなどの体制整備を進めている。その結果として、超巨大プラットフォーマーや検索事業者が自ら透明性レポートや削除ポリシー

COLUMN　忘れられる権利

一旦伝播した情報が、いつまでもネット上に残ることが問題になっている。ネットにおいては「人の噂も 75 日」ではない。若気の至りでネット上に投稿したバカッター（Twitter に法律に触れる行為、良識のない行為、迷惑行為、悪ふざけなどを自慢げにアップする行為や人などを総称してバカッターと呼ぶ）がいつまでも残り、検索されスコアリングされ続ける。それで良いのだろうか。バカッターをした若者にそのバカッターをしたことを忘れてもらえる権利はないのだろうか。一方で、それを消してしまったら、知る権利が阻害されるのではないか。このように対立する考え方がある。

わが国の判例としては、平成 29（2017）年 1 月の最高裁決定に先例的意義があるとされている[28]。原告 A は平成 23（2011）年に児童買春をしたとの疑いで逮捕され、その記事は検索すればすぐに表示された。原告は「検索結果を表示しないでほしい」として忘れられる権利を主張した。最高裁では、検索サービスが現代社会においてインターネット上の情報流通の基盤として大きな役割を果たしていることを前提として、A のプライバシーを公表されない A の法的利益と検索結果を提供する理由に関する諸事情を比較衡量して、前者（プライバシー権）が優越することが明らかな場合には、検索結果の削除が認められるという考え方を採用した。今回の事件では、児童に対する性的搾取及び性的虐待とされる児童買春が「社会的に強い非難の対象とされ、罰則をもって禁止されていることに照らし、今なお公共の利害に関する事項である」として、削除を認めなかった。

ところが、別の事件において、原告 B の建造物侵入での 2012（平成 24）年の逮捕歴が SNS 上で閲覧できる状態であり削除を求めた例では、

28　平成 29（2017）年 1 月 31 日　最高裁第三小法廷決定

2022（令和 4）年 6 月に最高裁は、逮捕から時間がたっており公益性は小さくなっているとして、削除を命じる判決を言い渡した[29]。

一方、欧州では、一般データ保護規則（GDPR）17 条において、消去権―忘れられる権利（right to be forgotten）が定められており、EU 域内では、これに基づいて削除が認められるケースもありうる。

を明確に文書化したうえで、リスク評価を行って定期的に更新を行い、インターネット利用者の保護に資するような透明性とアカウンタビリティを発揮する動きの定着に結実するものと考えられる。

In the Future　AI倫理

AI時代の法的問題

AI が社会に実装されてくると、従来の法体系が予期しなかった事象が現れ、さまざまな法的な問題が浮かび上がってくる。たとえば、自動車の自動運転について考えてみよう。自動運転車は、車両に取り付けられたカメラが捉えた画像を、AI を利用して瞬時に解析・判断し、地図データ、位置情報データと併せて自動車の自動操縦を可能にしたものである。最も自動化が進化したレベル 5（完全自動運転）になると、運転席に誰も座っていなくとも自動で運転される。

このような自動運転車が事故を起こした場合、その責任は誰が負うのだろうか。現在のように過失責任を基本とする救済制度で良いのだろうか。その暴走について、そもそも原因究明ができるのだろうか。無過失責任（製造物責任）の射程はどこまでだろうか。刑事責任は問えるのだろうか。あるいは、危険分散（保険制度）は可能なのだろうか。このように、AI を社会実装する場合には、

29　令和 4（2022）年 6 月 24 日　最高裁第二小法廷判決

さまざまな法的問題について解決しておくことが重要になる。

一方、ある作家あるいは作曲家の作品をAIに学習させることによって、その作風に似た「作品」を創り出すことも可能になっている。この作品の知的財産権（著作権など）はどこに帰属するのだろうか。さらには、AIをゲノム編集など生命倫理に関わる分野でも用いることに制約はないのだろうか。

このようにAIの新たな分野での活用には、さまざまな問題を惹起し、立法措置によって一定の制約を加えることも必要な分野も考えられる。もっとも、AI自体は技術的に中立であり、活用方法は常に変化し、多様な可能性を内在していることから、立法措置によって徒らに制約を設けることは、よい意味でのイノベーションの可能性を閉ざすことにもなりかねない。では、このような状況の中でAIを上手く活用するにはどうすればよいだろうか。

人間中心性の確保

AI開発競争の無制約な拡大に対しては、Future of Lifeという科学者・アントレプレナーの集団が立ち上がり、軍事技術にこのAIが利用されることへの懸念を示している。彼らは、AIの軍事利用・自律型の兵器開発に対してNoを突きつけ、ネット上での署名活動を一所懸命に行っている。

こうした動きは、わが国にも同様に、「人間中心性の確保を求める」ものとして存在する。日本学術会議は、2017（平成29）年に「軍事的安全保障研究に関する声明」をまとめた。そこでは、科学者の良心として、このAI技術開発の競争を進めるなかで、それが非倫理的なソリューションに使われないための仕組みを提唱している。研究成果は、時に科学者の意図を離れて軍事目的に転用されて攻撃的な目的のためにも使われてしまうので、ガイドラインを策定する、科学者コミュニティで一定の共通認識を形成する、社会とともに議論を続ける、といったことを呼びかけている。これは科学者コミュニティだけの問題ではなく、社会自身がどう応えるかを考える必要がある。

【日本学術会議「軍事的安全保障研究に関する声明」（2017年）抜粋】

（前略）

研究成果は、時に科学者の意図を離れて軍事目的に転用され、攻撃的な目的のためにも使用されうるため、まずは研究の入り口で研究資金の出所等に関する慎重な判断が求められる。大学等の各研究機関は、施設・情報・知的財産等の管理責任を有し、国内外に開かれた自由な研究・教育環境を維持する責任を負うことから、軍事的安全保障研究と見なされる可能性のある研究について、その適切性を目的、方法、応用の妥当性の観点から技術的・倫理的に審査する制度を設けるべきである。学協会等において、それぞれの学術分野の性格に応じて、ガイドライン等を設定することも求められる。

研究の適切性をめぐっては、学術的な蓄積にもとづいて、科学者コミュニティにおいて一定の共通認識が形成される必要があり、個々の科学者はもとより、各研究機関、各分野の学協会、そして科学者コミュニティが社会と共に真摯な議論を続けて行かなければならない。科学者を代表する機関としての日本学術会議は、そうした議論に資する視点と知見を提供すべく、今後も率先して検討を進めて行く。

社会からの応答の一つとして、プラットフォーマーの 1 つであるグーグルが 2018 年に「Google と AI：私たちの基本理念」という方針を発表している。ここでは、AI の有用性について多く述べた後に、AI のアプリケーションでグーグルが追求しないものを列挙している。すなわち、①総合的にみて有害または有害な可能性があるもの、②人々に危害を与えるもの（軍事利用）、③国際的に認められた規範に反する技術利用、④国際法の理念や人権に反する利用など、全部で 4 項目を挙げている。そしてグーグルが実際にこれに基づいて行動がなされているかを、検証する会議が設けられており、グーグルの従業員が中心になってこれを監視する状況にある。

一方、わが国では、たとえば NEC グループが「AI と人権に関するポリシー」を掲げている。同社は、AI（人工知能）の社会実装や生体情報をはじめとするデータの利活用が、人々の生活を豊かにする反面、その使い方によってはプライバシー侵害や差別をはじめとした人権課題を生み出すおそれがあることも認めたうえで、7 つの原則を示している。

【NECグループAIと人権に関するポリシー】

（略）AI（人工知能）の社会実装や生体情報をはじめとするデータの利活用（以下、「AIの利活用」といいます）は、人々の生活を豊かにする反面、その使い方によってはプライバシー侵害や差別をはじめとした人権課題を生み出すおそれがあることも理解しています。

NECは、AIの利活用によって生じうる人権課題を予防・解決するために本ポリシーを制定します。各国・地域の関連法令等の遵守はもちろんのこと、本ポリシーは、社員一人ひとりが、企業活動の全ての段階において人権の尊重を常に最優先なものとして念頭に置き、それを行動に結びつける指針となるものです。

①公平性　NECは、AIの利活用において、判断結果に偏りが生じる可能性を常に認識し、個人が不当な差別を受けないように努めます。

②プライバシー　NECは、AIの利活用において個人のプライバシーに配慮し保護するよう努めます。

③透明性　NECは、私たちのAIの利活用において、判断結果の説明が可能となる仕組みの構築を目指します。

④説明する責任　NECは、AIの利活用による効果・価値・影響について、適切な説明を行い、全てのステークホルダーから理解が得られるよう努めます。

⑤適正利用　NECは、AIの利活用において人権を尊重した適正な用途で利用するよう努めます。お客さまやパートナーのAIの利活用において、NECは、私たちの製品・サービスを提供する際には、人権を尊重した適正な用途で利用されるよう努めます。

⑥AIの発展と人材育成　NECは、AIの利活用促進に向けて、有用で最先端の技術開発と、人材の育成に努めます。

⑦マルチステークホルダーとの対話　NECは、私たちのAIが人権課題を発生させることがないよう、自社だけでなく第三者の視点や意見を取り入れるため、外部有識者を含めた様々なステークホルダーと

の連携・協働を促進します。

今後 AI の利活用において発生する新たな社会課題に対し、NEC はその課題から目をそらさず、テクノロジーを活用して正面から取り組むことで、世界の人々が相互に理解を深め、人間性を発揮する豊かな社会の実現につなげていきます。

この中で注目されるのは、7 番目の**マルチステークホルダーとの対話**である。第三者の視点も取り入れるため、外部の有識者を含めた様々なステークホルダーとも連携・協働を促進するという、共同規制に向かって開かれた企業姿勢を示している。

また、富士通も同様に AI に関するコミットメントを 2019（平成 31）年 3 月に公表している。その 2 番目の原則において、人を中心に考えた AI を目指すこと、すなわち**人間中心性**という理念を明言している。

【富士通グループ　AIコミットメント(骨子)】

1. AI によってお客様と社会に価値を提供します
2. 人を中心に考えた AI を目指します
3. AI で持続可能な社会を目指します
4. 人の意思決定を尊重し支援する AI を目指します
5. 企業の社会的責任として AI の透明性と説明責任を重視します

このような流れのなかで、政府は統合イノベーション戦略推進会議において、**「人間中心の AI 社会原則」**を発表している。

【人間中心のAI社会原則】

・人間中心の原則
・教育・リテラシーの原則
・プライバシー確保の原則
・セキュリティ確保の原則

・公正競争確保の原則
・公平性、説明責任及び透明性の原則
・イノベーションの原則

（資料）統合イノベーション戦略推進会議　2019（平成31）年3月29日

「AIと共にある未来のためにどんな法律をデザインするか」を考えるときに欠かせないのは、こうした人間中心性である。「人間中心のAI社会原則」は、試金石となる。AIの開発には夢があるものの、それが非倫理的な用途に用いられないように科学者のコミュニティだけではなく、我々産業の担い手、そして政府あらゆるセクターが連携していくことが重要である。

まとめPOINT

► システム開発に関する紛争は、外注依存の構造によるコミュニケーションの問題に帰着する。開発者は専門家責任を負い、他方で、ユーザー自身の協力義務も重要である。

► 設計段階からプライバシー保護の設計理念を持つ「プライバシー・バイ・デザイン」は情報システム設計の標準となっている。また、データを囲い込むのではなく、信頼関係を基礎とした自由なデータ流通の枠組を整えることが大切である。

► 違法有害情報に対しては、表現への規制ではなく、プラットフォーマーの対策の透明性を確保する共同規制のフレームワーク作りが効果的である。

► 無制約なAI開発競争が非倫理的用途に用いられないよう、科学者コミュニティ、産業、政府、あらゆるセクターが連携することが重要である。

IV

IT システムの構成要素を学ぶ

第11章 ITシステムの構成要素（1）ハードウェア

学習POINT

- コンピュータの5大装置とは何か。具体的にはどのようなものか
- 現在のコンピュータはどのように発展してきたのだろうか
- コンピュータの発展とともに、企業におけるITの利用目的はどのように変化しているのだろうか
- 量子コンピュータはなぜ注目されているのだろうか
- 分散・自律・協調の時代に、ハードウェア産業に求められる視点と追求すべき価値はどのようなものだろうか

基礎知識　ハードウェアとソフトウェア

ITシステムはコンピュータを中心とするシステムであるが、その要素にはハードウェアとソフトウェアがある。「ハードウェア」とは、本来「金物類・金属製品」の意味で、機械や生活用品などについて木製製品との対比語であったが、コンピュータの世界では、処理装置や記憶装置、入出力装置、電子基板、ケーブル類、筐体などの部品や部材、およびその総体として物理的実体としてのコンピュータのことを**ハードウェア**という。これに対し、コンピュータプログラムやデータなど、それ自体は物理的な実体を伴わない要素のことを**ソフト**

ウェア（software）と総称する。

ハードウェアはどこに存在しているだろうか。身近なところでは、スマートフォンやパソコン、業務用端末などがある。集中的な処理が行われる大規模なものになると、計算機センターやクラウドサービスに大型のコンピュータが配置されている。計算機センターには、科学技術計算用途で大規模・高速な計算能力を有する**スーパーコンピュータ**や、銀行の勘定系システム等に用いられる産業用汎用コンピュータなどがある。また、近年は**クラウドコンピューティング（クラウド）**と呼ばれるサービスが普及し、従来は利用者が保有していたハードウェア、ソフトウェア、データなどのさまざまなコンピュータ資源や機能を、サービスとして必要な時に必要なだけ利用できる IT 環境・形態の利用が広がっている。このようなクラウドおいても、大量のハードウェアが存在している。

ハードウェアの種類としては、クラウド・センター側では、スーパーコンピュータ、**メインフレーム**[1]といった大型コンピュータのほか、**サーバ**[2]、**ストレージ**[3]など小規模なシステムでも利用されるものもある。また、産業用コンピュータでは、長期安定運用を支えるため、用途を特定業務に絞り、長期供給・長期保守、24 時間稼働を実現したものが少なくない。たとえば、工場で稼働する各種製造装置や、社会インフラ設備、医療システムなどである。

スーパーコンピュータは、気象予測や科学シミュレーションなどに使われることが多い。たとえば、津波の浸水・被害をリアルタイムで推計することになどにも活用されており[4]、津波発生から 20 分以内にシミュレーション結果を示して津波浸水や被害を推計することができる。これを基に対策を講じ、2 次被

1　主に企業など巨大な組織の基幹業務用などに使用される大型コンピュータを指す。

2　サーバとは、本来はコンピュータのネットワークにおいて、サービスを提供するソフトウェア、あるいはその機能が稼働しているコンピュータのことを指す。業務用のものは 24 時間 365 日稼働、高速処理といった要件のシステムで使用するため、パソコンに比べて様々なパーツが高速化、冗長化されており、転じて大型コンピュータを小型化したものを指す概念として使われるようになった。

3　コンピュータの主要な構成要素の一つで、データを永続的に記憶する装置のこと。

4　国立大学法人東北大学、東北大学ベンチャーパートナーズ株式会社、国際航業株式会社、株式会社エイツー、日本電気株式会社が 2018 年 5 月に共同で設立した株式会社 RTi-cast が提供する「リアルタイム津波浸水・被害推計システム」など。

害を最小化することが狙いである。

一方、端末・クライアント側では、ウェアラブルコンピュータ[5]、スマートフォン、タブレット PC、ノート PC やデスクトップ PC のような汎用端末のほか、家電製品に組み込まれたマイクロコンピュータ、POS 端末など多様な業務向け端末が存在する。

COLUMN　スマートフォンのエコシステム

スマートフォンはモノとしてのハードウェアからサービスまで、多種多様なプレーヤがレイヤー構造で製品を提供し、ユーザーはこれらを選択して利用している（図 11.1）。各社はこうした連携を可能とするエコシステムの中で価値を提供している。このようなエコシステムが発達する背景には、サービスが多様化し、1 つの企業だけでプロダクトやサービスを完成に導くことが難しくなっていることがある。

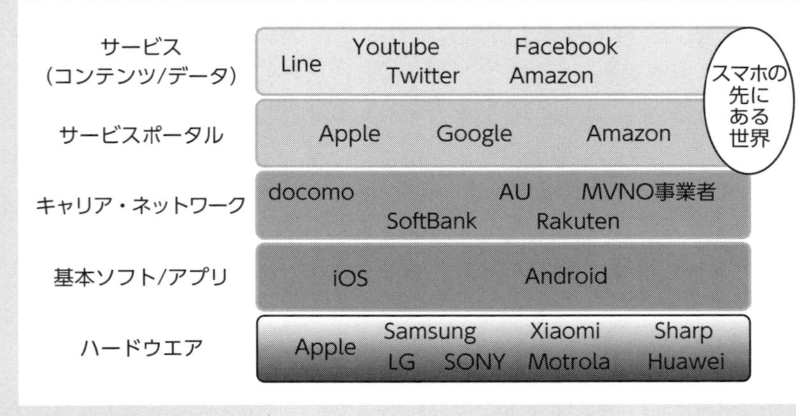

図 11.1　スマートフォンのエコシステム

5　身につけて使うコンピュータであり、時計やメガネ型など様々な形状のものがある。

Story　コンピュータの基本構造

5大装置

コンピュータの構成要素としては、古くから①**入力**、②**出力**、③**制御**、④**演算**、⑤**記憶**の機能を総称して、**5 大装置**と呼ぶ（図 11.2）。制御装置とは、プログラムを解釈し、他の装置に指令を出す装置である。演算装置とは、プログラム内の命令に従って演算（処理）をするもので、一般に制御装置と合わせて**CPU**（Central Processing Unit：中央演算処理装置）と呼ばれる。記憶装置は、CPU とデータを直接やり取りする主記憶装置（メインメモリ）と、主記憶装置の補助としてデータを記録する装置で、電源を切っても記録が失われない補助記憶装置がある。パソコンでメモリと呼ばれるものは主記憶装置であり、ハードディスクは補助記憶装置である。入力装置はデータや外部からの情報を主記憶装置に入力する装置である。出力装置は、主記憶装置内の処理結果を外部に出力（表示・印刷等）する装置である。

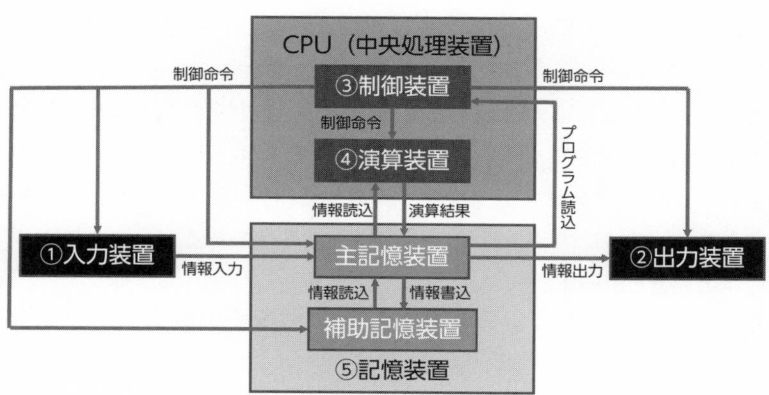

図 11.2　コンピュータの 5 大装置

CPU

CPU はプログラムに沿った数値計算や機器制御を行う頭脳に相当する。CPU は、コンピュータが理解できる言語で命令をまず取ってきて（フェッチ）、それを解析し（デコード）、その命令を実行してその結果を出すというところまでを一連の動作を行う。

CPU の特性は、基本的にはどのぐらいの速さで計算や情報処理ができるかという観点から見た処理性能によって比較される。具体的には、個々の CPU のクロックの周波数、A/D ビット数、コア数、キャッシュメモリの容量を比較する。たとえば、CPU の**クロック数**が 4GHz というのは、1 演算を約 40 億分の 1 秒で実行することを表している。したがって、クロック数が大きいほど処理速度が速い。A/D ビット数はアナログ信号をデジタルに変換する際に、どれだけの階調（段階）で表すことができるかを示す。まずビットという概念について説明すると、デジタル信号は 0 か 1 という 2 進数の数字で表し、その 2 進数の桁数を**ビット**と呼ぶ。たとえば、2 ビットでは、00，01，10，11 の 4 つの値を表すことが可能であり、3 ビットでは 000，001，010，011，100，101．110，111 の 8 つの値を表すことが可能である。このように、n ビットであれば 2 の n 乗個までの情報を表現できる。したがって、64 ビットであれば、2 の 64 乗（16 エクサバイト）個のメモリ空間を扱うことができる。コア数というのは、1 つのパッケージ内に演算ユニットの集合体である「CPU コア」が物理的にいくつ存在するかを示したものであり、数が多いほど同時処理能力が高まるので処理は高速になる[6]。**キャッシュメモリ**は、CPU の処理速度を高めるために、メインメモリのデータから頻繁に CPU が使用するデータを格納しておくために CPU に内蔵されている超高速メモリであるが、この容量が大きいものほど処理が高速になる[7]。

CPU を製造しているベンダーは、インテルという米国の企業が代表的であ

6　コア数に似た概念にスレッドというものがあるが、これは OS 上で認識される CPU のコア数である。同時マルチスレッディング技術を用いて各 CPU コアにおける処理の実行効率を高める目的で、1 つの CPU コアを疑似的に複数のコアとして扱う。したがって、同じ基本設計の 8 コア 8 スレッド CPU と 4 コア 8 スレッド CPU を比較すると、前者の方が高い処理能力を有する。

7　キャッシュメモリを含めると、記憶装置は CPU から近い順にキャッシュメモリ、メインメモリ、補助記憶装置の 3 段階で構成される。

るが、スマートフォン（クアルコム（米国））、制御用（アーム：ARM（英国））、人工知能（エヌビディア：NVIDIA（米国））など、用途によってそれぞれ代表的なベンダーが存在する。

メインメモリ

主記憶装置（メインメモリ）はCPU が処理するプログラムやデータを一時的に記憶するものである。現在、主力であるのは、電源が落ちると記憶も消える揮発性メモリ **DRAM**（ディーラム：Dynamic Random Access Memory）である。記憶データを「コンデンサの電荷」として蓄えているため[8]、情報を保持するためには、定期的に情報を読み出し、再度書き込む**「リフレッシュ」**という動作を実行する必要がある[9]。DRAM チップを基盤両面に実装したモジュールは **DIMM**（ディム：Dual Inline Memory Module）と呼ばれる。

主力ベンダーはサムソン（韓国）、SK ハイニックス（韓国）、マイクロン（米国）で、この 3 社だけで世界の 9 割以上のシェアを占める。

補助記憶装置

補助記憶装置は、メモリに入りきらないデータ・プログラムを保存するもので、電源を切っても記録を維持することができる（不揮発性）。記憶装置にデータを保存する方法には、磁気（ハードディスクドライブ（HDD）やフロッピーディスクドライブ（FDD）など）や、光（CD、DVD（Digital Versatile Disc）、Blu-ray など）、電気（USB メモリ、SD カードやソリッドステートドライブ[10]（SSD）など）が使われている。補助記憶装置には多くの種類があり、要求される記憶容量とアクセス速度、可搬性などによって使い分けられる（図 11.3）。最近のパソコンには、容量は比較的小さいがアクセス速度が速い SCM（ストレージクラスメモリ）や SSD を搭載しているものも少なくない。

8　その仕組みは、電荷を貯める半導体キャパシタに電荷あり、なしで 1、0 を表現する。

9　ここで Dynamic という言葉はリフレッシュという動作が必要なことに由来する。

10　SSD とは外部記憶装置（ストレージ）の一つで、記憶媒体にフラッシュメモリを用いる固定型の装置。HDD に比べて消費電力が少なく、耐衝撃性に優れ、振動や駆動音もなく、装置の形状を小型、薄型、軽量にすることができる。

COLUMN　RAM と ROM

コンピュータで使用されるメモリは揮発性メモリである RAM のほか、不揮発性メモリの ROM がある。RAM は電源が落ちると記憶も消える揮発性メモリで自由に読み書きができ、主記憶装置（DRAM）やキャッシュメモリ（SRAM：Static Random Access Memory）として用いられる。ROM は、不揮発性で読み出し専用のメモリで、あらかじめメモリ内に書き込まれた状態で工場から出荷され、以降は内容を書き換えることができないマスク ROM と、USB メモリやフラッシュメモリなどのようにユーザーによる書き換えが可能な PROM（Programmable Read Only Memory）がある。PROM のうち、電気的にデータの書き換えができるものをフラッシュメモリと呼ぶ。たとえば、SSD、USB メモリ、SD カードの中身はすべてフラッシュメモリである。

表 11.1　RAM と ROM

RAM	DRAM	メインメモリ（主記憶装置）として使用される
	SRAM	リフレッシュする必要がなく高速で動作する。キャッシュメモリとして使用される
ROM	マスク ROM	読み出し専用で、ユーザーによる消去・書き込みはできない
	PROM	読み出し専用で、ユーザーによる消去・書き込みができる

主力ベンダーとしては、SD メモリでは SanDisk（米国）、Transcend Information（台湾）、東芝（日本）、HDD・SSD では Seagate（米国）、Western Digital（米国）、SCM では Intel（米国）、Samsung（韓国）、SK ハイニックス（韓国）、Micron（米国）である。

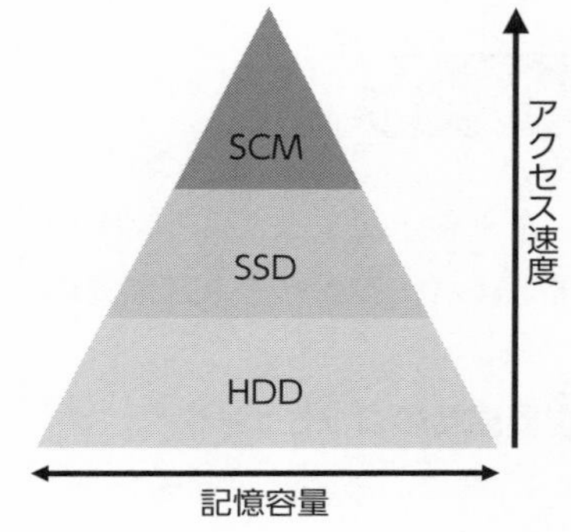

図 11.3　ストレージの階層構造

その他の構成要素

入出力装置は、パソコンの場合であれば、入力装置はキーボードやマウス、出力装置はディスプレイやプリンタなどである。

LAN（Local Area Network）とは、限られた範囲内にあるコンピュータや通信機器、情報機器などをケーブルや無線電波などで接続し、相互にデータ通信できるようにしたネットワークを指す。有線のものと無線のものがある。有線では Ethernet（イーサーネット）と総称される規格が事実上の標準として広く利用されている。有線 LAN は配線の手間がかかり機器の配置や移動の自由度は低いが、機密性を確保しやすく同一空間内での機器や回線の密度を高めやすい。一方、無線 LAN とは、電波による無線通信により複数の機器間でデータの送受信を行なう構内ネットワークを指す。WIFI（ワイファイ：Wireless Fidelity）は無線 LAN の規格の一つであるが、事実上の標準となっている。

GPU（ジーピーユー：Graphic Processing Unit）はグラフィック処理用のプロセッサであり、本来はビデオボードなどに用いられる半導体である。近年では、画像処理を高速に実行する GPU の機能を、科学技術研究における数値計算やシミュレーションの一部、暗号解読や仮想通貨のマイニング、機械学習やニューラルネットワークといった人工知能（AI）分野など、画像処理以外の用途に転用すること（GPGPU：General-Purpose computing on Graphics Processing Units）が広がっている。

History　ハードウェアの産業史

未来を予測するうえで、IT の歴史を振り返っておくことは有益である。ここでは、ハードウェアの産業史について述べる。

世界最初のコンピュータ

17 世紀ごろより計算を機械で行う機械式計算機が考案されていたが、現在のコンピュータにつながる電子計算機が登場したのは、1942 年のアタナソフ＆ベリー・コンピュータ（ABC：Atanasoff-Berry Computer）である。**二進法を採用**したこと、機械的なスイッチではなくすべて**電子的に計算**を行ったこと、計算部分とメモリを分離したことなど、現在のコンピュータにつながる画期的なアイデアが採用された。1946 年には **ENIAC**（エニアック、Electronic Numerical Integrator and Computer）と呼ばれるコンピュータが開発された。これは弾道計算という軍事目的に開発されたものであった。十進法を採用していたが、プログラムは内蔵ではなく、鑽孔テープで供給する方式であった。**真空管**を 17,000 本以上も使い、幅 30m、高さ 2.4m、奥行 0.9m、総重量 27 トンと大掛かりな装置であった。

1952 年には、米国で IBM 社が**トランジスタ**を用いて IBM － 701/702 というコンピュータを製造した。これが商業計算用コンピュータの始まりであるといわれる。このように、コンピュータの歴史をさかのぼると、最初は軍事特殊用途、専門的な用途から始まり、次に商業・汎用用途に広がったことがわかる（表 11.2）。

半導体の小型化・微細化

トランジスタは 3㎝ほどの大きさであり、10㎝もある真空管の 3 分の 1 の大きさに小型化されたが、1958 年には半導体基板に抵抗やトランジスタなど複数の回路素子を形成して電子回路を構成する **IC（集積回路）**が発明された。1965 年、インテルの創設者の一人であるゴードン・ムーアが、Electronics Magazine 誌 1965 年 4 月 19 日号に『半導体素子に集積されるトランジスタ数

表 11.2　黎明期のコンピュータの発達史

年代	人名・社名	記事
17世紀	パスカル、ライプニッツ	歯車式計算機パスカリーナ（加減）、機械式計算機（加減乗除）
1834	バベジ（コンピュータの父）	階差機関、解析機関（未完成）
1936	コンラッド・ツーゼ	Z1：最初の機械式計算機（22b、浮動小数点）
1942	アタナソフ、ベリー	ABC（逐次演算、コンデンサ・ドラムメモリ採用）
1946	モークリー、エッカート	ENIAC（弾道計算、真空管約17千、10進演算）
1949	ウイルクス	EDSAC（最初のノイマン型、真空管約3千本）
1952	通産省電気試験所	ETL Mark Ⅱ（試作機機）
	IBM	IBM-701→702（商業計算用コンピュータ）
1956	IBM	FORTRAN
	通産省電気試験所	ETL Mark Ⅲ（トランジスタ式コンピュータ、同期式）

が 1965 年まで、1 年に 2 倍の割合で増加した事実から、1975 年には 65,000 個の素子が集積されるだろう』という予測を発表した。その後、増加の係数は 18 カ月〜 24 カ月に 2 倍と変化したが、チップに集積されるトランジスタ数が一定の期間で倍増するという**ムーアの法則**は、以後 40 年にわたり半導体の技術開発や経営の基本指針となった。

1970 年代になると、IC に比べてより集積度の高い複雑な回路をおさめた集積回路である **LSI（大規模集積回路）** が開発され利用されるようになる。また、1970 年頃より、CPU とその周辺の回路を IC に集積した**マイクロプロセッサ**が開発されるようになった。

1 ビットの実装サイズは 1940 年の約 10㎝（真空管）が 1950 年代には約 3㎝（トランジスタ）、1970 年代には 10μm[11]（マイクロプロセッサ）となり、現在では 0.01μm と極めて微細な大きさにまで微細化が進んでいる（図 11.4）。微細化技術はほとんど限界にまで近づいているといわれており、次世代の高速処理技術として量子コンピュータに注目が集まっている。

11　1μm（マイクロメートル）＝ 0.001 ミリメートル

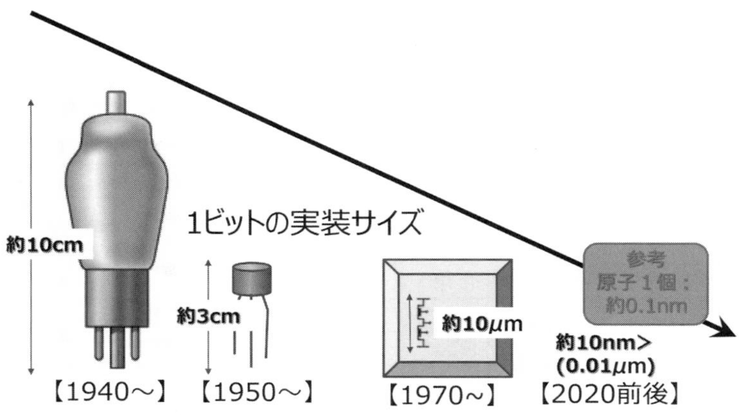

図 11.4　1 ビットの実装サイズの変遷

パソコンの登場

1970 年代になるとマイクロプロセッサの登場によってコンピュータは小型化し、パーソナルコンピュータ（パソコン）が登場する。1975 年、MITS（Micro Instrumentation and Telemetry Systems, Inc.）が Altair8800 という世界初のパソコンを作った。翌年の 1976 年にはアップル社が Apple-1 を発売した。わが国でも NEC がマイクロコンピュータ[12]需要喚起のため、トレーニングキット TK-80 を発売したところ、2 年間で約 7 万台も販売された。これを足がかりとして、同社はマイクロソフト社と連携し、BASIC を搭載した PC-8001 を 1979 年に発売しパソコン普及のはじまりとなった（表 11.3）。

パソコンが個人に広く普及する契機となったのはマイクロソフト社の OS である Windows95 の登場である。それまでの文字コマンドを打ち込む CUI に代

12　超小型コンピュータのこと。略してマイコンともいう。家電製品等に組み込まれたコンピュータのほか、パソコンを意味することが多い。

表 11.3　発展期のコンピュータの発達史

年代	人名・社名	記事
1964	IBM、バラン	名機 360、「分散型コミュニケーションについて」
1965	DEC、ダートマス大	PDP-8（最初のミニコンピュータ）、BASIC（初心者言語）
1966	早川電機、ビジコン	CS-31A（35 万円）、ビジコン 161（30 万）
1968	TI	大規模集積回路（LSI）
1969	米国防総省	ARPANERT（インターネットの元）
1971	インテル	I-4004（最初の 4bit マイクロプロセッサ）
1972	Bell 研	C（プログラミング言語）
1973	インテル	i-8080（8bit マイクロプロセッサ）
1975	MITS、ビル・ゲイツ	Altair8800（i-8080[2MHz]、メモリ 256B）、i-8080 用 BASIC
1976	アップル	**APPLE-1**
1979	インテル、モトローラ、NEC	i-8088、MC68000（16bit マイクロプロセッサ）、PC-8001（4M、16K）
1981	IBM、マイクロソフト	IBM-PC、MS-DOS
1982	NEC	**PC-9801**
1984	IBM、アップル	PC/AT、マッキントッシュ
1985	マイクロソフト	**Windows1.0**

わり、マウスでアイコンをクリックする GUI となることで操作性が格段に向上したほか、インターネットへの接続も容易となり、1990 年代後半からパソコンがインターネットの端末として利用されるようになった。これにより通信とコンピュータの融合が進んだ。

スマートフォンの登場

2007 年にはアップル社から iPhone が発売され、スマートフォンの普及が始まった。スマートフォンは持ち運びが不便であったパソコンと同等の機能を搭載し、各種アプリケーションを活用して携帯端末の利用シーンが大きく広がった。わが国でのスマートフォンの世帯保有割合は 88.6％（2021（令和 3）年）と堅調に伸びており、パソコンや固定電話を保有する世帯の割合を上回っている（図 11.5）。

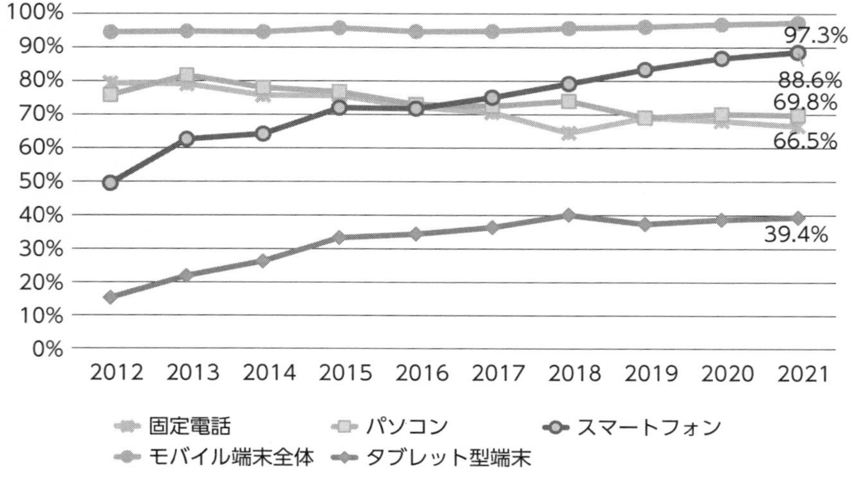

図 11.5　主な情報通信機器の保有状況（世帯）

（資料）総務省「令和 3 年通信利用動向調査」（2022 年 5 月）

ハードウェアの進化と企業におけるIT

ここで、企業における IT の利用という観点から、ハードウェアの歴史から振り返ってみよう。企業でコンピュータが使われ始めたのは 1960 年代からであるが、多くの企業に利用が広がったのは 1970 年代からである。1970 年代はメインフレームと呼ばれる汎用計算機が用いられ、企業経理の処理など、特定業務における情報処理を正確・迅速に行うことが目的とされた。1990 年代にはパソコンの普及で 1 人一台の環境が実現し、電子メールやデータ分析など、企業での情報活用が IT の新たな利用法となった。現在では、単なる効率化や生産性向上を超えて、大量のデータを蓄積・分析し、新たな価値を創造することが IT の新たな活用目的となっている（表 11.4）。このように、ハードウェアの劇的な小型高性能化に加えてネットワーク経由でのコンピュータ同士の協調処理が可能となり、こうした進化を活かし切る利用技術の発展が社会を変革す

表 11.4　企業における IT の技術と役割の変化

	特殊用途	正確/迅速な企業経理	個々人の生産性向上	データを価値に
		1970-80年代	1990年代	現在
コンセプト	軍事用計算機	企業経理処理	企業での情報活用	所有から利用へ
HW技術	専用計算機	汎用計算機	**オープンサーバ/**コモディティ	高集積/低消費電力
NW技術	-	専用線通信	Ethernet/インターネット	広帯域NW
SW技術/利用技術	-	**データベース プログラミング言語**	**電子メール/Web/データ分析**	**AI技術**
製品/サービス	弾道計算	企業経理、銀行オンライン処理	コミニュケーションツールなど	クラウドサービス

る力となった。

Process　ハードウェアの産業動向と今後の潮流

世界のハードウェア生産動向

まず、近年のハードウェアの生産動向を確認しておこう。サーバ・ストレージにおいては、クラウドシフトでデータセンター向けサーバ・ストレージ需要が好調であるほか、IoT 関連や高精細画像処理で IA サーバ[13]の需要が増加したこと、今後も生産性向上や価値創造で IT プラットフォーム需要が期待され 2019 年もプラス成長が見込まれている（図 11.6）。

一方、パソコン市場においては、個人需要は微減傾向であるものの、法人向

13　IA サーバとは、通常のパソコンと同様のアーキテクチャをベースにして、Intel の IA-32 または IA-64 系の CPU や、AMD などのインテル互換 CPU を搭載したサーバのこと。

COLUMN 通信コストの低下がもたらすクラウドサービスの進化

スマートフォンが登場してすでに10年以上経過しているが、スマートフォンで利用できるサービスはますます高度化・増加している。この背景には、スマートフォンという端末自体の高性能化に加えて、通信コストの低下により、クラウド側でさまざまなサービスを提供することが可能になったことがある（表11.5）。

表11.5　携帯端末とサービスの進化

	1990年代	2000年頃 i-mode	2007〜現在 スマホ
コンセプト	個人情報管理効率化	ネットの出入り口	クラウドリソース使い倒した価値拡大
HW技術	液晶、タッチセンサー	カメラ・内蔵ストレージ	各種センサーの融合、
NW技術	—	2G→3G i-mode **パケット課金**	**3G→4G→5G 定額通信**
SW技術/利用技術	**文字入力**	アプリ	**新たなUI, クラウドアプリ**
製品/サービス	電子手帳 Apple Newton/ Sharp ザウルス	FOMA/Black berry おサイフケータイ	iPhone, Android/ オンラインゲーム ナビ

けは2020年のOSサポート終了に向けた買替促進でプラス成長が見込まれている（図11.7）。

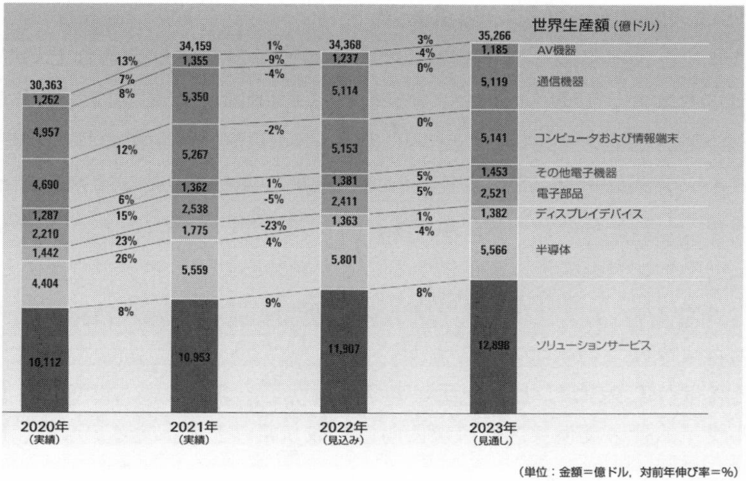

世界生産額（億ドル）

	2020年（実績）	対前年伸び率	2021年（実績）	対前年伸び率	2022年（見込み）	対前年伸び率	2023年（見通し）
世界生産額	30,363	13%	34,159	1%	34,368	3%	35,266
AV機器	1,262	7%	1,355	-9%	1,237	-4%	1,185
通信機器	4,957	8%	5,350	-4%	5,114	0%	5,119
コンピュータおよび情報端末	4,690	12%	5,267	-2%	5,153	0%	5,141
その他電子機器	1,287	6%	1,362	1%	1,381	5%	1,453
電子部品	2,210	15%	2,538	-5%	2,411	5%	2,521
ディスプレイデバイス	1,442	23%	1,775	-23%	1,363	1%	1,382
半導体	4,404	26%	5,559	4%	5,801	-4%	5,566
ソリューションサービス	10,112	8%	10,953	9%	11,907	8%	12,898

（単位：金額＝億ドル，対前年伸び率＝%）

図 11.6　世界のサーバ・ストレージ生産額の推移

（資料）電子情報技術産業教会「注目分野に関する動向調査 2018」（2018 年 12 月）

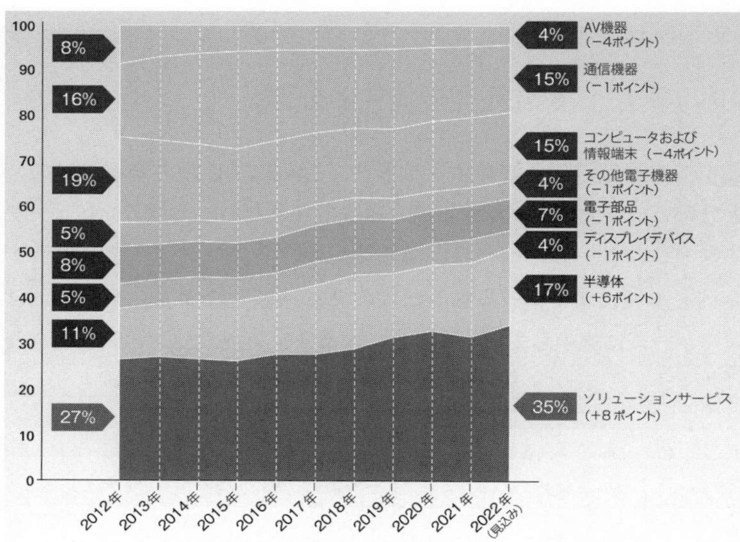

図 11.7　世界のサーバ・パソコン生産額の推移

（資料）電子情報技術産業教会「注目分野に関する動向調査 2018」（2018 年 12 月）

ハードウェア産業のビジネスモデル転換

これまで、ハードウェア産業は、インテルやマイクロソフトなどのサードパーティベンダー（IHV：Independent Hardware Vendor）の動向に合わせて製品化し、システムインテグレーション[14]業者（SIer）や一般企業の IT 管理者にシステムインテグレーションの支援をして供給することが重要な役割であった。ところが、これからは、一般企業の事業者と共創し、利用ビジネスにあったコンピューティングシステムを提供することが求められる。ハードウェアという機器だけではなく、データやクラウドと組み合わせた新しい価値創造プラットフォームに移行することが求められている。

たとえば、**エッジコンピューティング**は扱うデータ量の肥大化や、実世界のリアルタイム性の実現課題を解決に向けた取り組みともいえる。今後、IoT が本格的に普及するにつれて、エッジコンピューティングの重要性は高まるものとみられる。社会環境の変化に俊敏でスマートに追随するモデルであり、社会インフラとして安全・安心・効率的な基盤となることが期待されている。

COLUMN　情報処理の集中と分散

ここで、情報処理がどのような形態で行われてきたのかについて、集中と分散という大きな視点から振り返っておきたい。大型コンピュータであるメインフレームの時代は、端末側はホストコンピュータが表示する文字列を単純にスクロールするだけのダム端末[15]であり、情報処理はメインフレームに集中して行っていた。クライアントサーバの時代になると、

14　システムインテグレーションとは、システムを構築する際に、ユーザーの業務を把握・分析し、ユーザーの課題を解決するようなシステムの企画、構築、運用サポートなどの業務をすべて請け負うこと。

15　「ダム（dumn）端末」とは「馬鹿な端末」の意味であり、頭を使う処理はホストコンピュータ（メインフレーム、ミッドレンジコンピュータ、ミニコンピュータなど）が行い、端末側は「自分では考えない」（頭脳が無い、処理をしない）ことに由来する。

パソコンが端末となりサーバとともに情報処理は分散処理が行われた。

ところが、Web システム・クラウドの時代になると、ほとんどの処理がクラウド側でなされる集中処理へと戻った。しかし、最近では IoT の普及が始まり、膨大なデータを AI で解析するニーズが高まるとともに、再び分散処理の動きが出てきている。

たとえば、自動車の自動運転実証実験では、自動車の情報すべてをクラウドまで送信するのではなくて、その中間にあるところで 1 回推論した結果を返す、もしくは情報を返すことが必要とされた。このように、データ量が莫大に増えて、実世界においてリアルタイムで使わなければならないという要請から、すべての情報処理をクラウド側で行うのではなく、センサとクラウドの中間で処理するエッジコンピューティングが広がりつつある。分散・自律・協調モデルへと変化しているのである。これを第 4 波と呼んでいる（図 11.8）。

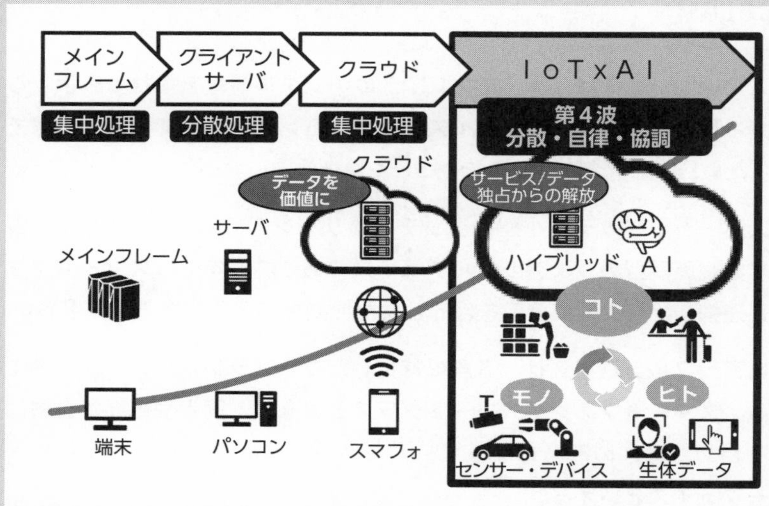

図 11.8　集中と分散を繰り返すコンピューティングモデル

ウェアラブルコンピュータ

先にも述べたように、コンピュータはそれ自身の存在を意識させないような形で進化するとともに、コンピュータは身近なものになっている。今日、スマートフォンが普及しているが、今後の潮流はさらに、そのユーザーインターフェイスが進化していくことであろう。

ひとつは、**ウェアラブルコンピュータ**と呼ばれる着用できるコンピュータである。ノートパソコンやスマートフォンのように単に持ち運べるコンピュータとは異なり、主に衣服状や眼鏡状、腕時計状など身に着けたまま使えるものを指す。

量子コンピュータ

世界のデータ量は年々増加しており、消費されるデジタルデータの総量は 2020 年時点で 59ZB（ゼタバイト）[16] にのぼるとされる。さらに 2025 年までに

COLUMN　さまざまなウェアラブルコンピュータ

スマートグラスは、ディスプレイ上のデジタル情報を重ねて表示するメガネ型のウェアラブルデバイスを指す。ハンズフリーで情報を確認できるため、物流企業等の倉庫でのピッキング作業において活用されている。

スマートウォッチは小型のタッチスクリーンと CPU を搭載した、多機能な腕時計型のウェアラブルデバイスである。近年ではスマートフォンと連携したり、健康管理を目的とした機能を備えたりするものも多い。

ヒアラブルデバイスは、音声に特化したウェアラブルコンピュータである。スマートフォンやスマートグラスと異なり、両手や視界が自由になるため、動きの邪魔にならず、人にとって最も自然なユーザーインターフェイスといえる。

16　ゼタとは 10 の 21 乗。1ZB ＝ 10 億 TB（テラバイト）＝ 1 兆 GB（ギガバイト）。

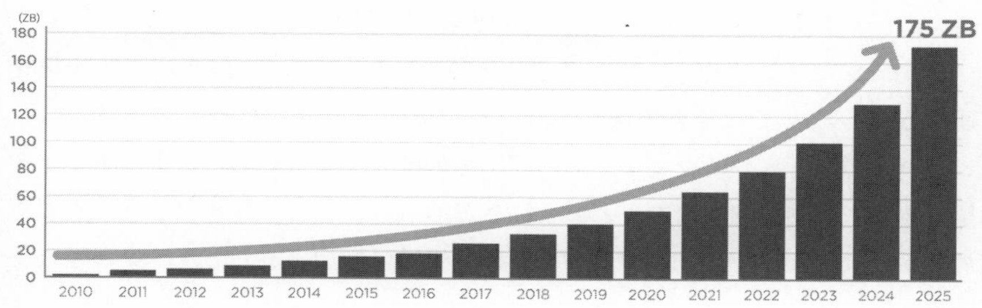

図 11.9　世界のデータ量の推移
（資料）IDC & Seagate, "Data Age 2025"

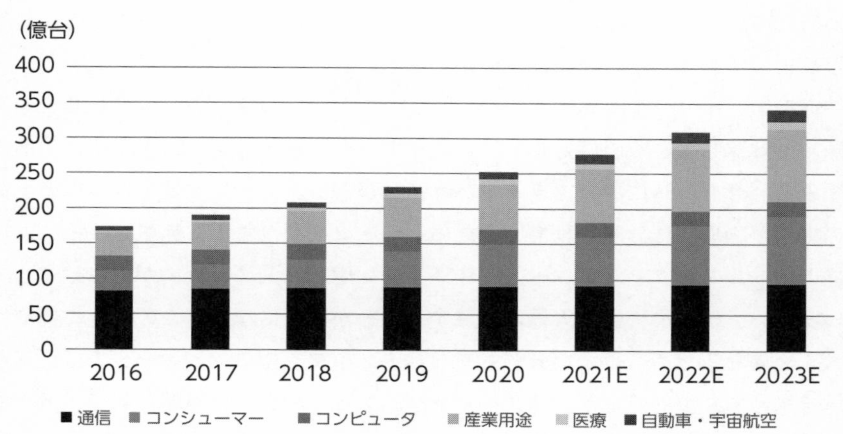

図 11.10　IoT デバイス数の推移
（資料）HIS Technology

は 175ZB まで増加すると予測されている [17]（図 11.9）。インターネットにつながる IoT デバイスは今後 10 年間で 5 倍に増加するとみられ（図 11.10）、あらゆ

17　IDC & Seagate, "Data Age 2025"

るものがインターネットにつながりAI処理を要求するようになる。

また、シミュレーションによる予測とAIやビッグデータ解析による知見を連携させることで課題を解決する動きも進展するとみられる。スーパーコンピュータのシミュレーションを活用してそのデータの精度を上げる、データを集めることを効率的にやろうという動きである。このような背景から、必要な計算資源（コンピューティングパワー）も爆発的に増加することが確実視されている。

半導体の集積度が2年で2倍になる**ムーアの法則**が知られており、これまでは集積度を高めてコンピュータの処理能力を高めてきた。ところが、先にも述べたように、半導体の微細化技術が原子レベルに達しており、物理的にこれ以上小さいトランジスタを作ることは不可能であるという限界が見えてきたともいわれる。そこで、近年では非ノイマン型である量子コンピュータへの注目度が高まっており、その開発競争が始まっている。

従来のノイマン型コンピュータが0とか1とかいう素子の組み合わせを順次順次で計算していくのに対して、非ノイマン型の量子コンピュータでは、ある組み合わせを同時に計算できるという特徴がある。ノイマン型では演算と記憶の機能が物理的に分離されているため、データ移動が大量に発生し、それが性能のボトルネックとなる。一方、非ノイマン型では演算と記憶が密に結合しているため、データ移動を大幅に削減することが可能になる。このように構成が大きく異なるため、得意な分野も異なり、ノイマン型コンピュータでは正確な解を求める左脳的処理が、非ノイマン型コンピュータでは概略の解やイメージ認識等、右脳的処理が得意領域である。

量子コンピュータは非ノイマン型の一つであるが、2011年にD-wave社が商用の量子コンピュータを開発したことを契機として、各社が開発を加速させている。量子コンピュータにも大きく二つの種類が存在し、すべての計算が可能な**量子ゲート型**と、組み合わせ最適化問題とサンプリングを目的とした**量子アニーリング型**がある。量子ゲート型は指数関数的な高速化が保証されているアルゴリズムがあり、RSA暗号[18]を破るなど素因数分解を高速に解くなどが得

18　RSA暗号とは、桁数が大きい合成数の素因数分解が現実的な時間内で困難であることを安全性の

COLUMN　ムーアの法則

インテル社の創業者の1人であるゴードン・ムーア（Gordon E. Moore）が 1965 年に発表した経験則に類する将来予測。半導体の大規模集積回路（LSI）1 個あたりの部品数が毎年 2 倍になると予測した。1975 年には予測通りの展開となっていたが、その速度は今後鈍化するとして集積のスピードは 2 年で 2 倍に修正された。この後者の「2 年で 2 倍」という予測が一般的に知られるムーアの法則である。近年までその法則通り集積度が着実に増えている（図 11.11）。

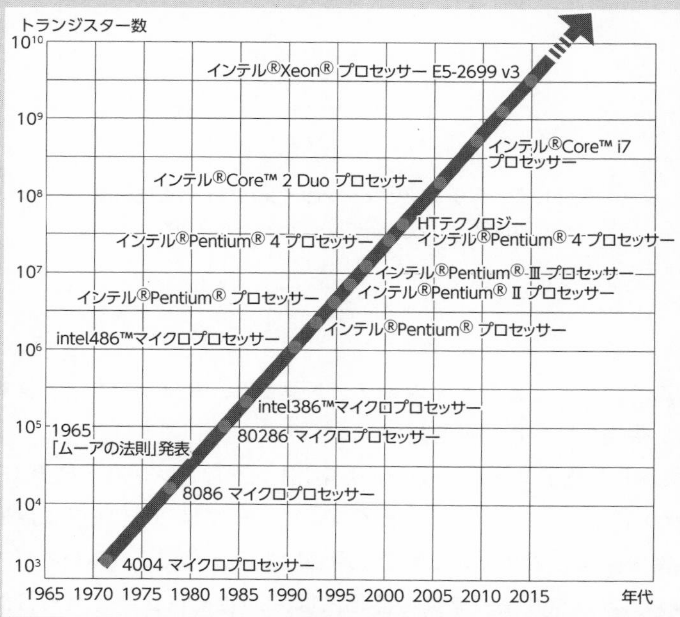

図 11.11　ムーアの法則とイノベーションの歴史

（資料）Intel 社ホームページ
https://www.intel.co.jp/content/www/jp/ja/innovation/processor.html

根拠とした公開鍵暗号の一つ。RSA 発明した 3 人の名前「R. L. Rivest、A. Shamir、L. Adleman」に由来する。

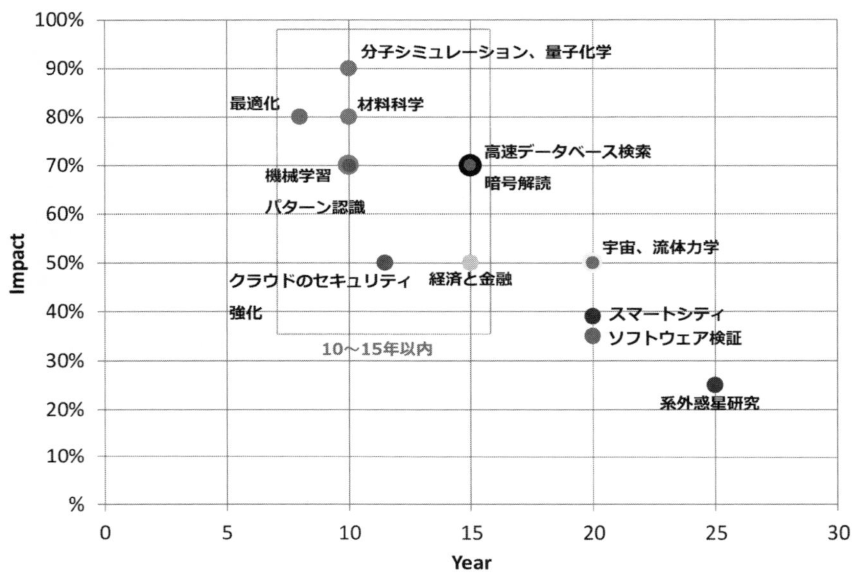

図 11.12　量子コンピュータのインパクトと実現時期
（資料）European Commission［2018］

意分野であるのに対し、量子アニーリング型では、機械学習など、実社会での応用が広い最適化問題に強みを持つ。

EU が実施した量子コンピュータ研究者 131 人へのアンケート結果（European Commission［2018］）[19] によると、量子コンピュータは 10 年以内に最適化、材料分子、機械学習とパターン認識で活用が始まると考えられている（図 11.12）。

量子コンピュータが注目を集める理由は、21 世紀に世界で最も価値がある資源は石油ではなくデータであると考えられており、量子コンピュータは膨大なデータから最適解を見出すことが得意だからである。量子コンピュータを用

19　European Commission, "THE IMPACT OF QUANTUM TECHNOLOGIES ON THE EU'S FUTURE POLICIES," 2018

いれば、これまでにない最適解を見つけることが可能になる。たとえば、薬の開発[20]や金融商品の有利な組み合わせにおいて、瞬時で最適解候補を見つけ出すことが可能となる。このほか、街づくりや、交通サービスなどでも最適解を見出して価値創造する可能性が考えられている。

ストレージクラスメモリ

主記憶は CPU が処理するデータを一時的に記憶する装置であり、代表的な製品が DIMM であることはすでに説明した。DIMM では電源が落ちると記録が消えてしまうが、電源を落としても記憶が消えないのが**ストレージクラスメモリ**である[21]。つまり、主記憶に電源が落ちても記憶が残る技術が登場したのである。

主記憶装置が電源を落としてもデータが残るようになれば、従来の CPU 主導のコンピュータに代わって、メモリが主導し、そこにあるデータに対して最適な計算を施すように CPU が動いていく考え方の**データ駆動型のコンピュータ**が登場する技術革新であるといわれている。

なお、USB メモリ、SD メモリ、SSD などのフラッシュメモリの原理は、浮遊ゲートに閉じ込めた電荷の有無が 1 か 0 かの情報になるため、書き込み頻度が多ければ壊れる可能性もあり、無通電のまま放置していると自然放電して記録を読み出せなくなる可能性もある。これに対して、CD-ROM や DVD などの記憶方式は溝に物理形状で記憶しているため、電気的な影響は少ない。

ハードウェア産業の在り方

分散・自律・協調がキーワードとなる第 4 波の時代、ハードウェア産業は全体を俯瞰し、プラットフォームとして信頼と**カスタマー・エクスペリエンス（CX）**を追い求める必要がある。これは、ひとつひとつの製品に優れるのでは

20　たとえば、アリセプトという薬の開発では、化合物の組み合わせの評価において従来型コンピュータでは 15 年くらい必要だったのが、量子コンピュータでは瞬時で最適解を得られるとされる。

21　補助記憶装置は電源を落としても記憶が残るものの、USB メモリ、SD メモリ、SSD などのフラッシュメモリの記憶の基本原理は電荷の有無で 1 と 0 を表しているので、長く放置すると自然放電してデータが消えることもあることに注意が必要である。一方、DVD などは溝の物理形状で記憶しているため、電気的な影響は受けにくい。

なく、利用するときに心に響く総合的な商材やビジネスモデルが求められている。一方で、ハードウェアは卵の入った籠のように、それがなければサイバー空間がまとまらず、それが壊れると被害も大きい。このように、ハードウェアは実世界とサイバーとの大事な接点でもある。今後のハードウェア産業の在り方を考える場合には、このような特性を押さえておく必要がある。

まとめ POINT

- コンピュータの構成要素として、①入力、②出力、③制御、④演算、⑤記憶の機能を総称して、5 大装置と呼ぶ。具体的には、キーボード、マウスなどが入力装置、ディスプレイ、プリンタなどが出力装置である。制御と演算は CPU が行い、記憶装置には主記憶装置である DRAM のほか、さまざまな種類の補助記憶装置がある。
- 現在のコンピュータの原型は 20 世紀半ばに登場し、以来、半導体の小型化・微細化により集積度を高めて性能を飛躍的に向上させてきた。
- コンピュータの小型化・パーソナル化が進むことにより、企業における IT は、自動化・効率化の道具という役割を超えて、現在では大量のデータを蓄積・分析し、新たな価値を創造することが新たな活用目的となっている。
- 21 世紀はデータが最も価値ある資源だと考えられているなかで、量子コンピュータが注目を集めている。量子コンピュータでは膨大なデータからこれまでにない最適解を見出すことが可能になるため、様々な分野での価値創造の可能性が考えられている。
- 分散・自律・協調がキーワードとなる第 4 波の時代、ハードウェア産業は全体を俯瞰し、プラットフォームとして信頼とカスタマー・エクスペリエンス（CX）を追い求める必要がある。

第12章 ITシステムの構成要素（2）ソフトウェア

- ソフトウェアとは何か。「ハードウェアからソフトウェアへ」とはどのようなことをいうのだろうか
- 情報システムはどのような要素から成り立っているのか。インターネットはどのような影響を与えたのだろうか
- ソフトウェアにはどのような種類があるのか。アルゴリズム、プログラムとは何か
- なぜアルゴリズムを考えることは重要なのか
- 今後、トップレベル人材に求められる新たなITリテラシーとは何か

基礎知識　ソフトウェアの誕生と発展

ソフトウェアの誕生

ソフトウェアには本来、①コンピュータシステムに関係するプログラム、②映像・音楽・マルチメディアなどの作品、③特にハードウェアに対して、知識や思考による産物を集積したもの、の3つの意味がある。本書では、①のコンピュータシステムに関係するプログラムの意味について説明を加える。

コンピュータシステムにおける**ソフトウェア**とは、狭義にはコンピュータ上で動作するプログラムのこと。広義に捉えると、プログラムのほか、動作に必要なデータベース、各種設計書やマニュアルなどのことを指す。言い換えれば、情報システムにおいて**物理的な実体を伴わない要素の総称**である。

コンピュータのソフトウェアは当初、コンピュータの機種ごとに開発されていた。世界で最初の商用利用のコンピュータは 1952 年の IBM によるものであったが、そこではハードウェアにソフトウェアが組み込まれ、一体となって販売されていた。ハードウェアの機種（モデル）ごとにソフトウェアの仕様が異なっていたため、互換性がなく、モデルごとにソフトウェアを作り直さなければならなかった。そこで、新しいコンピュータの**アーキテクチャ**[1]を設計し、アーキテクチャ間での互換性を重視したコンピュータが開発されることになった。これは IBM が 1964 年に発表した System/360 により実現され、同シリーズのコンピュータでは高性能な上級機種から低価格な機種にいたるまで、同じ命令セットをもち、同じプログラムを動かすことができた。

米国では IBM がハードウェアとソフトウェアを一括して販売していたことが独占禁止法に問われ、1970 年から IBM はソフトウェアを分離して販売するようになった。ここから、ソフトウェアとハードウェアは別個の製品として分離するようになり、ソフトウェアの重要性が高まっていった。

ハードウェアからソフトウェアへ

情報システムから離れて私たちの身近にある機械製品を見渡してみると、多くの製品はハードウェアとソフトウェアが一体となって、その機能を実現している。たとえば、デジタルカメラであれば、レンズやシャッター・ボタン、ボディなど、物理的・物質的なハードウェアでしか実現できない部分のほか、シャッタースピード、発色・感度、フォーカスなどの機能はソフトウェアで実現している。

今ではソフトウェアで実現している機能もかつてはハードウェアによって実現していた。例えば、シャッタースピードは、歯車やバネの組合せによるもの

1　コンピュータ（特にハードウェア）における基本設計や設計思想のこと。

だった。しかし、ハードウェアで実現すると、その機能や品質を実現するには、高い製造技術が必要であり、時間もコストもかかる。また、製造後に変更ができないため、開発にも慎重になり時間がかる。

そこで、ハードウェアはできるだけシンプルにつくり、ソフトウェアにできるだけ多くの機能を持たせることにより改善が図られるようになった。そうすればハードウェアは複雑な構造でなくなるため、**製造コストが低下**するとともに、故障の原因が減少し**保守も容易**になった[2]。一方で、ソフトウェアで多機能化すれば、ソフトウェアは**複製が容易**であるため、製造コストの低減をもたらす。さらに、ソフトウェアを更新（アップデート）することで機能を追加・変更でき、製品**出荷後に不具合を解消**することもできる。

インターネットが普及するとさらにこの傾向は強まった。更新したソフトウェアをインターネットで随時配布して、不具合解消や機能追加・向上の頻度を高めるとともに、製品をネットワークに接続することで、モノの使われ方や不具合を生産者が把握でき、そのデータを製品開発やサポートに活用することも行われるようになった。また、インターネット接続を活かした新たなサービスを作り、提供することで製品の魅力を高めることも行われるようになった。

このように、ソフトウェアは、かつてはハードウェアを動かすための「おまけ」としての位置づけであったが、ハードウェアに**代わって多くの機能を担う**ようになり、本質的な価値創造はソフトウェアに重心が移動している。近年では、ソフトウェアはさまざまなサービスを作ることでも**価値創造の重要な源泉**ともなっている。

2　たとえば、スマートフォンは多機能であるが物理的なボタンがごくわずかしかない。多くの機能は画面に表示されたボタン操作により行われる。

COLUMN　情報化投資におけるソフトウェア

わが国の民間企業における 2018 年の情報化投資は約 12.7 兆円であるが、そのうちソフトウェアが 8.0 兆円となっており、全体の 3 分の 2 を占めるまでになっている。情報化投資におけるソフトウェアの比率は 90 年代後半から上昇し、2000 年代からはコンスタントに 6 割以上を占めるに至っている（図 12.1）。なお、クラウドサービスの利用は投資とはならないため、このグラフには含まれていない。

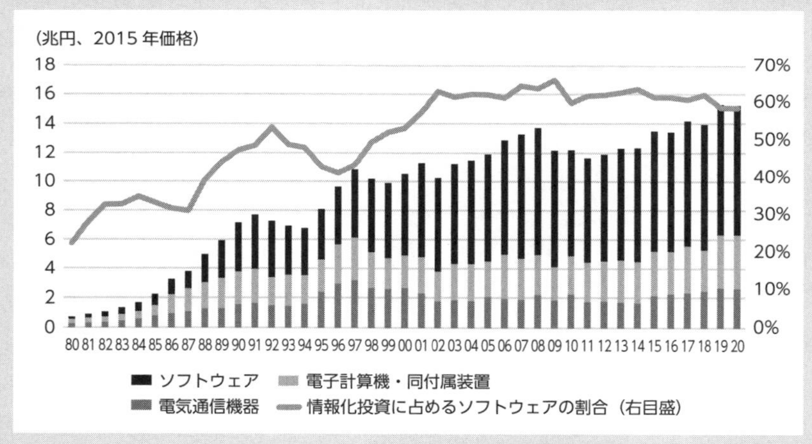

図 12.1　企業の情報化投資の推移

（資料）総務省「令和 2 年情報通信白書」

Story　情報システムとソフトウェア

情報システムの構成要素

情報システムとは、利用者からの入力に対して処理をして結果を出力する仕組みをもつものである。情報システムは、**ハードウェア**、**ソフトウェア**、**ネッ**

トワークから構成される。

情報システムを非常に単純にモデル化すると、何かしらの入力があり、ハードウェアを使ってコンピュータに情報を送る。そうすると、ソフトウェアであるアプリケーションやデータベースが動き、データが出力され、ハードウェアに返される。基本的には、ハードウェア、ソフトウェアとネットワークにより構成されたこのような仕組みが使われている。

ネットワーク

ネットワークとは、具体的には、コンピュータ同士を接続するための、回線、インターネット、接続機器（HUB[3]、ルータ[4]）などを指す。かつては有線の回線が中心的な役割を果たしていたが、無線ネットワーク技術が普及し、Wi-Fi[5] などでコンピュータを接続することも一般的になった。ネットワークはコンピュータ同士をつなぐ役割があるが、データの通り道と通信の仕組みから構成される。データの通り道は LAN ケーブルやルータなどのハードウェアから構成され、通信の仕組みはソフトウェアによって実装される。このように、ネットワークはハードウェアとソフトウェアから構成されるものの、独立したカテゴリーとして扱うのは、その役割がコンピュータ本体のハードウェアやソフトウェアと大きく異なることが理由である。

ネットワークは大きく **LAN**（Local Area Network）と **WAN**（Wide Area Network）に分けられる。前者は社内や学校内といった狭い範囲のコンピュータで構成される小規模なネットワークである。後者は、電気通信事業者が設置した通信回線を使う広範囲なネットワークである。この電気通信事業者にはインターネットプロバイダ（ISP：Internet Service Provider）や携帯電話会社なども含まれる。

近年、ネットワークで最も大きな影響を与えたのが**インターネット**である。

3　HUB とは、コンピュータシステムで、複数の端末を集めて連結する中継器のこと。LAN などを組むのに使われ、減衰した電気信号を復元する機能などをもつ。集線装置。

4　ルータとは、複数の異なるネットワーク間でデータのやりとりを中継するための機器をいう。

5　無線ローカルエリアネットワーク（LAN）の規格の一種。IEEE（アイトリプルイー）802.11 に準拠している。

インターネットは**TCP/IP**という共通の通信仕様を用いて全世界の膨大な数のコンピュータや通信機器を相互に繋いで巨大なコンピュータネットワークを形成している。これにより、世界中のパソコン間で通信ができるようになった。例えば、電子メールなどである。メールアドレスを特定すれば、特定のメールサーバにメールをどこからでも送ることができ、スマートフォンでアクセスしてそれをどこからでも見ることが出来る。わが国では1990年代後半から本格的なインターネット接続サービスが展開され、インターネット接続を前提としたさまざまなサービスやビジネスモデルが誕生した。

近年はネットワークを利用して、クラウドコンピューティングを活用するという考え方が登場している。例えば動画のようなサイズが大きなファイルを保存しておきたい時、かつてはパソコンのハードディスクに容量を気にしながら保存していた。ところが、クラウドではどれだけでも保存できるサービスもあり、容量に注意を払う必要がなくなった。このように、ソフトウェアやハードウェアの利用権などをネットワーク越しにサービスとして利用者に提供する方式を「**クラウドコンピューティング**」と呼び、その中で運用されているサーバ群のことを**クラウド**という。クラウドではサーバのメインテナンスはサービス提供側の仕事となり、システム開発を行うときに揃える機器もクラウドを利用すれば良いことになる。これによって、ビジネスや使い方が大きく変化する。たとえば、以前はパソコンにアプリケーションとしてインストールして使用していたワープロや表計算ソフトも、クラウドサービスとして提供される例も多くなっている。

ソフトウェアを構成する要素

ソフトウェアには大きく2つあり、ハードウェアの操作など共通的な機能を提供する**OS**（**オペレーティングシステム**）と、個別の業務に特化した機能を提供する**アプリケーション**（アプリ）である。前者を基本ソフトウェア、後者を応用ソフトウェアともいう。たとえば、キーボード入力をすると文字が画面に表示される、マウス・タッチパッドを操作すると操作した位置がわかる、などの機能はOSによって提供されている。パソコン（Windows, Mac OS）やスマートフォン（Android, iOS）などは、購入した時点ではハードウェアにOS

COLUMN　拡大するクラウドサービス市場

世界のパブリッククラウドサービス市場は急速に拡大している（図 12.2）。とりわけ、PaaS（Platform as a Service）が成長しており、新型コロナウイルス感染症の感染拡大の影響を受けた企業活動で重要な役割を果たしたと考えられている。

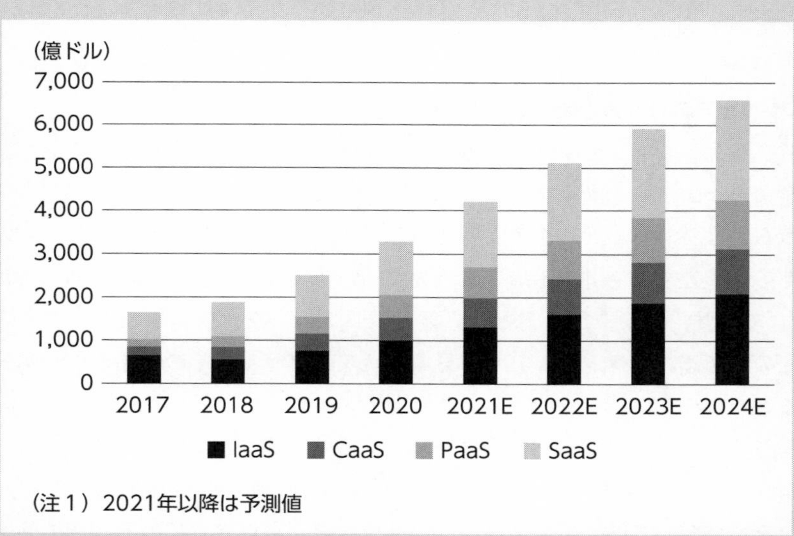

図 12.2　世界のパブリッククラウドサービスの市場規模の推移と予測

（注）IaaS（Infrastructure as a Service）：インターネット経由でハードウェアや ICT インフラを提供。
CaaS（Cloud as a Service）：クラウド上で他のクラウドのサービスを提供。
PaaS（Platform as a Service）：インターネット経由でアプリケーションを実行するためのプラットフォームを提供。
SaaS（Software as a Service）：インターネット経由でソフトウェアパッケージを提供。

（資料）総務省「令和 4 年版情報通信白書」

が入った状態で売られていることが多い。そこに、WordやExcelなど、個別の業務に特化した機能を提供するアプリケーションをダウンロードしてインストールし、好みの機能を追加することが一般的である。このほかに、著名なOSソフトとして、無料で使えるオープンソースソフトウェア（OSS）のLinuxがある。

ソフトウェア産業の中で、OSを作っている会社は、マイクロソフト、アップル、グーグルなど数社に限られる。一方、アプリケーションを作っている会社は多数存在する。個人でもアプリケーションをつくって何百円とか数万円とかで販売することもできる。

ソフトウェアの作り方と動作の仕組み

アプリケーションの中味をみると、プログラマが、あるプログラミング言語で命令を書いて、コンピュータに与えてコンピュータを動かしている。「**プログラム**」は「コンピュータで実行できる具体的なステップを書き表したもの」である。後述するアルゴリズムは「抽象化・理想化された手順（すなわち設計図）」であり、ソフトウェアとは「アルゴリズム」を「プログラム」で表現したものである。ソフトウェアから見ると、プログラムはその部品という関係になる。

同じアルゴリズムでも、プログラミング言語が違うと記載の方法が異なる。プログラミング言語はCOBOL、C、JAVA、Pythonなど数百種類も存在し、それぞれに関して開発環境というソフトウェアが提供されている。商業的によく使われるものもあれば、AIとか研究目的でよく使われるものもある。開発環境をインストールしておけば、その上にソースコードを書けば動作する。ソースコードは英文のような文字列で書かれており、小さなプログラムであれば数行でも動く。大きなプログラムだと何百万行という長さになる。

COLUMN　オープンソースソフトウェア

通常のソフトウェアはソースコードが公開されておらず、ユーザーがその内容を改良することはできないが、オープンソースソフトウェアとは、ソースコードが公開されていて、改良や再配布が自由に行える。ユーザーは無料で入手したオープンソースソフトウェアに機能強化やサービスの充実など付加価値を付けて、有料で販売することも可能である。

オープンソフトウェアは無料ではあるものの、著作権があり、「配布先となる個人やグループを制限してはならない」など再配布のルールが決められている。表 12.1 のように、ほとんどの用途のソフトウェアにオープンソースソフトウェアが存在する。

表 12.1　オープンソフトウェアの具体例

用途	オープンソースソフトウェア
OS（基本ソフト）	Linux（リナックス）
HTTP サーバ	Apache（アパッチ）
メールソフト	Thunderbird（サンダーバード）
Web ブラウザ	Firefox（ファイアフォックス）
関係データベース管理システム	MySQL（マイエスキューエル）

Process　アルゴリズムとソフトウェア開発

アルゴリズムとは

アルゴリズムとは、「コンピュータで計算を行うときの算法のこと」であり、もう少し広い意味では「なにか物事を行うときのやり方や手順」を指す。では、手順の良し悪しはどのような観点から決められるのだろうか。何かの質問に答える際、結果が同じならどんなやり方でも良いだろうか？　例えば、辞書や辞典で、ある単語の意味を調べるときには、1 ページ目から順番に辞書で単語を探すのではなく、索引を使うだろう。

コンピュータの 5 大装置のうち、演算を行うのは CPU である。CPU は処理速度が人間よりはるかに速いものの、四則演算、比較、分岐などの単純な作業をひたすら一つずつ実行しているに過ぎない。従って、コンピュータの処理能力が優れているとはいえ、演算の手順をうまく考えないと、業務に支障をきたすレベルで大きな問題になることがある。例えば、第 1 章で説明した ATM による 3,000 万件の口座データの検索を考えてみよう。毎秒 10 万件のデータを確認できたとしても、3,000 万件だと 5 分（300 秒）かかってしまう。もし ATM で一人の取引に 5 分ほど時間がかかると、長蛇の列ができるだろう。同じことを達成するのであれば、短い時間で処理できる手順が優れている。従って、いかに優れたアルゴリズムを考え出せるかが、プログラマの腕の見せ所である。

二分探索法

あるものを探し出すときに使う「**二分探索**アルゴリズム（バイナリーサーチ :Binary Search)」と呼ばれるものがある。辞書で単語を調べる場合を例に説明すると、①ちょうど真ん中の単語を見て、調べる単語が、「上半分にあるか」「下半分にあるか」を判定する。②上半分に入っている場合は、上半分の中で、さらに真ん中の単語を見る。③上半分の上半分に入っていたと仮定すると、さらに半分の真ん中の単語を見る、というように、検索の対象データを 1/2 → 1/4 → 1/8 → 1/16 と、絞っていくものである。

表 12.2　二分探索のアルゴリズム

【前提】データが昇順に並んでいる

1. 探索範囲のデータから中央値を取り出す
2. 取り出したデータが、目的のデータかどうか比較する
3. 目的のデータに一致すれば、探索完了となる
4. 目的のデータより中央値が大きい場合、探索範囲の最大値を中央値まで狭めて 1. に戻る
5. 目的のデータより中央値が小さい場合、探索範囲の最小値を中央値まで狭めて 1. に戻る

文章でこの手順を書くと表 12.2 のようになる。

このアルゴリズムが機能する前提は、データが順番に並んでいることである。これがないと、中央値との比較が無意味になる。データが順番に並んでいたとすると、このアルゴリズムの検索威力はとても強く、たとえばデータが 10 個あった場合、一つずつ前から検索する「線形探索」なら平均 5 回の検索でヒットする。これは、たまたま最初の検索で、ヒットするかもしれないし、最後の 10 回目の検索で、やっとヒットするかもしれないので、その平均をとって、平均検索回数は 5 回と考える。

一方、二分探索では、データが 2 個なら 1 回、4 個なら 2 回、8 個なら 3 回でヒットするので、10 個のデータの平均検索回数は $\mathrm{Log}_2 10$（約 3.22）回の検索でヒットする。検索対象のデータが多くなると、線形探索だとデータ量が 10 倍になれば、検索回数も 10 倍になるが、二分探索だと、探索対象のデータ数が急激に増大しても探索回数はそれほど変わらない（表 12.3）。

ただし、二分探索には弱点もある。一つ目は「完全に順番に並べ替えられた状態」でないと、正しい検索ができないことである。二つ目は「数字の小さい順、日付の古い順、あいうえお順など）大小比較できるデータ」でないと、正しい検索ができないことである。

このように、アルゴリズムを考えるときは、「アウトプットが正しいこと」

表 12.3　線形探索と二分探索

探索対象のデータ数	線形探索（前から探索）	二分探索
10	5	$\log_2 10$（約3.322）
100	50	$\log_2 10^2$（約6.644）
1,000	500	$\log_2 10^3$（約9.966）
10,000	5,000	$\log_2 10^4$（約13.288）
100,000	50,000	$\log_2 10^5$（約16.610）
1,000,000	500,000	$\log_2 10^6$（約19.932）
10,000,000	5,000,000	$\log_2 10^7$（約23.254）
100,000,000	50,000,000	$\log_2 10^8$（**約26.576**）

はもちろんのこと、「いかに効率的なアルゴリズムであるか」を考える必要がある。そして、この計算量をいかに少なくするかについて、研究者が日々新しいアルゴリズムを考えている。アルゴリズムの研究は、コンピュータサイエンスの主要な部分となっている。

検索エンジンとトラッキング

インターネットの検索エンジンは日頃使うことが多いであろう。Google であれば 1 秒以内で 5 億件のヒット数を検索して結果を表示する。これはどのような仕組みで可能になっているのだろうか。もちろん、全世界のホームページを即時に検索して 5 億件をヒットさせている訳ではない。

Google は大きく言えば、次の 3 つのステップで検索している。第一は、事前準備として、世の中のさまざまなページの情報を集めて、検索用のデータベースを作る。第二に、検索者が用語の検索をかけたとき、そのデータベースから、検索用語に近いページを抽出して、表示するとともに、第三に、広告用のデータベースから、検索者の好みの広告を表示する。

第二の「候補から、対象を絞り込んで表示する」という操作は、まさにアルゴリズムで、いかにユーザーが欲しい情報を出力できるか、Google はこの検

COLUMN　計算論的思考とアルゴリズム

近年、カーネギーメロン大学の Jeannette M. Wing 教授が 2006 年に提唱した概念である計算論的思考（Computational Thinking）が注目を集めている。計算論的思考とは、情報や技術をうまく活用し、課題や目的を解決・達成するために効率よく考えられる力である。それはすべての人にとっての基本的な技能であって、コンピュータ科学者だけのものではなく、読み、書き、そろばん（算術）と合わせて子どもの分析的能力の一つに加えるべきものとされる。

計算論的思考には 4 つの要素がある。①複雑な問題を解決可能なレベルに分解する「要素分解」②重要な要素だけ抜き出す「抽象化」③規則性やパターンを発見する「一般化」④問題解決の手順を明らかにする「アルゴリズム」である。

コンピュータを活用して問題を解決する上で、論理的思考が前提となることは言うまでもないが、計算論的思考はモデル化の段階でとりわけ必要な思考法である（図 12.3）。そしてアルゴリズムも計算論的思考の一つの要素である。

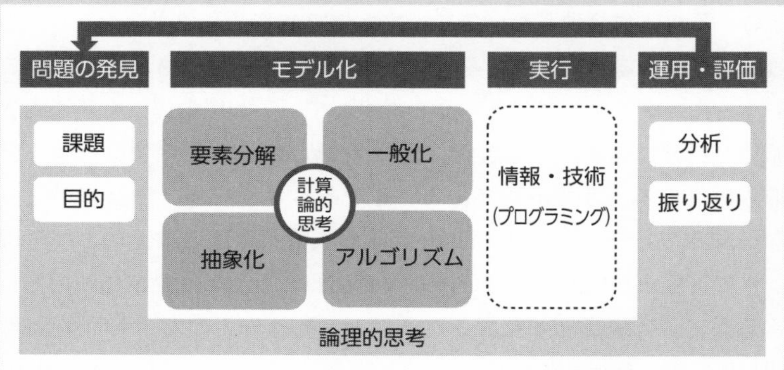

図 12.3　課題解決と計算論的思考

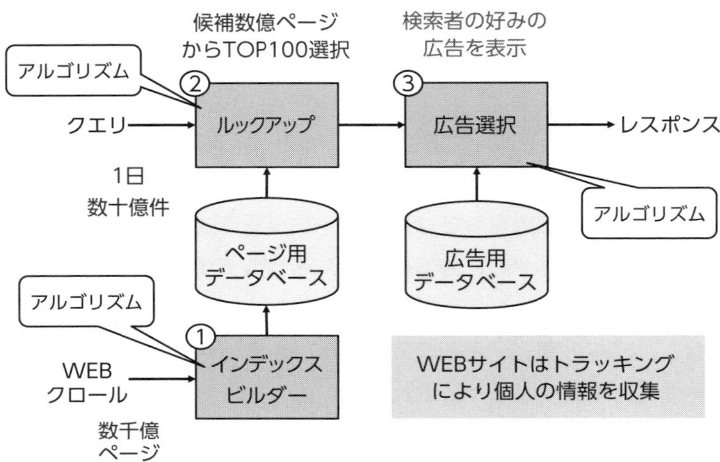

図 12.4　広告表示の仕組み

索エンジンを日々改善しているのである。

ちなみに第三の「広告表示」に使われている技術は、**トラッキング**と呼ばれる。例えば、アマゾンや楽天などの通販サイトで何を買ったか、何を検索してどんなページを見たか、Facebook にどんな情報をアップしているか等の情報をもとに、その人に合致した広告を出すものである（図 12.4）。

これらの情報は本人の承諾に基づいて複数企業間で共有されている。このようなトラッキングについてはデータを提供している利用者側にも賛否両論ある。肯定派は「自分に興味がある広告が出たほうが便利」、否定派は「個人データが搾取されているようで不快である」等である（表 12.4）。法整備が追い付いていない分野であり、2020（令和 2）年の個人情報保護法改正における付帯決議によって、望まない形で自分のデータが使われないよう企業に利用停止を要求できるなど個人の権利が拡大されることとなり、そのガイドラインは 2023（令和 5）年度より施行された。

表 12.4　トラッキングについての賛否両論

肯定派	否定派
✓自分にとって興味がある広告が出た方が便利 ✓広告主にとってもターゲティングは重要	✓個人データが搾取されているようで不快 ✓個人の趣味や行動履歴などを分析されると不安 ✓悪用されると直接的な被害を被る

データベース

先ほどの Google の検索には、データベースが使われていると述べたが、データベースについて少し説明しておこう。**データベース**とは、データを整理・統合して格納し、そのデータを検索・更新しやすくした仕組みを指す。膨大なデータ（ビッグデータ）は、画像認識、言語翻訳、レコメンデーションシステム、リアルタイム交通情報、クレジットカード不正防止等のアプリケーションに対する原材料を提供している。

データベースにはデータをどのような構造や方式で格納、管理するかによって様々な種類がある。企業の情報システムで一般的に利用されるのは「リレーショナルデータベース（**関係データベース**）」と呼ばれテーブル（表）形式で管理される。

たとえば、文房具を販売している会社の受注データをエクセルのような一つの表にまとめたデータベースを作成したとしよう。あるとき、取引先の A 社が社名や住所を変更したとすると、該当する行を探し出して、すべて修正する必要がある。これでは管理がしにくい。リレーショナルデータベースは、いくつかのエクセルに分けてデータを保管しているイメージである。それぞれのデータのまとまりは、「テーブル」と呼ばれる。

先の文房具の販売会社のデータでは、いつ誰からどんな商品の注文があったかを管理する、「受注テーブル」、どんな商品があるかを管理する「商品テーブル」、どんな顧客の名前・住所・連絡先を管理する、「顧客テーブル」の 3 つから構成される。顧客テーブルは顧客コード、商品テーブルは商品コードで受注テーブルと関連付けられる。顧客情報を更新する際には、顧客テーブルだけを修正すればよい。このように、いかに効率よくデータを保持するかについても考慮に入れる必要がある。

In the Future　今後求められるITリテラシー

ソフトウェアの知識と価値創造

ソフトウェア産業にはさまざまな職種がある。ソースコードを書く**プログラマ**、情報システムの企画や設計を行う**アプリケーションエンジニア**や**システムエンジニア**、システム開発を管理して予算、品質、納期の要求を満たす**プロジェクトマネージャ**、情報のセキュリティを守る**セキュリティスペシャリスト**などである。

ソフトウェアに関する知識について言えば、これまで、このような情報システムを IT 企業で作る人たちは、当然知っていなければならないものであったが、一般企業で情報システムを使う人はあまり知らなくてもよかった。ところが、近年では IT リテラシーとして知っておく必要がある。法律、経済学、数学、物理学などの専門知識に加えて、ソフトウェアについて知っていることで、新しい業務のやり方を考えることができるからである。すなわち、ソフトウェアに関する知識は、それを利用する立場にあっても、新たな付加価値創造につながる可能性が高まっているのである。この意味で、将来どのような業界に進み、どのような職種に就こうとも、ソフトウェアに関する知識が重要になってくるのである。

分野横断的な発想が重要に

従来は、IT 機器に関わらない限りはハードウェアやソフトウェアの技術に関与する必要性は低かった。しかし、今後、不確実性の時代（**VUCA**[6]）のなかで、わが国でイノベーションの幅を広げるためには、さまざまなイノベーショ

6　VUCA（ブーカ）とは、Volatility（変動性）、Uncertainty（不確実性）、Complexity（複雑性）、Ambiguity（曖昧性）の 4 つの単語の頭文字をとった造語。

ンの種に広く関心と見識を持ち、利活用することがトップレベルの IT 人材の役割であるとされる[7]。すなわち、求められているのは、知識の選り好みをしない分野横断の発想ができる人材である。

「デザイン思考」というのはその昨今の VUCA に対応する一つの方法論として注目を集めているが、IT 企業でも人材育成や対応においてデザイン思考を重視している。IT 企業としてどのようにビジネススタイルを展開するかを考えると、フロントビジネスのデザインとシステムの最適化デザインという 2 つの面がある。フロントビジネスデザインでは、顧客価値（Customer Value）は、顧客の課題を最適な機能と技術に因数分解し、顧客と協働して具現化するものとなる。システムの最適化デザインでは、顧客価値や機能を作る技術をクラウドからデバイス・センサーシステムへ最適に割り付け・設計するエンジニアリングが提供される。

今後 IT 企業で求められているのは以下のような人材である。まず、顧客のビジネスの課題を見出して、たとえば、どの部分がコンピュータを利用する問題かを想定する。次に想定した部分の問題を定式化してコンピュータに実装できるように変換して実行する。エンジニアリングの結果を再びビジネス課題と照合して新たな課題抽出をしていく、こういう全体のデザイン、エンジニアリングとビジネスのデザインと 2 つを合わせ持つような人材が期待されている(図 12.5)。

たとえば、近い将来、量子コンピュータが当たり前に利用される時代に求められる人材スキルはどのようなものだろうか。まず、ビジネス課題を発見し、どの部分が量子コンピュータを利用できるかを想定する。次に、課題をもとに問題を定式化し、量子コンピュータに実装できるフォーマットに変換し実行する。さらに、結果をビジネス課題と照合し、新たな課題抽出または異なる方法を導く。このように、課題を見出し、使う技術を選び、定式化できる人材が必要になる。

7　厚生労働省「平成 29 年度基礎的 IT リテラシーの習得カリキュラムに関する調査研究報告

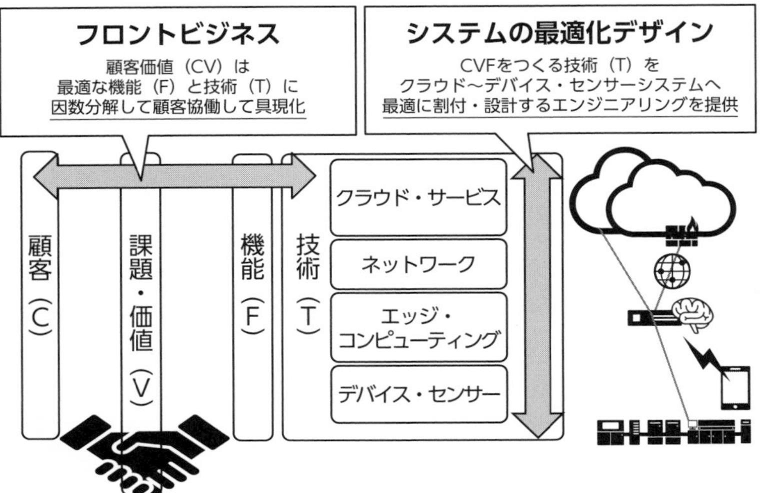

図 12.5　求められる IT 人材像

- ソフトウェアは狭義にはコンピュータ上で動作するプログラムを指す。さまざまな利点からハードウェアに代わって多くの機能を担うようになっている。
- 情報システムはハードウェア、ソフトウェア、ネットワークから構成される。ネットワークはコンピュータ同士をつなぐ役割があるが、世界中のパソコン間での通信が可能なインターネットの普及はビジネスにも大きな影響を与えた。
- ソフトウェアには基本ソフト（OS）と応用ソフト（アプリケーション）がある。抽象化・理想化された処理の手順を表したアルゴリズムをコンピュータで実行可能な具体的な命令に書き表したものがプログラムである。
- コンピュータの演算能力は有限であるため、データが膨大になればなるほど、効率的なアルゴリズムを考えることが重要である。
- 今後、トップレベル人材には、新たな IT リテラシーが求められる。すなわち、社会の課題を発見・抽出し、適切な情報技術を選択して、問題を定式化する力である。

あとがき

本書の著者である京都大学経営管理大学院・藤田哲雄特定教授と私、前川佳一は、京都大学情報学ビジネス実践講座の提供科目の多くを担当させていただいています。詳細は下の表にありますが、本書の出自ともいうべき「情報と社会」は、すべての提供科目の根幹をなすものであり、また講座全体を俯瞰できるようにも構成されています。

表　京都大学情報学ビジネス実践講座が提供する科目

対象	科目名	単位	主担当教員 (副担当教員)	担当企業
学部向け	情報と社会	2	藤田（前川）	日本総研
	IT システム構築のための ロジカルシンキングと プロジェクトマネジメント	2	前川（藤田）	日本総研 ANA システムズ
	情報企業論	2	前川（藤田）	—
大学院向け	デザイン思考実践	1	藤田（前川）	NTT データ
	ユーザー視点の IT システム設計実践	1	前川（藤田）	東京海上日動 東京海上日動システムズ
	ビジネスにおける 情報学の実践	1	若林靖永 (前川、藤田)	日本総研 ANA システムズ DMG 森精機
	人工知能特論	2	山本章博	日本電気
	ビジネスデータ分析実践	1	藤田（前川）	日本電気
	AI 技術利活用実践	1	前川（藤田）	NTT データ

まえがきなどでも触れていますが、本書および本講座の特徴は、①大学と産業界の連携、②幅広い業種の協力企業、③文理融合の全学共通科目、このように要約できます。これの意味するところを平易な文章で綴ってみましょう。

> *おおよそビジネスは、「こんなことができたらいいなあ」という思いと、「じゃあ、それをかなえましょう」という仕事からできているといっていいでしょう。製造業なら商品企画担当者 vs エンジニア。IT システムならアプリケーションを構想する人 vs それを実装するプログラマー。この講座では、両サイドそれぞれの理解もさることながら、その橋渡しの部分の課題にも注目します。つまり構想がきちんと実現されるプロセスを体感し、その思考法を学んでもらうことが大きな目標です。学部生なら文系と理系、院生なら例えば経営と情報、こうした垣根を軽やかに超えていく人材になっていただきましょう！*

実はこの文は、京都大学の情報学ビジネス実践講座の（学内向け）パンフレットに、自己紹介代わりに書かせていただいたものです。

ビジネス分野でひとしきり話題になる情報関連のワードには、たとえば遡って、ブロードバンド、ユビキタス、IoT、クラウド、ビッグデータ、AI（人工知能)、DX（デジタルトランスフォーメーション）等々、これまでもたくさんありました。また、これからも増産されていくことでしょう。こうした中で、若い学生のみならず、実ビジネスに携わる方々にも、情報ビジネスあるいはビジネス情報の本質を見誤らないよう、ときには過去の反省も踏まえながら知識や経験を伝え、未来を構想する手がかりを提供していくことが本書や本講座の役割ではないかと考えています。ビジネス現場において、専門職としてそれぞれ企画力あるいは技術力を高めるのもいいでしょう。あるいは双方の橋渡し役を意識し実践する役割を目指すのもいいでしょう。そうした場面のどこかにおいて、もしも本書が何らかの道標（みちしるべ）になるのならば、それは本講座に携わった者にとっての喜びであり誇りとなるでしょう。

京都大学経営管理大学院　情報学ビジネス実践講座　特定教授

前川　佳一

謝　辞

本書は京都大学情報学ビジネス実践講座が提供する講義を基に執筆されていることから、この謝辞は本講座の立ち上げから現時点に至るまでの間にご支援を賜った方々の紹介をもって代えさせて頂ければと考える。ご紹介に際して、所属・役職は指定の無いものは2022年12月末時点とし、並びは時系列には意識しながらも順不同であることをお許し頂きたい。また、執筆協力にリストされている方はここでの紹介を割愛させて頂いていることをお断りする。

本講座の設立準備は2017年の春に遡る。京都大学で当時の産学連携担当の理事であった阿曽沼慎司氏に本講座設立の狙いをご相談し、同氏から方向性についてご賛同を頂いたことからすべてが始まる。このご相談の場をセットして下さったのが当時の理学部長・研究科長の森脇淳氏であり、同氏からはその後も含めて様々な面でとても有益なアドバイスを頂いた。

阿曽沼氏のお声掛けとご指導により、2017年夏に、当時の情報学研究科長の山本章博氏、本書の監修者の二人である当時の経営管理大学院長の若林靖永氏と当時の日本総研社長の渕崎正弘氏、そして阿曽沼氏の間で講座設立に向けての打合せが実現し具体的な検討がスタートした。そして2018年春に、協力企業と京都大学の間で合意に達し、本講座が設立された。

協力企業は6社グループとなるが、まずANAシステムズの当時の会長の幸重孝典氏から本講座設立の趣旨についてご理解を賜り強いご支援を賜ったことがこの講座の立ち上げにおいて極めて大きな力となった。その後、同社の社長から現在はANAの執行役員となられた荒牧秀知氏には、講座運営面のみならず、実際に学生を前にしての講義に何度も登壇頂き、また2020年3月には特別セミナーでご講演を賜る等、長きに亘り多大なるご協力を頂戴している。そしてANAシステムズの現社長の藤本礼久氏から継続して多大なるご支援を頂いている。ANAからは2021年11月に当時の専務執行役員であった満倉達彦氏に講義にご登壇頂き貴重なお話を頂戴した。さらに、2023年4月には、ANA社長の井上慎一氏に京都大学の時計台ホールでの特別講義にご登壇頂いており、そのご貢献はとても言葉には尽くせない。

NTTデータよりは、2018年の講座設立に際して、当時の社長の岩本敏男氏から、大学との産学連携についてご経験に基づく示唆に富んだアドバイスを頂き、講座の実現に導いて頂いたことは忘れがたい。また、講座設立後の2019年以降は、当時の常務執行役員の木谷強氏に継続的なご支援を賜った。

DMG森精機の社長の森雅彦氏からは、設立当時より講座を大きく育てていくことの大切さをご指導賜り、講座の発展に大いに尽くして頂いた。そして2022年10月には実際に特別講義にご登壇頂き学生に強い励ましとなるメッセージを頂いている。

東京海上日動からは、設立当時の常務の稲葉茂氏よりこの講座の狙いについて深くご理解を賜り設立に際して心よりのご支援を頂いた。そして2019年2月に開催されたシンポジウムにご登壇頂き、講座設立の意義をお話し頂いたのは今でも鮮明に記憶する。さらに現常務の原田晋氏には、設立以降、様々なご支援を賜り、2022年1月には特別講義にご登壇頂き今後の発展についてお話し頂いた。

日本総合研究所からは、社長の谷崎勝教氏より継続的にご支援を頂き、また2020年3月の特別セミナーでのご講演では未来志向で学生を鼓舞して頂いた。

NECからは講座設立当時の社長で現会長の新野隆氏には長きにわたり本講座の理解者としてひとかたならぬご支援を頂いている。また、設立当時の常務の松倉肇氏には立ち上げの際に温かいご支援を頂いた。新野氏には2021年10月に開催された特別講義にご登壇頂き、学生に大いに刺激を与えて頂いて本講座の発展にお力添え頂いたことを強調したい。

以上が協力企業の6社グループであるが、京都大学サイドでは経営管理大学院長が若林氏から原良憲氏、戸田圭一氏そして現在の澤邉紀生氏となるが、各位には現在に至るまで、本講座の設置部局長として絶大なるご尽力を賜っている。

また、京都大学の情報学研究科長は山本氏から中村佳正氏そして現在の河原達也氏となるが、継続的に本講座を支えて頂いている、さらに京都大学の法学部・法学研究科からは前研究科長の山本敬三氏ならびに教授の稲谷龍彦氏に2021年4月の特別講義で示唆に富んだお話を賜り学生の本講座への関心を大いに高めて頂いた。その後、経済研究所の教授の宇南山卓氏、医学研究科の教授の川上浩司氏にそれぞれ2022年4月、10月にご登壇頂き、学生に向けて学びの拡がりや発展を示して頂いたご貢献も特筆される。

他学からは、東京大学経済学部の教授の柳川範之氏には2019年2月のシンポジウムでご講演を頂き、本講座の立ち上げを強く後押し頂いたことが記憶に新しい。また千葉工業大学社会システム科学部の教授の角田仁氏には2022年1月に特別講義にご登壇頂いている。これらのアカデミックな視点からの支えが極めて大切であったことは言うまでもない。

以上の通りの各位からのご支援により、2019年より本講座からの講義提供を本格化させることが可能となった。そして2021年からは学部・大学院生向けに単位のある正規科目を8科目の提供を継続しており、相応の実績を上げてきている。

本講座の設立から運営のすべてにわたって、決して忘れられないのが前総長の山極壽一氏からの温かいご指導だ。講座の発展のために貴重なお時間を割いて何度も親身に相談にのって頂いたおかげで今の講座があり本書の出版があると言って全く過言ではない。そして、三井住友フィナンシャルグループの名誉顧問の奥正之氏には、京都大学との産学連携の全般でご指導を賜り、山極前総長と共にあらゆる面で私共を支えて頂いたことを申し述べたい。

最後に、京都大学学術出版会の専務理事・編集長の鈴木哲也氏ならびに編集室の大橋裕和氏のご尽力がなければ本書が出版できなかったことを申し上げて、この謝辞を締めくくりたい。

株式会社　日本総合研究所

西口　健二

監修・著者・執筆協力

【監　修】　渕崎正弘　日本総合研究所　特別顧問
若林靖永　京都大学経営管理大学院　名誉教授・客員教授、
佛教大学社会学部公共政策学科　教授
【著　者】　藤田哲雄　京都大学経営管理大学院　特定教授
【執筆協力】京都大学情報学ビジネス実践講座

以下に、2022年12月末時点で京都大学・協力企業に所属されていて、本講座をこの時点でご担当されている方・2022年度に本講座提供8科目に登壇された方・2021年4月～23年4月の6回の特別講義に登壇された方の氏名を記載（所属部署・役職・敬称略、順不同、謝辞に記載の方を除く）。

京都大学経営管理大学院	前川佳一、竹林一、伊藤美魚
ANA・ANA システムズ	廣澤健樹、岐部琴美、深堀昂
NTT データ	大西壮輝、佐藤慎二郎、市川耕司、高橋誠、羽二生厚美、正野勇嗣、勝田弘和、棚橋玲子、田中秀彦、斎藤渉 、林志乃、谷口智彦、河野宏志、河部瞭太、長谷川美夏、新階幸也、一色梨衣、井上真聡、佐々木克浩
DMG 森精機	ブレーメンシュテンゲル健太郎、櫻井努、柳原正弘、出脇裕子
東京海上日動火災保険・東京海上日動システムズ	堅田英次、明道仙丈、上屋佳子、小林賢也、村野剛太
日本総合研究所・三井住友フィナンシャルグループ	井上宗武、真壁崇、大谷和子、長田繁幸、蝶採トックディル、普照伶、三輪泰史、西口健二、大竹秀喜、舞鶴二朗、渡邉崇
日本電気	吉永尚弘、櫨元清智、水口喜博、梅松旭美、今岡仁、石山徹、横山淳、佐藤敦、亀田義男

索　引

【あ】

【か】

【さ】

【た】

【な】

【は】

【ま】

【や】

【ら】

【わ】

【A-Z】

監 修

渕崎　正弘（ふちざき まさひろ）

1956年生まれ。東京大学法学部卒業、住友銀行（現三井住友銀行）入行。2011年三井住友銀行 経営会議メンバー（CIO）就任。2015年日本総合研究所 代表取締役社長に就任。同会長を歴任し、2020年より日本総合研究所 特別顧問。

若林　靖永（わかばやし やすなが）

1961年生まれ。京都大学経済学部卒業、同大学院修了、博士（経済学）。京都大学経営管理大学院教授、同大学院経済学研究科 教授を経て、2022年より佛教大学社会学部公共政策学科 教授、京都大学 名誉教授、同大学院経営管理大学院 客員教授。

著 者

藤田　哲雄（ふじた てつお）

1965年生まれ。東京大学法学部卒業、東京大学大学院法学政治学研究科修了。住友銀行（現三井住友銀行）、スタンフォード大学 客員研究員、日本総合研究所を経て、2020年より京都大学経営管理大学院 特定教授。

ITと現代ビジネス
——実践から学ぶ経営・実務・技術

2023年8月5日　初版第一刷発行

監　修	渕　崎　正　弘
	若　林　靖　永
著　者	藤　田　哲　雄
発行人	足　立　芳　宏

京都大学学術出版会
京都市左京区吉田近衛町69番地
京都大学吉田南構内（〒606-8315）
電話（075）761-6182
FAX（075）761-6190
Home page https://www.kyoto-up.or.jp
振替 01000-8-64677

ISBN978-4-8140-0491-1
Printed in Japan

装幀　上野かおる
印刷・製本　亜細亜印刷株式会社
定価はカバーに表示してあります